한완상 에세이

돌 쥔 주먹을 풀게 하는 힘

한완상 에세이
돌 쥔 주먹을 풀게 하는 힘

2021년 7월 7일 처음 찍음

지은이 | 한완상
펴낸이 | 김영호
펴낸곳 | 도서출판 동연
편   집 | 김구 박연숙 정인영 김율 디자인 | 황경실
등   록 | 제1-1383호(1992. 6. 12.)
주   소 | 서울시 마포구 월드컵로 163-3
전   화 | (02)335-2630 전   송 | (02)335-2640
이메일 | h-4321@daum.net
블로그 | https://blog.naver.com/dong-yeon-press

ISBN 978-89-6447-668-0 04040
ISBN 978-89-6447-667-3(세트)

한 완 상   에 세 이

돌 쥔 주먹을
풀게 하는 힘

동연

책을 펴내며

세계는 지금 매우 혼란스럽습니다. 시대의 종말적 조짐들이 여기
저기서 터져 나오고 있습니다. 인류 최초로 전 지구가 코로나 병균의
공습 앞에서 떨고 있지요. 여기엔 기후변화도 한몫하고 있습니다. 게
다가 온갖 구조적 불평등이 심화되고 있고요. 이 모든 위기가 전 인류
에게 일종의 '종말적' 불안감을 불러일으키고 있는 거지요. 이제 삼한
사온의 기후 질서도 사라진 듯합니다. 이 같은 위기가 중첩되는 중에
지난 수백 년간 세계역사를 주름잡아 온 서방 '선진' 문명 우월체제가
최근 휘청거리고 있습니다. 이런 구조적 불안정 속에 한반도 주변도
정치·경제·문화의 기존 흐름에서 변이의 조짐이 보이기도 합니다.
기존의 온갖 패러다임들은 어느 방향으로 바뀔지 알 수 없으나, 이제
한가지 우리에게 희망을 주는 현실이 있습니다. 그것은 우리 민족이
백 년 전과 달리 세계 패권국가들의 종속변수에서 벗어나고 있다는
사실입니다. 한반도를 놓고 서로 강점하려 했던 강대국들 사이에 끼
어 마치 고래 싸움에 등 터지는 새우 꼴은 아니라는 사실이지요. 그러
나 세계 지배를 꿈꾸는 강대국 간의 경쟁은 여전히 거칠어질 것 같고
또 더욱 치열해질 것 같습니다. 우리는 민족의 저력을 다시 확인하면
서 우리가 가야 할 길로 자랑스럽게 나아가야 합니다.

지난 2백 년간 세계를 지배했던 체제는 양두구육羊頭狗肉처럼 평
화를 앞세워 세계를 식민지로 강점하려는 서방 백인 지배체제였습니
다. 이른바 팍스 브리타니카Pax Britanica와 팍스 아메리카나Pax Ameri-

cana 체제였지요. 주지하다시피 세계적 패권국가들은 주변의 바다를 먼저 지배했습니다. 지중해를 자기 바다로 장악했던 로마가 바로 팍스 로마나Pax Romana라는 세계 패권체제를 이끌었습니다. 그 후 여러 경로를 거쳐 로마 세계 지배는 대서양을 장악한 대영제국의 팍스 브리타니카로 넘어갔지요. 서방의 '선진문명'의 힘은 19세기에 가까워지면서 아프리카를 강점하여 식민지로 삼켰습니다. 이른바 서세동점의 흐름이 강하고 잔인했지요. 이 흐름은 마침내 영국이 장악하게 되었습니다. 팍스 브리타니카의 확장은 한마디로 백인 앵글로색슨 개신교 중심의 지배체제로 진화했고요. 이에 크게 공헌한 인물이 바로 영국의 세실 로즈Cecill Rhodes였습니다. 그는 세계를 영국이 중심이 되어 미국과 독일을 이끌어가야 한다는 신념을 가진 광산 재벌이기도 했습니다. 이것이 미국에서는 이른바 백인 앵글로색슨 개신교(WASP) 체제로 나타났지요. 백인우월주의, 영어권 권력의 패권화가 이뤄졌고, 이런 세계 지배의 꿈을 실현하기 위해 로즈는 로즈 장학생(Rhodes Scholars)을 의도적으로 길러냈습니다.

이렇게 보면 팍스 브리타니카 체제가 19세기 끝자락에서 팍스 아메리카나 체제로 순조롭게 이행할 수 있었던 것은 백인이라는 인종주의적 자원과 그중에서도 앵글로색슨이란 혈통 자원이 주요 역할을 했는데, 이 자원을 세계 지배를 위해 활용할 수 있는 문화적·정신적 동력은 프로테스탄트라는 종교였음을 우리는 꼭 기억해야 합니다. 19세기 말 미국과 영국의 개신교 선교는 뜨겁게 아프리카와 아시아로 향진했습니다. 이때 한반도에도 개신교 선교사들이 WASPWhite Anglo-Saxon Protestant 지배의 전초적 일꾼으로 찾아와 열심히 선교와 포교를 한 셈입니다. 현재도 이렇게 구축된 백인 우월주의 정치는 미국의 지배 세력에 의해 지속이 강화되고 있습니다. 트럼프의 MAGA Make America Great Again 즉, "미국을 위대하게 만들자"라는 것도 바로 당시 백인 유럽 국가 이데올로기였던 사회에서 나타난 로즈Rhodes식 사고의 결과로도 볼 수 있지요. 바이든 대통령도 트럼프의 실수는 극복해내겠지만 과연 그가 팍스 아메리카나Pax Americana의 세계 패권의 꿈을 포기했다고 말할 수 있을까요?

그런데 영국의 세계 지배가 미국의 세계 지배로 순조롭게 넘어가는 과정에서 우리 민족의 억울하고 무한한 고통과 고난이 시작되었습니다. 이것을 꼭 기억해야 합니다.

이들 영미 패권체제의 은밀한 묵인 아래 새로운 황색 제국주의 국가로서 세계 무대로 등장한 일본 군국주의의 세력에 의해 우리 민족은 부당하게 강점되었습니다. 그리고 마침내 1910년 강제로 병탄 되고 말았습니다. 이때부터 우리 민족은 오늘까지 백여 년 간 억울한 민족 고통, 민중 고난을 겪고 있는 것입니다. 일본제국주의는 청일전쟁 승리로 대번에 대만을 식민지로 삼켰습니다. 십 년이 지난 1905년에는 러일전쟁에서 승리하게 되자 대한제국의 외교권을 강권으로 박탈했습니다. 대한제국 황제의 공식적 수락 없이 임의의 약정서를 일방적으로 작성하여 마침내 1910년 한일병탄을 관철했습니다. 그리고 그들은 경찰과 헌병을 앞세워 전투하듯 우리 민족과 민중을 총체적, 폭력적으로 통제했지요.

이 병탄 후 9년이 될 무렵 마침내 온 민족과 민중의 강력한 저항운동이 전국에서 밑으로부터 터져 나왔습니다. 그것이 바로 1919년 3월 1일 독립만세저항운동입니다. 일제는 우리 민족과 민중의 평화로운 시위와 저항을 전투하듯, 전쟁하듯 무자비하게 통제했습니다. 그들의 통제가 이례적으로 무자비하고 잔인한 통제였음은 3.1운동이 전적으로 비폭력적·평화지향적 독립운동이었기 때문입니다. 이런 민족의 비폭력적 저항운동이 갖는 감동적 울림과 그 공공적 가치와 그 변혁적 동력은 당시 세계를 지배했던 서방 선진 패권국들의 폭력적 제국주의 확장 현실의 배경에서 보면 더욱 자랑스러운 우리 민족의 역사적 자산입니다. 3.1운동 바로 직전에 세계 1차대전이 종료되었습니다. 전 세계적으로 그 피해가 엄청나게 컸지요. 당시 고도로 발달했던 서방 국가들의 과학기술 지식이 새로운 첨단무기 생산으로 이어지면서 사상자들의 수가 놀랍게 증폭되었습니다. 탱크, 기관총, 생화학 무기 등 가공할 무기가 세계대전의 전율할만한 참상을 또한 엮어냈던 것입니다.

일본은 19세기 중반 이후 구미의 과학기술 지식과 교육을 명치유신으로 도입하여 국가폭력의 능력을 크게 신장시켰습니다. 19세기 말에 이르러 일제는 한편으로는 선진 구미 세력을 질시하면서도 다른 한편 그들의 부국강병 정책과 로즈Rhodes식의 식민책략을 답습하려 했지요. 이런 이중적 책략은 당시 일제가 아시아 지역 지식인들에게는 마치 동양 평화를 지켜내기 위해 힘을 모아 서방 백인우월주의 책략에 맞서 싸우려는 것으로 인식되기도 했습니다. 그러나 실제로는 이웃 동양 국가들을 서방 세력과 교묘하게 결탁하여 먼저 강점하고 식민지로 삼키려 했던 것이지요. 그래서 청일전쟁에서 이기자 바로 대만을 삼켜버렸습니다. 딱 10년 후 러일전쟁에서 승리하자, 미국 정부와 은밀히 결탁하여 한반도를 강점하고, 무단으로 적군 다루듯 잔인하게 시위를 통제했습니다.

여기서 우리는 해양 세력 간의 공조와 결탁에 유의해야 합니다.

미국은 남북전쟁이라는 내란을 겪으며 안으로 전 국토의 범위가 확정된 시점에서 태평양과 그 너머의 땅을 탐하게 됩니다. 대서양 너머 있던 대영제국과의 협조는 태평양을 마주 보게 된 미국의 패권적 야망에 도움이 되는 방향으로 계속 진화되었습니다. 19세기 말, 20세기 초에 미국은 이미 태평양 서쪽, 곧 아시아 태평양 서쪽 해역에 식민지 교두보를 확보하려 했는데 그것이 바로 필리핀이었습니다. 바로 이때가 일본이 한반도를 강점하려 했던 시기였지요. 같은 해양국인 미국과 일본은 아시아 태평양 지역에서 그들의 패권 권력을 공조해서 식민지 강점에 나섰습니다. 이즈음 맺은 태프트·가쓰라 밀약에 따라 미국은 필리핀을 삼키고, 일본은 한반도를 독식하기로 밀약한 것입니다.

이런 상황에서 우리 민족의 고난과 민중의 고통은 세계가 보는 앞에서 더욱 심화되었습니다. 36년간의 정치적 억압, 경제적 수탈, 사회 문화적 능멸을 당하면서 민족 고난과 고통은 켜켜이 쌓이기 시작했습니다. 이때 이 같은 잔인한 민족 통제에 앞장서 저항했던 분 중에는 종교 지도자들이 눈에 뜨입니다. 뒤에서 열심히 3.1운동을 조직하고 지원했던 개신교 지도자들, 천도교 지도자들 그리고 불교 지도자들이 있었습니다. 3.1운동을 국제사회에 알리기 위해 헌신했던 선구자 중에 몽양 여운형과 우사 김규식 두 분을 잊을 수 없습니다. 그들은 당시 한국교회의 모교회母教會였던 승동교회와 새문안교회 신자였습니다. 그들에겐 하나님 사랑, 곧 애신愛神은 나라 사랑인 애국愛國과 동일한 것이었지요. 우리 민족은 패권국 가해자에 의해 억울하게 억압당하고 능멸당했습니다. 피해 민족의 나라 사랑이었습니다. 그러기에 패권국가의 침략적·가해자적 민족주의가 아니었습니다. 피해받으면서도 비폭력으로 적극 저항했기에 3.1운동은 세계에 감동을 주었지요. 그러나 놀라운 것은 아시아 황인종 패권국가 일본의 잔인한 식민통치가 세계에 알려질수록, 비폭력 평화 저항을 과감하게 펼쳤던 우리 민족과 민중은 세계를 놀라게 했습니다. 이때 이미 영국 식민정책에 비폭력적으로 저항했던 인도의 간디나 프랑스 식민정책에 반대했던 월남의 호치민 청년도 우리 민족의 비폭력 적극 저항에 감탄했던 것입니다. 1919년 5월 4일에는 북경대 학생들의 반제국주의 운동이 터져 나왔습니다. 백 년 전 우리 민족이 잔인한 사회진화론적 약육강식의 식민지 책략에 생각과 행동으로 맞섰던 평화주의 저항 곧 비폭력 저항의 모범이 된 것입니다. 정신적으로 팍스 브리타니카Pax Britanica의 책략가들보다 훨씬 우월한 성숙된 가치관을 행동으로 옮긴 민족이었지요. 그것도 계급적·세계적·지역적·종교적 차이를 훌쩍 뛰어넘는 전 민족 저항이었습니다. 그러니까 전 민족적·전 민중적 적극 저항이었고, 그 저항은 철저한 비폭력 저항이었기에 더욱 빛나는 것이지요. 이 같은 정신이야말로 종교적 자기초월의 신앙, 평화지향적 가치에서 비롯했던 저항이었습니다.

그런데 일제 식민지 통치는 일본 정부가 일으킨 태평양전쟁에서 참혹하게 패배하면서 일간 끝났습니다. 그런데 과연 이 전쟁 종식으로 우리 민족의 고난과 고통도 함께 종식되었던가요? 결코 아니었습니다. 오히려 우리 조국 강토는 미국의 세계패권국 전략에 따라 분단되고 말았습니다. 미국은 새롭게 라이벌로 떠오른 소련을 견제 봉쇄하려는 조치로 전범국 일본을 소련 봉쇄의 방파제로 크게 키우기로 작정했습니다. 미국 정부는 1952년 급하게 졸속으로 샌프란시스코 강화조약을 체결하였습니다. 일본의 전범자 중 일부를 사면시켜 미국의 세계 패권 전략의 도구로 활용하기로 했지요. 여기서 우리가 흥미롭게 주목할 것이 하나 있습니다. 그것은 한반도를 분단시키는데, 정부의 긴급지시로 분할선, 곧 38도선을 그은 육군 고위 장교들 셋 모두 로즈 장학생Rhodes Scholars이었다는 점입니다. 후일 미국 국무장관이 된 인 러스크나 미8군 사령관이 된 본스틸 모두 대령이었으며 로드 장학생들이었습니다. 그들은 세계 지배 국가 지위를 누리기 위해서 일제의 식민지로 36년간 갖은 부당한 고통을 겪은 피해 민족의 아픔을 조금도 고려하지 않았습니다.

태평양전쟁이 끝나 귀국했던 임시정부 요원들과 해외 독립운동가들은 조국이 외세 강대국들에 의해 억울하게 분단되자 몹시 슬퍼하였습니다. 백범 김구, 우사 김규식 등은 혼신의 힘을 다해 민족 분단만은 막고자 하였으나 이승만 세력의 끈질긴 반대로 결국 1949년 남과 북은 각기 정부를 수립했습니다. 몽양은 바로 그 해에 우파 청년에 의해 저격 살해당했습니다. 백범도 연이어 반민족 세력에 의해 저격 살해당했지요. 우사는 6.25 전쟁 때 납치되어 쓸쓸하게 북쪽 중국 국경지대에서 병사하고 말았습니다.

이런 상황을 알게 되면서 저는 속에서 끓어오르는 기도를 토해낼 수밖에 없었습니다.

"역사를 주관하시는 하나님, 어찌하여 우리 민족에게 이토록 가혹한 역사를 주관하십니까?" "왜 역사를 정의롭게 주관하시지 않고 포기하십니까?" 특히 제가 하나님께 애소哀訴한 것은 36년간 억울한 민족 고통과 민중 고통이 우리 현실 속, 우리 가슴 속에 켜켜이 쌓여 있는데 그 트라우마를 치유해 주시지 않는가를 따지듯이 기도할 수밖에 없었습니다. 게다가 지금 한국기독교가 '개독교'로 비판받으면서, 친일 냉전 정치세력과 부화뇌동하듯이 광화문광장에서 태극기와 성조기를 마구 흔들어대는 기독교인을 보니 독립운동가들과 그 후예들의 아픔이 어떠할지 애탈 수밖에 없습니다. 믿음의 선배들이 독립운동하며 자랑스럽게 높이 쳐들었던 태극기를 어떻게 친일 냉전 정치세력을 비호하는 일에 흔들 수 있는가를 그런 기독교 신자들에게 묻고 싶습니다.

우리는 지금 인류사적 위기, 문명의 위기, 자연의 위기, 미생물 변이의 침공에 시달리고 있습니다. 이런 때일수록 종교인과 지식인들은 더 높은 공공의식을 갖고 이 위기를 극복하는 데 지혜를 모아야 합니다. 새로운 삶의 방식을 제시하는데 더 큰 지혜를 모아야 합니다. 더 큰 용서로 서로 위로하며, 서로 치유하는 일에 적극 공조해야 합니다. 그러기 위해 백 년 전 세계가 약한 백성들의 땅을 탐욕대로 강점하고 수탈했던 시기에, 그 폭력적 제국주의 권력에 비폭력적으로 살신성인의 정신으로 저항했던 선배, 조상들의 정신과 투쟁을 이어받아야 합니다. 과연 폭력적 악의 구조를 그 악의 폭력에 의존하지 않고, 정말 공공적 감동을 불러일으킬 수 있는 새로운 결단, 새로운 가치, 새로운 메시지, 새롭게 행동하고 실천할 수 있는 것이 무엇인지 심각하게 고민해야 할 것입니다.

매우 힘들겠지만, 악의 폭력, 폭력적 악을 이기는 길은 오로지 비폭력·평화의 정신으로 살신성인하려는 실천밖에 없음을 이 책으로 여러분께 호소하고 싶습니다. 그래서 백 년 전 유관순 누나의 살신성인의 그 신앙 그리고 해방 후 혼란기 때 손양원 목사님의 원수사랑 실천의 그 우아하고 감동적인 본보기 삶이 그리워집니다.

저의 이런 뜻을 이해해주신 도서출판 동연 김영호 대표님께 깊은 감사 드립니다. 이 책을 통해 반대 세력을 죽이려고 돌을 꽉 쥐고 있는 사람들의 주먹이 풀리는 기쁨을 누릴 수 있기를 간원할 따름입니다.

2021년 5월

한민韓民 한완상

차례

이선승악^{以善勝惡},
착함으로 악함을 이겨라!
― 믿음과 사랑의 선배 몽양을 기리며

　제게는 두 가지 꿈이 있습니다. 하나는 추악하게 분열된 한국교회
가 예수 복음으로 하나가 되는 꿈이고, 다른 하나는 강대국의 횡포로
지난 110년간 억울하게 강점되고 분단된 대한민국이 평화 강소국^強
^{小國}, 민주 선진국으로 우뚝 서는 꿈이지요. 이것은 주님의 희년을 바
라는 마음과 같습니다. 민족이 분단되고 74년이 흐른 현재, 남북관계
를 악화시켜야만 정치적, 경제적 이득을 얻는 수구 정치세력의 종노
릇하고 있는 한국교회 일부 지도자들의 행태에 절망하게 됩니다. 그
때문에 지난 세기 우리 민족의 고통이 절정에 달했을 때 신앙의 선배
들이 보여주었던 감동적인 모습을 더욱 그리워하게 됩니다. 예수의
향기로운 흔적을 보여준 몽양 여운형 선생의 삶과 고난 그리고 죽음
이 그러합니다. 우사 김규식 박사가 그리워지는 것도 오늘의 한국기

독교가 예수를 실종시켰기 때문이기도 합니다.

몽양의 삶에서 예수따르미의 삶의 흔적은 뚜렷하지 않지만, 예수의 향기로 알차게 채워진 삶이었다고 생각합니다. 그는 농촌의 한 부유한 양반 집안에서 태어났습니다. 22세가 되던 해 그는 집안의 노비 문서를 모두 태워버렸습니다. 노예를 해방한 것이지요. 그가 그리스도교를 받아들이고 승동교회 조사(전도사)가 되던 때가 이 무렵이었을 것입니다. 지금의 승동교회는 한국 보수 교단의 모교회이지만, 당시의 승동교회는 만민평등사상을 선두에서 실천하던 교회였습니다. 백정 해방운동을 선도했던 교회이기도 하지요. 그런 승동교회에서 조사, 즉 평신도 목회자 역할을 했습니다.

몽양은 1918년 독립운동에 투신하기 위해 중국으로 건너가 신한 청년당을 조직합니다. 그리고 파리강화회의에 대표자를 보내 조선을 강점한 일본이 저지른 만행과 조선 독립의 절박성을 국제사회에 알리고자 결심합니다. 대표로는 김규식 박사를 정했고, 몽양은 이 사업을 위한 비용을 마련하기 위해 동분서주했습니다. 하지만 이 계획은 결국 실패로 끝났지요.

파리강화회의가 있었던 1919년은 3.1운동이 시작된 해이기도 합니다. 당시 일본 하라 내각은 합병 이후 10년째 되는 해인 1919년에 3.1운동과 같은 세대와 지역, 계급을 초월한 전 민족의 폭발적 운동이 일어난 이유를 제대로 인식하지 못했습니다. 그들은 통치방식에 조금 문제가 있다고 판단했습니다. 그 때문에 자신들의 과오를 반성하는 척하면서 무단통치에서 문화통치로 정책 기조를 바꿉니다. 이후 변화된 정책 기조를 선전하기 위해 조선인 중 대화가 될 만한 상대를 물색했습니다. 일본 그리스도교 지도자들과 의논한 결과, 몽양이 적임자라고 판단한 일본 내각은 몽양을 동경에 초청합니다.

당시는 대한민국 임시정부 내각과 의회가 막 구성되었을 무렵입니다. 임시정부 인사들은 몽양의 일본 방문을 그렇게 반기지 않았습니다. 임시정부 총리였던 이동휘 선생도 당시 33세였던 젊은 몽양이 일본 관료들에게 휘둘리지 않을까 염려했다고 합니다. 하지만 때마침 미국에서 돌아온 안창호 선생의 적극적인 설득 덕분에 몽양은 일본으로 떠나게 됩니다. 다만 그것은 대한민국 임시정부의 대표가 아닌 개인 자격으로의 방문이었습니다. 동경에서 몽양은 소위 일본 패권주의·제국주의의 핵심 관료 및 군부 인사들을 만나 동양 평화를 앞세워 조선과 대만을 삼켜버린 일본의 위선적인 정책에 대해 신랄하고 당당하게 비판했습니다.

당연히 일본 관료들은 몽양의 비판을 귀담아듣지 않았지요. 일본을 설득하는 방식으로는 조선의 독립을 쟁취할 여지가 없음을 확실히 깨달은 몽양은 동경에서 가진 회담 직후 다른 방향의 독립운동을 구상하며 소련 혁명을 일으킨 레닌과의 만남을 추진합니다. 파리강화회의 이후 민족자결주의를 주창한 미국 대통령 윌슨에게 크게 실망했던 무렵이라 소련의 레닌에게선 약소국의 독립 의지를 발견할 수 있지 않을까 하는 기대를 한듯합니다. 그러나 사회주의 원칙을 전적으로 수용하는 약소국의 독립만 돕겠다는 소련의 입장을 확인한 후 실망한 채 돌아옵니다. 그 후 자립적이고 주체적인 독립운동을 위해 여러 다른 나라의 경우를 공부하기로 마음먹은 몽양은 중국에서 중국 YMCA 중심으로 활동을 계획하며 당시 신해혁명을 주도했던 사람들과 관계를 맺습니다. 아마 종전 이후 몽양의 좌우합작 운동은 신해혁명의 주동자 손문이 시도했던 중국의 좌우합작 운동에 큰 영향을 받지 않았을까 생각됩니다.

　몽양은 1929년 중국에서 체포된 후 조국에 끌려와 갖은 고초를 겪습니다. 그리고 1933년 조선중앙일보사 사장이 됩니다(이 신문은 1936년 베를린 올림픽이 있었을 때, 손기정 선수의 가슴에 붙은 일장기를 말소하는 사건을 주동한 것으로 유명하다). 몽양은 1929년에 체포되어 국내에 들어왔을 때 고생을 많이 하긴 했지만, 국내에서 탄탄한 기반을 다질 수 있었습니다. 그런데도 종전 후(1945년 8월 15일 이후) 극좌와 극우의 극단적 대립이 계속되는 가운데 그가 겪은 고초는 말로 다 표현하기 어렵습니다. 해방공간에서 몽양의 활동은 좌우합작과 진보 보수 통합에 초점이 맞춰져 있었지요. 그러던 중 극우와 극좌 양 세력에 의해서 열 번 가까이 테러를 당했고, 마지막엔 이승만 계열의 하수인에 의해 저격당해 죽었습니다. 당시 극우를 포함한 우파의 수장은 이승만이었고 극좌의 수장은 박헌영이었습니다. 극우와 극좌 사이에서 몽양은 순교의 각오로 좌우합작 운동에 온 힘을 다한 것입니다.

　1946년에 있었던 일입니다. 당시 남한에선 좌우간의 갈등뿐만 아니라 소위 진보 계열 내 극좌와 중도좌파 간의 갈등 역시 극심했습니다. 극좌 쪽인 박헌영은 남북의 좌파가 먼저 합당하는 게 시급하다는 입장이었고, 여운형은 먼저 남쪽의 보수와 진보를 하나로 만들어서 북쪽의 좌파와 민족 통일을 논의해야 한다는 입장이었습니다. 좌파 합당이냐, 좌우 합작이냐를 두고 의견 차이는 좁혀지지 않았습니다. 심지어 그해 가을 박헌영이 몽양을 납치하는 일까지 발생했습니다. 문제가 안 풀리니 극좌 계열에서 폭력적인 방법까지 불사한 것입니다. 그러나 아무리 협박하고 설득해도 통하지 않자 납치 이틀 후 박헌영은 부하들에게 몽양을 극단적으로 다루도록 지시합니다. 몽양은 오동나무에 거꾸로 매달려 잔혹한 고통을 겪었습니다. 박헌영의 부하들은 만신창이가 된 몽양을 휘문고등학교 앞에 내동댕이치고 도망갔습니다. 서울대 병원에서 치료를 받고 간신히 목숨을 건진 몽양에 대한 소문이 퍼지자 취재진이 몰려들기 시작했습니다. 하지만 몽양은 절대 기자들을 만나지 않았습니다. 기자들도 몽양이 누구에게 납치된 것인지 짐작은 했을 것이고, 취재에 응하다 보면 박헌영에 대한 공개적인 거친 비판을 하지 않을 수 없었기 때문입니다.

그때 병실을 둘러싼 무리를 헤치고 한 남자가 몽양에게 다가옵니다. 악명 높은 친일 경찰 출신이자 미군정 하에서 경찰청 수사과장을 맡고 있던 노덕술이었지요. 노덕술은 몽양에게 납치되었던 장소가 어디였는지 묻습니다. 체포령을 피해 몸을 숨긴 박헌영을 체포하기 위해서였지요. 몽양이 알려줄 수 없다고 하자 노덕술은 역적 박헌영이 다시는 난동을 부리지 못하도록 협조해 달라고 이야기합니다. 이때 몽양은 화를 내며 이렇게 말했습니다. "노 과장, 그대 보기에 박헌영은 역적인지 몰라도 내가 보기에 그는 나름 애국자요. 그대가 총독부 하수인 노릇을 하고 있을 때 박헌영은 목숨 걸고 항일투쟁을 한 바 있소"라고 일갈합니다. 하지만 노덕술은 물러나지 않았고, 몽양을 테러한 사실을 들먹이며 계속해서 몽양과 박헌영 사이를 이간질했습니다. 하지만 몽양은 노덕술의 간계에 꿈쩍하지 않고 소리를 버럭 지르며 그를 쫓아냈지요. 몽양의 이 에피소드를 들으며 100년 전 그리스도인들은 이렇게 마음이 넓고 이렇게 예수의 말씀을 뜨겁게 실천하려고 애썼구나! 하며 감동하지 않을 수 없었습니다. 우리도 이 정신을 되살려야 하지 않겠습니까? 지금 한국 기독교인들의 몰골은 어떠한가요.

예수의 향기가 묻어나는 몽양의 행적은 더 있습니다. 몽양은 여러 차례 테러를 당했기 때문에 주변 사람들은 대책을 고민했습니다. 하루는 몽양을 아버지처럼 따르던 개인비서 홍 씨가 안타까운 나머지 "열 번 가까이 테러를 당했는데 왜 경호를 붙이지 않습니까?"라고 물었습니다. 그때 몽양은 이렇게 대답했지요. "홍 군, 지난번 향리에 가서 이곳저곳 계곡을 구경하다가 깨달은 것이 하나 있네. 물은 낮은 곳으로 흐른다는 것이야. 내가 더 낮아져서 인민에게 더 가까이 가야 해. 나는 스스로 인민과 격리되는 일은 하고 싶지 않네. 내가 인민과 나 사이를 경호로 격리한다면 내가 이승만 박사와 다를 게 뭐가 있겠는가?"

또 하루는 주변 비서와 동지들이 질문했습니다. "세계정세가 돌아가는 것을 보면 미국 중심으로 냉전체제가 굳어질 거 같은데, 좌우합작 이거 가능하겠습니까?" 몽양이 답했습니다. "나는 정권을 잡는 방편으로 좌우합작의 길을 걷는 것이 아니네. 나라와 민족이 두 동강나는 비극을 누군가가 막아야 하니, 극단 세력으로부터 테러를 당하면서도 이 길을 걸어온 것일세. 극좌와 극우는 증오심으로 다투지만, 좌우합작은 사랑의 힘으로 하는 것일세."

얼마 전 옥중생활 동지인 이해동 목사로부터 크리스마스카드를 받았습니다. 그 카드엔 "이선승악以善勝惡"이라는 네 글자만 있었습니다. "선으로 악을 이겨라" 하는 로마서 12장 21절의 말씀입니다. 저는 "극좌와 극우는 증오심으로 다투지만, 좌우합작은 사랑의 힘으로 하는 것일세"라는 몽양의 말에는 이 '이선승악'의 뜻이 담겨 있지 않았을까 생각하며 몽양 같은 그리스도인이 주변에 없음을 새삼 느끼면서 고독해졌습니다.

몽양이 그런 생각과 행동을 하던 때는 트루먼 독트린 이후 미국이 군사·경제적인 세계 지배체제를 강화하려는 조치가 시행되기 직전이었습니다. 몽양은 그 분위기를 누구보다 잘 알았던 사람이었지요. 한반도에 트루먼 독트린이 적용되면 남북 간에는 냉전체제가 돌이킬 수 없을 정도로 강화될 것은 불 보듯 뻔한 상황이었습니다. 국제정세를 누구보다 잘 알고 있던 몽양은 좌우합작의 길이 얼마나 어려운 것인지 너무 잘 알고 있었을 것입니다. 하지만 그는 그 어려운 길을 포기하지 않았습니다. 자신의 십자가라고 생각한 것이지요. 그 용기에 대해서 그의 후손이자 후배로서 존경을 표하지 않을 수 없습니다.

몽양은 1947년 7월 19일 오후 1시 15분 혜화동 로터리에서 암살당했습니다. 그날 몽양은 미군정 제2인자인 민정관 E. A. J. 존슨과 오후 4시에 만나기로 약속되어 있었습니다. 몽양을 믿을만한 사람이라고 판단한 존슨이 몽양에게 차기 민정장관 자리를 제안하기 위해 불렀던 것입니다. 마침 그날은 동대문 운동장에서 영국과 국내 축구팀의 친선 경기가 있었습니다. 그때 몽양은 조선 체육회 회장이었기에 먼저 그곳에 들른 후 존슨의 집으로 가려고 했지요. 몽양의 차에는 독립신보 주필 고경흠 선생이 동승하고 있었습니다. 존슨의 집으로 향하던 중, 고 주필이 말했습니다. "선생님, 지금 경찰이 선생님을 죽이려고 모의하고 있다고 합니다. 몸조심하시고 경호에 신경 좀 쓰세요." 그때 몽양이 말했습니다. "고 동지, 나는 인민을 사랑하네. 한평생 인민의 고통과 비애를 함께 느끼며 살기 위해 노력했네. 내 꿈은 인민의 벗이 되는 것이니까. 그런데 내 안위만을 도모하기 위해 미군 경호를 받는다면 인민이 위화감을 느끼지 않겠나?" 테러 주체가 경찰인 상황에서도 몽양은 의연함을 잃지 않았습니다. 몽양은 이어서 말했습니다. "얼마 전 브라운 소장이 미군 측에서 경호를 담당해주겠다고 했네. 하지만 난 거절하고 다시 제안했지. 미군 차원이 아닌 미소공동위원회 차원에서 내 신변 보호를 간구해 달라고 말이네." 몽양은 미소공동위원회가 잘 작동하면 이를 통해 남북분단을 막을 수 있으리라 생각했습니다. 그 때문에 미소공위체제 하에서 남북합작을 고민했고, 경호를 받더라도 미소공동위원회 차원에서 제공하는 경호를 받고 싶다고 밝힌 것입니다.

이런 대화를 나누고 있을 때 차는 혜화동 로터리를 지났고 곧 총성이 울렸습니다. 어떤 젊은이가 차 범퍼에 올라타 몽양을 저격한 것입니다. 몽양의 가슴팍에서 시뻘건 피가 쏟아져 나왔고, 놀란 고 주필이 "선생님, 선생님!" 부르짖었지만 몽양은 생명을 잃었습니다. 그런데 고경흠 주필이 남긴 회고에는 이런 대목이 있습니다. "가슴에서는 피가 콸콸 쏟아지는데, 그 얼굴에서는 고요한 미소가 떠올라 있었다." 이는 돌로 맞아 죽기 전 공의회에서 "천사의 얼굴"을 하고 있었던 스데반이나 십자가 위에서 숨을 거두기 직전 예수의 고요한 평화를 떠올리게 합니다.

몽양은 하나님 사랑과 나라 사랑을 분리해 본 적이 없습니다. 그러나 그의 나라 사랑은 국가주의적 애국심이 절대 아닙니다. 그의 나라 사랑은 강도 같은 일본 제국주의 침탈에 의해서 고통당하는 나라의 백성이 자신의 나라를 사랑하는 애국심입니다. 이는 가해자 국가와 그 국민의 국가주의 애국심과 같을 수 없습니다. 몽양의 내면에서 하나 된 하나님 사랑과 나라 사랑은 그가 이선승악을 실천하며 살아가게 한 원동력이었습니다. 몽양 연구의 권위자인 미국 펜실베니아 대학교 이정식 박사는 이렇게 평가합니다. "여운형은 제 명을 다 살지 못했지만, 한국 근대사의 지평을 남들보다 몇 배 더 넓히고 갔다. 그리고 여러 나라 사람들이 조선 민족에게 귀를 기울이게 했다. 겨레의 합작과 통일을 위해 몸을 바쳤다. 그래서 우리는 여운형의 걸어간 길을 되돌아보면서 긍지를 갖게 된다." 이정식은 몽양이 그렇게 살 수 있었던 이유에 대해선 말하지 않습니다. 그러나 예수따르미의 삶에 충실하고자 했던 예수의 마음이 몽양으로 하여금 그렇게 살게 했고, 그렇게 죽게 했던 이유였다고 생각합니다. 오늘 우리는 그의 삶과 죽음에 짙게 배어있는 예수의 향기를 들이마셔야 합니다. 삶으로 예수의 향기를 풍겼고, 정의로운 실천으로 예수의 복음을 증언했습니다. 길을 잃고 버려진 것 같은 민족과 민중의 아픔을 자기 아픔으로 받아들이고, '선제적으로' 사랑을 실천하며 민족의 분단을 막기 위해 헌신했습니다.

몽양은 비참하게 그리고 허무하게 죽었습니다. 저는 허무주의자는 아니지만 이러한 죽음 앞에선 "왜 인류 역사에서 예수 뜻대로 살려고 했던 사람들은 다 비참하게 죽고, 그들을 죽인 사람들은 늘 승자로 기록되어서 떵떵거리고 잘 사는가?" 하는 회의감을 떨쳐버리지 못하고 현실을 안타까워합니다. 하지만 곧 그건 잘못된 생각이고 짧은 생각이라는 사실을 깨닫습니다. 그 죽음은 저주로 인한 것이 아니기 때문입니다. 그렇게 죽었기 때문에 오히려 죽인 사람보다 훨씬 많은 사람의 존경을 받고 역사로부터 찬사를 받을 것이기 때문입니다. 이것은 이승만과 몽양, 이승만과 우사, 이승만과 손정도 목사, 이승만과 현순 목사를 비교해보면 더욱 명확해지는 진리입니다. 예수를

따라 산 그들은 외롭게 죽었지만, 그렇기 때문에 영원히 우리 가슴과
기억 속에 살아 숨 쉬고 있는 것이 아니겠습니까.

광야 시험의 현대적 의미
― 실종된 예수의 하나님

저는 왜 갈릴리 청년 예수가 광야로 갔을까를 일찍이 성찰해 보고 싶었습니다. 거기에는 적어도 두 가지 까닭이 있었습니다. 그중 하나는 오늘의 한국교회는 너무나 쉽게, 너무나 시끄럽게 하나님을 입에 올리는 버릇이 있기 때문입니다. 이러한 주술적 하나님 불러내기가 저를 몹시 괴롭혔습니다. 광야로 달려가 사탄과 사투하며 예수가 그곳에서 확인했던 하나님과 한국교회의 신자들이 불러내는 하나님이 너무 다른 것 같다고 느끼기 때문입니다. 또 다른 하나는 예수를 유혹했던 마귀가 지금 우리 사회에서도 교묘하고 음흉하지만 꽤 효과적으로 가짜뉴스를 마음 놓고 생산, 유포한다고 생각하기 때문입니다. 예수께서 광야에서 40일 밤낮 심각하게 사탄과 논쟁하며 확인했던 하나님의 모습은 당시 유대 율법주의의 하나님과 달랐고, 당시 세계 패권국가인 로마의 신과도 확연히 달랐으며, 지금 한국교회 안에서 부각되는 하나님과도 매우 다릅니다. 그래서 예수가 하나님 찾기, 하나님 뜻 확인하기 그리고 자기 정체성을 찾기 위해 조용히 그러나 결연하게 광야로 달려갔다고 생각합니다.

갈릴리 청년 예수가 광야의 시험과 시련을 겪으면서 비로소 사인私人에서 공인公人으로 나아가게 되었다는 사실을 먼저 강조할 필요가 있습니다. 사인으로 살아온 예수가 공인으로 질적 향상하게 된 계기가 바로 광야의 시련이라면, 예수의 하나님 나라 운동을 총체적으로 이해하는 데 광야의 시험과 유혹은 결정적으로 중요한 사건이 아닐 수 없습니다. 예수는 이 시련과 유혹을 거쳐 비로소 그의 공생애를 시작할 수 있었습니다. 다시 말해 그 시련과 유혹을 통해 그의 하나님 나라 운동이라는 공공적, 감동적 변혁운동이 비로소 시동을 걸게 되었던 것입니다.

하기야 예수가 범상치 않은 존재임은 그의 어린 시절부터 드러난 것 같습니다. 예수 자신도 그것을 알아차렸을 것입니다. 모친 마리아의 신비로운 눈빛이나 부친 요셉의 과묵함과 정중함에서 어린 예수는 그 자신의 비범함을 알아차렸을 것입니다. 때때로 자기 존재 속에서 꿈틀거리는 카리스마의 요동 소리도 듣곤 했을 것입니다. 또한 그가 그의 동갑내기 친척 요한의 소식을 들으며 그의 속에는 하나님 찾기와 자기 찾기의 거룩한 충동이 꿈틀거리기 시작했을 것입니다. 요한은 광야에서 '회개하라! 하나님 나라가 가까웠다!'라고 외치면서 요단강에서 자기 변혁과 사회변혁을 함께 세례 운동으로 추진하고 있었습니다. 예수는 많은 민중과 적지 않은 엘리트들이 그곳으로 몰려온다는 소식을 접하게 됩니다. 이 소식을 듣고 청년 예수도 조용히 자리를 박차고 요단강으로 나아가기로 합니다.

사촌 형제 같은 세례요한은 매우 놀란 눈빛으로 그를 따뜻하고 정중하게 맞아 주었습니다. 그런데 바로 그곳 강에서 놀라운 '사건'이 터져 나옵니다. 예수가 요한으로부터 세례를 받을 때 하늘이 열리는 듯하더니 하나님의 영이 비둘기 형상으로 나타나고 놀라운 메시지가 들려 왔습니다. "너는 내 사랑하는 아들이요, 나는 너를 좋아한다"(눅 3:22). 거기에 있던 모든 사람은 놀랐습니다. 세례요한도 놀랐습니다. 정말 놀랐던 사람은 갈릴리 청년 예수 자신이었습니다. 그뿐 아니라 매우 당황스러웠고 또한 몹시 겁도 났습니다. 예수는 왜 겁이 났을까요?

당시 로마 지배체제는 매우 강고한 세계적 패권체제였습니다. 공화제에서 황제의 절대 권력 체제로 이동한 때였습니다. 당시 로마 황제의 권위는 신적 권위를 지니고 있었습니다. 황제는 적어도 하나님의 아들이라는 막강한 권력을 독점하고 있었습니다. 로마의 신학도 단단하게 구축되고 있었습니다. 이러한 로마 지배체제에서 한낱 식민지로 떨어져 있던 유대 사회에서의 식민지 권력은 로마 패권 권력의 하부조직에 불과했습니다. 청년 예수가 하나님의 아들로 호명된다는 것은 바로 이와 같은 로마 황제 숭배체제에 대한 심각한 도전자가 나타났다는 뜻이 됩니다. 황제 권위에 도전하면 누구든 로마 형법으로 무자비하게 십자가 처형을 당할 수 있었습니다. 게다가 유대 토착 식민정부였던 헤롯 왕가도 황제 권위에 도전하는 인물은 한사코 제거하려 했습니다. 그뿐 아니라 예루살렘 성전세력도 스스로 하나님 아들이라고 주장하는 자를 대번에 신성모독 죄로 몰아 돌로 쳐 죽일 수 있었습니다. 그러기에 갈릴리 청년 예수가 성령의 선포로 하나님의 아들로 알려지게 되었으니 당황의 수준을 넘어 생명의 위협을 느끼는 지경에 이르게 되었다고 생각할 수 있지요.

여기에 예수의 실존적 고뇌와 역사적 고민이 생길 수밖에 없었을 것입니다. 그렇다고 이 청년이 두려워하기만 한 것은 아닙니다. 이미 그 자신의 비범함을 어릴 때부터 눈치챈 예수였기에 이것을 아바 Abba 하나님의 호명으로 받아들였을 것입니다. 그래서 거룩하고 지엄한 소명으로 믿어 한편 속으로는 뿌듯하기도 했을 것입니다. 바로 이처럼 갈등하는 그의 마음속에는 이 번민을 이겨내고자 하는 거룩한 충동 또한 강하게 솟구치고 있었습니다. 그러기에 그의 실존적 고뇌와 역사적 고민은 짙어지게 되었습니다. 그리고 이 부름 앞에 사인 私人 예수는 공인公人 예수로 나아갈 수밖에 없다고 결심한 것입니다. 마침내 갈릴리 청년은 공인으로서 하나님 나라 운동이라는 공공적 운동에, 공공적이기에 감동적인 변혁운동에 자신의 온 존재를 던지지 않을 수 없었습니다.

성서는 예수가 성령 충만하여 요단강에서 돌아왔고 이 성령에 이끌려 광야로 나갔다고 증언합니다(눅 4:1-2). 그곳에서 40일 밤낮 단식하며 하나님 뜻 확인하기와 자기 정체성 찾기에 열중했던 것입니다. 일종의 영적 사투였고, 동시에 정치·사회적 몸부림이기도 했습니다. 40일 밤낮 굶주린 후 그가 매우 시장하다고 느꼈을 바로 그때 사탄이 접근했습니다. 청년이 기진맥진한 실존적 상황에서 사탄이 접근했던 것입니다. 그리고 거절하기 힘든 유혹으로 다가왔습니다. 우리는 이제 사탄의 유혹을 살펴보면서 청년 예수가 어떻게 대응했는지를 의미 있게 성찰해 보아야 합니다.

우선 우리는 예수에게 슬그머니 접근해 왔던 사탄을 뱀과 같은 징그러운 짐승으로만 단정해서는 안 됩니다. 그렇다고 머리에 무시무

시한 뿔을 달고 붉은 얼굴로 위협하는 괴물과 같은 귀신으로 보아서
도 안 됩니다. 원래 악마는 위장술과 변신술에 뛰어난 존재입니다.
그러기에 사탄은 매우 유혹적인 그리고 매력적인 말솜씨와 논리, 매
너를 보여주었을 것입니다. 저는 사탄의 본질이 패권 권력의 이데올
로그Ideologue, 곧 권력 옹호에 있다고 생각합니다. 악마적 패권 권력
을 무조건 찬양하고 그 권력을 숭모하게 만드는 힘이 바로 사탄의 힘
이기 때문입니다. 그러기에 히틀러 권력을 비호, 영광스럽게 포장하
여 널리 그리고 깊이 전달했던 히틀러의 이데올로그였던 괴벨스와
같은 존재가 바로 예수를 유혹했던 사탄이었습니다. 이렇듯 사탄은
매우 세련된 논리로 사람들을 현혹하는 능력이 탁월합니다.

　첫 번째 유혹은 그 흔한 돌을 소중한 떡(재화)으로 바꿔보라고 했
습니다. 몹시 시장했던 청년 예수에게도 매우 절박한 요구 그리고 '정
당한' 요구처럼 들렸습니다. 언뜻 보기엔 마귀가 민생경제를 몹시 소
중하게 여기는 것 같기도 합니다. 하기야 당시 팔레스타인 상황에서
도 경제적 양극화가 극심했습니다. 빚진 자들의 신음이 하늘에 닿을
정도였습니다. 극빈자들의 정당한 불평 소리는 들불처럼 번졌습니
다. 정직한 종교지도자들은 빚진 자의 신음에 귀를 기울이기도 했습
니다. 빚진 자를 일정 시기에 빚의 멍에에서 해방시켜 주는 희년의
절박성을 강조하기도 했습니다. 예언자들은 더욱 그러했습니다. 그
러기에 사탄의 이 요구도 당연한 대중추수주의적 요구로 인식되기도
했습니다. 포퓰리즘populism이 갖는 호소력을 지닌 요구였습니다. 게
다가 하나님의 아들로 호명된 젊은이라면 마땅히 존중해주어야 할
시대적 과제이기도 했습니다. 정말 사탄은 매우 교활하고 적절하게
절박한 민중적 요구를 청년 예수에게 던졌던 것입니다. 예수가 덥석

받으리라고 확신하고 동시에 비루한 미소를 은근히 흘리면서 자신 있게 예수를 유혹한 것입니다.

과연 예수는 어떻게 했을까요? 예수는 다음과 같이 단호하고 간명하게 대응했습니다. "사람은 빵만을 먹고 사는 것이 아니다." 이 예수의 선언을 우리는 어떻게 해석해야 할까요? '떡만으로'라는 프레임은 매우 이데올로기답습니다. 빚의 탕감과 굶주림에서의 해방은 매우 중요하고 절박한 구조적 처방임에 틀림이 없습니다. 그러나 떡만으로 모든 인간 문제, 사회 정치문제를 해결할 수 있다는 프레임이기도 합니다. 이 주장은 자칫 무시무시한 전체주의로 이끌고 갈 수도 있음을 청년 예수는 꿰뚫어 보았기에 단호한 경고를 발한 것입니다. 우리는 가난의 극복을 집단적 신화의 수준으로 격상시켜 총체적인 정치적 압박을 도모했던 전체주의적 움직임이나 독재자의 논리가 모두 역사적 사실로 인정되는 것을 20세기 역사에서 잊을 수가 없습니다. 그러기에 떡이 인간의 삶에 매우 필요한 자원이긴 하지만, '떡만으로'라는 프레임은 떡 못지않게 중요한 다른 문제들을 철저히 무시하는 전체주의적 정치와 독재자의 발상을 호출해내고 그것을 정당화시킬 수 있음을 청년 예수는 날카롭게 지적한 것입니다. 사탄이 이데올로기 과신자요 과용자라면, 청년 예수는 이데올로기의 창조적 해체자라 할 수 있겠습니다. 이러한 의미에서 젊은 청년 예수의 분별력 있고도 단호한 대응은 참으로 놀랍습니다. 사탄은 예수의 날카로운 대응 앞에서 유혹의 꼬리를 슬그머니 내리고 두 번째 시험으로 넘어갑니다.

마귀는 예수를 높은 역사 전망대로 데려갔습니다. 그곳에서 한때 세계를 폭력적 권력으로 화려하게 다스렸던 강대국들의 당당한 모습을 한순간에 보여주었습니다. 패권 갑질 행위자들이 누렸던 온갖 달콤한 특권들, 풍요로운 안락을 파노라마처럼 펼쳐 보였습니다. 패권의 그 위풍당당함도 보여주었습니다. 특히 팍스 로마나의 거짓 평화의 화려한 겉모습과 거짓 번영의 찬란한 외피를 드러내 보였습니다. 그런데 여기서 우리는 놀랍게도 사탄의 정직한 고백을 주목해야 합니다. 사탄은 이 모든 권력과 특권은 자기의 소유물이어서 자기가 마음대로 가지고 놀 수 있다고 장담했습니다. 정말 이 사탄은 정직하게 말했습니다. 교활하게 숨기지 않고 말입니다. 이것은 세계역사가 증명할 수 있는 역사적 사실이기도 합니다. 모든 제국주의 패권 권력은 악마적이었습니다. 약소국들을 강점, 착취, 억압, 차별하여 엄청난 고통을 약소국 민족에게 퍼부었습니다. 그것은 구조적 악마의 주특기입니다. 지난 100여 년간 우리 민족이 주변 강대국들에게 당한 부당한 고통을 생각해보면 어렵지 않게 알 수 있습니다.

악마는 이러한 권력 놀음을 하면서 예수에게 경배하기를 요구했습니다. 여기서 경배는 단순한 강압적 위협과는 다릅니다. 약자들이 알아서 기꺼이 항복하고, 즐겁게 강자들을 존중하라는 뜻입니다. 그러니 조직폭력배가 약자들에게 무릎을 꿇으라고 협박하는 짓거리와는 차원이 다릅니다. 이것이 바로 악마의 간교입니다. 오히려 강압적 무릎 꿇기를 강요하는 것이 정직할 수도 있습니다(이런 뜻에서 역설적으로 볼턴이 북한 당국에 대해 보여주었던 강압적인 요구가 트럼프의 요구보다 더 정직한 것 같기도 합니다). 그런데 갈릴리 예수는 두 번째 유혹에 어떻게 대응했나요? 예수의 하나님은 세계 패권 권력을 옹호하거나 그것을 누리는 잔인한 강대국 황제 같은 존재일 수는 없습니다. 예수는 하나님을 사랑의 아바Abba로 확신했습니다. 예수의 하나님은 절대 권력을 절대적으로 비워내는 사랑의 하나님이십니다. 비워내시는 하나님은 스스로 무력한 하나님임을 당당히 드러냈습니다. 청년 예수는 바로 이 같은 무력한 하나님만 섬기라고 역설했습니다. 예수를 잔인하게 못 박는 패권적 신이 아니라, 오히려 그 악마적 패권 권력에 의해 못 박히는, 무력하게 보이는 듯한 하나님만 섬기라고 했습니다. 청년 예수가 그의 공생애를 통해 증언하고 보여준 공공의 하나님은 비록 처형당하는 아픔을 겪더라도 지극히 작고 꼴찌된 자들의 아픔을 치유하면서 그들을 보듬어 주시는 바보 하나님이었습니다. 바보는 약자의 아픔과 서러움을 바로 보고, 바로 보살피시는 엄마와 같은 하나님이십니다. 바로 이런 하나님만 높이 받들고 섬기라고 역설했던 것입니다. 이번에도 사탄은 물러설 수밖에 없었습니다. 이번에도 물러서기는 했으나, 마귀는 세 번째로 무지막지한 요구를 하기로 작정했습니다. 여기서 꼭 유념해야 할 진실은 예수의 하나님은 폭력을 철저히 배제하시기에 저렇게 무력하게 보이는 것입니다.

마귀는 예수를 성전 꼭대기 높은 곳으로 데려가서 그곳에서 뛰어내리라고 호령했습니다. 두 번씩이나 예수를 유혹했으나 실패한 사탄은 세 번째는 매우 거칠게 청년 예수를 몰아세우기로 작정했습니다. 그러면서도 은근슬쩍 사탄다운 교활함도 드러내 보였습니다. 먼저 뛰어내리라는 사탄의 명령은 예수에게 자살을 유도한 것과 같습니다. 말로는 당할 수 없다고 판단한 사탄은 사탄 본성의 악마적 충동에 따라 투신자살을 촉구했습니다. 그러나 사탄은 예수가 꿈쩍하지 않을 것을 직감했습니다. 그래서 그는 다시 사탄답게, 가증스럽게 유혹합니다. 이번에는 성서 말씀을 자유롭게 이용하고 인용하고 오용하고 악용합니다. 바로 이 점이 사탄다운 특기입니다. 짐짓 거룩한 위력을 과시하려는 듯하지만, 거룩한 언어들을 멋대로 활용합니다. 우리는 우리의 지난 역사에서 악마적 군사 권력이 이러한 가증스러운 짓을 버젓이 해왔음을 생생히 기억합니다. 민주 질서를 근원적으로 무력화시키려 했던 군사독재 세력은 민주주의의 이름으로 민주주의 가치를 기가 막히게 왜곡했습니다. 민족적 민주주의 이름으로, 때로는 행정적 민주주의 이름으로, 때로는 한국적 자유민주주의 이름으로 군부독재는 끈질기게 민주적 기본질서와 민주적 기본권을 유린해 왔습니다. 이것은 일종의 거룩한 언어를 추악하게 도착·전도·변질시킨 것인데, 이러한 교활한 재능은 본래 전체주의 악마 권력의 장기이기도 합니다.

사탄은 세 번째 유혹에서 참으로 사탄답게 주술적 신통력을 동원합니다. 설령 청년 예수가 성전 꼭대기에서 뛰어내린다 해도 사탄의 신통력은 주술적으로 예수를 안전하게 안착시킬 것이라고 유혹했습니다. 그것도 거룩한 성서의 말씀을 장황하게 이용하면서 말입니다. 주술적 신통력은 언제나 기복적 축복을 즐겨 사용하여 종교의 양적 팽창을 노리는 종교지도자들이 갖기를 갈망하는 값싼 카리스마의 능력입니다. 종교 장사꾼들의 장기가 바로 주술적 거짓 카리스마를 과대 선전하는 일입니다. 만사형통의 복음을 값싸게 팔아 교회 왕국을 세우려 할 때 바로 이 주술적 종교술책을 사용합니다. 세 번째 사탄의 유혹은 십자가에 달려 엄청난 고통을 겪고 있던 갈릴리 청년 예수를 주술적으로 힐난하고 조롱했던 당시 종교지배자들의 모습을 떠올리게 합니다. 그들은 십자가에 달려 신음하는 예수에게 진정 예수가 '하나님의 아들이라면 당장 십자가에서 스스로 내려와 자기 자신을 구원하라' 힐난했습니다. 이것은 실로 엄청난 놀림이자, 견디기 어려운 유혹이기도 했습니다. 그래서 예수는 카잔차키스가 지적한 '최후의 유혹'에 시달렸습니다. 이러한 조롱은 견디기 힘들었을 것입니다. 하나님의 아들이 마침내 스스로 화가 치밀어 오기를 부리도록 유혹한 것입니다.

우리가 여기서 새삼 기억해야 할 십자가 예수의 감동적인 모습은 사탄의 최후적 유혹을 예수가 너무나 멋지게 물리친 모습입니다. 이 모습이 바로 매우 감동적인 거룩한 하나님 아들의 진짜 모습이었습니다. 그것은 예수가 무력하게 죽을 수 있는 힘을 보여준 모습이었습니다. 십자가에 달린 예수가 참으로 허무하게 죽음으로써 그 유혹을 물리치는 모습, 이것이야말로 정말 아름답고 감동적인 것이 아니겠습니까! 끝까지 주술적 힘을 거부하시면서 무력하게 죽을 수 있는 예수의 힘이 바로 예수 복음의 놀라운 공공적 힘, 감동적 힘, 변혁적 힘이 아니겠습니까! 이렇게 허무하고 무력하게 처형당하신 예수는 부활 사건을 통해 생명의 숨결을 절망에 빠져있던 제자들에게 직접 불어 넣어주시고, 용서의 힘과 평화 만들기에 힘껏 나서도록 격려하셨습니다. 약하디약한 존재로 십자가에서 돌아가신 청년 예수가 선제적 원수 사랑으로 원수의 증오와 그 악을 해체할 수 있었던 것은 바로 부활의 힘 때문이 아니겠습니까! 요한복음의 에필로그인 20장과 21장을 다시 깊이 읽어보면, 사탄은 부활 예수 그리스도 앞에서 영원히 무력화될 것임을 예감할 수 있습니다.

이제 마지막으로 예수께서 요단강에서 '하나님 아들'로 호명을 받으셨는데, 광야의 시험 이후 하나님 나라 운동을 펼치시면서 왜 자기 스스로 '사람의 아들'로 호명했을까를 밝혀야 할 것 같습니다. 공생애를 걸쳐 예수님은 당시 유대 율법주의자들로부터 온갖 비난을 받았습니다. 특히 가장 신성시했던 안식일 법을 예수와 제자들이 어겼다고 하는 비난을 받았습니다. 이때 예수는 당당하게 선언했습니다. 안식일의 주인은 사람이라고 말입니다. 이것은 장엄한 인권 장정 선언이라 할 수 있습니다. 왜 하나님의 아들 예수가 스스로 사람의 아들이라고 했을까요.

이것은 이스라엘의 절박한 꿈이었던 예루살렘 귀환이 이루어진 이후 유대인들은 다니엘의 묵시 종말론적 희망을 가슴 깊이 품고 살아왔다는 사실과 연관됩니다. 다니엘은 장기간 여러 지긋지긋한 패권 국가들로부터 유대인들이 끊임없이 시달려 왔기에 언젠가 이 패권적 갑질에서 해방하는 그 날을 꿈꾸었습니다. 그래서 예언자 다니엘은 유대인을 오랫동안 괴롭혔던 패권 국가들을 모두 잔인한 괴수로 상징화했습니다. 이 짐승들의 강점과 강압적 지배가 끝나면 잔인한 짐승이 아닌 새로운 권력의 출현을 바랐습니다. 짐승의 시대가 지나가고 마침내 사람다운 사람이 지배하는 새 시대가 온다고 믿고 바랐습니다. 이러한 종말론적 희망, 곧 인격적 인간이 사랑과 평화로 이끄는 새 질서에 대한 희망을 유대인이었던 청년 예수도 가슴 깊이 간직하고 있었던 것입니다. 그래서 짐승의 지배 시대가 끝나길 바라며 하나님 나라가 올 것을 바라고 믿었습니다. 하나님께서 당신의 백성들과 함께 손잡고 새 하늘과 새 땅을 일궈낼 것이라 믿었습니다. 바로 이 일을 역사의 예수와 부활의 그리스도가 지속적으로 추진해 온 것입니다. 예수 그리스도(역사와 부활의 예수를 이렇게 표현한다면)는 하나님의 사랑 속에서 원수도 자매 형제가 되게 하고, 그 사랑 속에서 정의와 평화가 서로 입맞춤하는 새 질서를 세우며 지금도 성령의 능력으로 세우고 있기 때문입니다. 그러기에 사랑의 하나님께서 당신 아들 예수 그리스도와 당신의 백성들과 함께 손을 잡고 짐승 왕국을 근원적으로 청산해내고, 하나님 나라의 새 질서를 세우려 할 것입니다.

짐승의 시대는 가고 사람의 아들이 평화와 공의의 왕으로 오시어 사랑 질서(lovedom)를 세우시려는 그리스도 예수의 뜻을 충실하게 이해하고 이룩하려는 하나님의 자녀들이 한국교회를 이끌어 갈 때, 비로소 갈기갈기 찢어진 한국교회도 하나가 될 것이고, 나아가 이들이 평화 세우기에 앞장설 때 부당하게 분단된 조국도 당당하게 평화의 같은 민족으로 하나가 될 수 있을 것입니다. 사람의 아들 예수가 바로 하나님의 아들 예수가 되어 악마와 괴수의 구조를 해체할 때, 마침내 인권은 뿌리 깊은 나무처럼 우람하게 버틸 것이고, 평화는 마른 땅에 단비처럼 내릴 것이며 공의는 큰 강물처럼 흐르게 될 것입니다. 그리고 바로 이 새 역사가 한반도에서 동터올 것입니다.

로마의 평화와 예수의 평화[*]

오늘의 카이로스 상황

예수님은 제자들이 하늘의 색깔을 보며 자연의 일기변화는 알아보면서도 시대의 징조는 알아보지 못한다고 안타까워한 적이 있습니다(마 16:2-3). 오늘의 예수따르미들도 21세기 이 세대의 징조를 깨달아야 합니다. 지금 지배제도들은 세계 각처에서 근본적 도전을 받고 있습니다. 자본주의 시장의 무한한 탐욕에 대해 세계인들은 두려움과 불신을 거침없이 나타내고 있습니다. 월 가Wall Street를 점령하려는 움직임이 전 세계로 번지고 있습니다. 이른바 적하효과trickling down effect는 허울일 뿐 실제로 경제적 양극화는 상존하기에 시장체제의 정당성 또한 더 거센 도전을 받고 있고 또 받게 될 것입니다.

---

[*] 이 글은 『바보 예수』(2012, 삼인)에 수록된 "제국의 평화 예수의 평화"를 다소 손질한 것이다.

시장의 탐욕은 커져만 가는데, 이 시장을 제대로 공정하게 관리해내지 못하는 국가의 초라한 모습을 보고 국민은 국가의 공익성과 공공성에 대해서도 회의하고 있습니다. 여기에 더하여 대의 정치를 표방하는 의회민주주의와 정당정치에 대해서도 국민과 시민들은 신랄한 비판을 서슴지 않습니다.

쌍방향 통신매체를 자유롭게 활용하여 줄 안on-line에서 자유롭게 소통하면서 합의에 이르게 되면 줄 밖off-line에서 신속하게 집단행동을 거침없이 해내는 새로운 21세기 민중이 출현했습니다. 이들은 민주 정치 과정에 엄청난 힘을 직접 발휘하고 있습니다. 이들이 바로 줄씨알입니다.

줄씨알은 20세기의 대중mass과 다릅니다. 20세기 대중은 이른바 즉자적 민중이지요. 그러나 21세기 줄씨알은 대자적 민중입니다. 그들은 직접 모든 조직의 최상부층에 창조적 대꾸를 할 수 있고, 줄 안팎에서 그들의 집단적 견해를 강력하게 피력해냅니다. 이들은 모든 조직(국가에서 교회까지)의 운영을 투명하게 집행하도록 요구하며 감시까지 할 수 있습니다. 이들은 모든 중요한 의견이 밑에서부터 민주적으로 위로 올라가도록 요구합니다. 보텀 업bottom-up식 소통을 강조하며 톱 다운top-down식 소통과 운영을 거부하고 견제합니다. 그리하여 바야흐로 보다 성숙한 민주주의가 사회와 국가의 모든 수준에서 알차게 진행되기를 줄씨알들은 촉구하고 있습니다.

위기 상황에서 예수님의 하늘나라 운동을 지금, 여기에서 펼치려는 예수따르미들은 세상 권세와 국가권력을 어떻게 바라보아야 할 것인지 진지하게 성찰해야 합니다. 특히 지난 이천 년간 "모든 권세에 복종하라"라는 로마서 13장 첫 부분의 메시지를 어떻게 해석 또는 재해석 해야 할지 심각하게 고민해야 합니다. 성서의 이 구절이야말로 지난 이천 년간 독재 권력이 그토록 아끼고 소중히 여겼던 기독교 복음의 메시지로 알려지지 않았습니까. 그만큼 이 편지를 작성했던 사도바울도 수구 보수의 멍에를 그토록 오랫동안 억울하게 목에 매고 곤욕을 치르지 않았겠습니까. 그렇다면 이렇게 편지를 쓴 바울의 진정한 의도는 무엇이었을까요. 우리는 아직도 이 세상에서 힘쓰고 있는 권력자들은 그들의 권력이 정당성을 잃게 될수록 성서의 이 구절에 더욱 매달리고 있음을 알고 있기에 바울의 신학적 의도가 과연 어떤 것인지를 밝혀 볼 필요가 있습니다. 더욱이 오늘 한국 상황에서 거대 교회로 일어서서 세속권력, 그것도 독재 권력과 비굴하게 결탁하려는 메가 교회 권력자들이 바울의 이 구절을 가장 왜곡시키고 있음에 우리는 분노해야 합니다. 그래서 이 카이로스의 혼란 속에서 우리는 진리의 빛, 복음의 참 빛을 찾고 싶습니다.

바울의 신학적 의도

로마서 13장 1절에서 7절까지의 메시지가 어떤 상황context에서 쓰였는지 먼저 살펴보아야 합니다. 대체로 C.Ecommon era 50년 중반에 로마서가 작성된 것 같습니다. 클라우디우스Claudius(재위 기간 41~54년) 황제가 죽고, 10대의 자유분방한 네로Nero(재위 기간 54~68년)가 황제로 등극했지요. 당시 정치 사회적 상황은 혼란스러웠습니다. 그리고 초대교회들이 박해받기 시작했습니다. 후일 베드로와 바울도 네로 폭정과 탄압으로 순교 당했지요. 바로 이 같은 상황에서 로마교회뿐만 아니라 로마제국의 영향 아래 있던 디아스포라 교회들은 여러 가지 문제 가운데 로마 당국에 조세와 관세를 바치는 문제에 직면했습니다. 하기야 이때보다 20여 년 전 거슬러 올라가 갈릴리 예수님께서 활동하실 때도 세금 문제로 시험받으신 적이 있었지요. 로마제국의 권력이 더욱 강퍅해지고, 황제 신학이 더욱 강요되던 초대교회 상황에서 부활하신 예수님을 유일한 그리스도로, 유일한 메시아로 확신했던 초대 예수따르미들(또는 그리스도 따르미들) 중에는 가짜 신인 황제 체제에 조세나 관세를 바치는 것을 꺼리거나 단호히 거부하려는 열혈 신자들이 있었습니다. 이들은 로마 당국에 대해 반세反稅 운동을 펼치려 했습니다. 바로 이 같은 문제에 사도바울도 직면했던 것입니다. 더구나 폭군 네로 지배하에서 초대교회가 반세 운동에 휘말리게 되면 추방이나 순교와 같은 가혹한 징벌을 면키 어려웠습니다. 그래서 사도바울에게는 예수님의 지혜가 절박하게 필요했던 것입니다. "권세에 복종하라", "조세를 바쳐라" 등의 표현이 나오게 된 것입니다. 우리는 이런 표현의 껍데기만 볼 것이 아니라 이 표현 뒤에 있는 바울의 신학적인 깊은 배려와 속뜻을 찾아 밝게 드러낼 필요가 있습니다.

우선 현재 성서에 기록된 로마서의 장과 절이 처음부터 바울이 그렇게 나눈 것이 아니라는 사실에 주목할 필요가 있습니다. 바울 편지의 최초 필사본은 지금의 형태처럼 나누어져 있지 않았지요. 편지의 뜻을 중심으로 단락paragraph을 다시 나눈다면 13장 바로 앞의 12장 14절로부터 13장 10절까지를 한 단락으로 나눌 수도 있습니다. 이렇게 보지 않고, 13장 1절에서 7절까지를 따로 떼어서 보게 되면 사도바울의 깊은 신학적 성찰이 제대로 드러나지 않을 수 있습니다. 이상하게 수구꼴통 같은 바울의 모습만 부각 됩니다.

그런데 12장 14절부터 13장 10절까지를 한 의미의 단락으로 보아 찬찬히 읽고 그 뜻을 되새겨 보세요. 놀랍게도 정말 놀랍게도 바울은 갈릴리 예수의 마음으로 이 편지를 쓰고 있음을 알 수 있습니다. 예수님은 하나님 나라의 빛 아래서 주 후 50년 중반에 로마 교인들에게 적절하고 필요한 평화의 메시지를 던지고 있음을 깨닫게 됩니다. 통상적으로 적지 않은 성서신학자들과 조직신학자들이 바울은 역사의 예수에 무관심했다고 주장해 왔습니다. 사四복음서에서는 역사적 예수의 발자취를 찾기가 쉽지 않다고 주장해 왔습니다. 사복음서에 나오는 예수는 역사적 예수의 모습이 아니라는 것입니다. 부활의 그리스도를 만나 크게 변화를 겪게 된 예수의 제자들이 예수에 대한 신앙적 고백을 토대로 재구성된 모습이라 했습니다. 복음서의 예수는 실물 예수가 아니라, 부활한 하나님 아들 곧 그리스도일 뿐이기에 복음서의 예수 활동도 그리스도의 활동으로 해석해야 한다는 것이지요. 이 같은 생각은 20세기 최고의 성서 신학자 불트만Rudolf Bultmann (1884~1976)의 영향력 탓이었지요. 심지어 1980년대 중반부터 세계 언론에 각광 받았던 미국 중심의 예수 세미나 학자들도 기본적으로는 불트만의 제자들이라 할 수 있죠. 그들은 사복음서에서 역사의 예수께서 직접 하신 말씀은 19%도 안 된다고 주장했으니까요. 진보적 자유주의자이거나 보수적 복음주의자이거나 대부분 신학자들은 예수와 바울 간에는 뛰어넘을 수 없는 큰 간극이 있다고 생각했습니다.

그런데 최근 바울의 복음 메시지 속에 갈릴리 예수의 목소리가 담겨 있음을 지적하는 신학자들이 적지 않습니다. 예수 세미나에서 지도적 역할을 해온 크로산John Dominic Crossan(1934~)과 보그Marcus Borg (1942~2015)가 그러하고, 한국인으로는 세계적으로 인정받는 신학자

김세윤 교수도 그러한 분 중 한 분이지요. 이제 우리는 바울의 글에서 예수의 목소리를 똑똑히 들을 수 있어야 합니다. 예수님께서 친필로 당신의 뜻을 남기신 일이 전혀 없었기에, 대신 그의 육성을 영의 귀로 들을 수 있어야 합니다. 물론 기억을 통해 구전口傳으로 전승된 목소리지요. 이제 바울의 로마 서신에서 갈릴리 예수님의 그 정다운 목소리를 다시 경청해 보기로 합시다.

바울의 글에서 예수님의 육성을

먼저 바울은 로마서 12장 14절에서 이렇게 로마 교인들에게 권고했습니다.

> 여러분들 박해하는 사람을 축복하십시오. 축복하고 저주하지 마십시오(롬 12:14).

우리는 바울의 이 편지글에서 예수님의 산상수훈을 통해 다음과 같은 놀라운 깨우침의 소리를 들을 수 있지 않습니까!

> 그러나 나는 너희에게 말한다. 너희 원수를 사랑하고 너희를 박해하는 사람을 위하여 기도하라(마 5:44).

원수를 사랑하라는 예수님의 절규야말로 예수의 하나님 나라 운동의 핵심이라고 믿는다면 위의 글은 바울이 예수의 충실한 따르미라는 뜻이 아닐까요. 당시 로마제국의 황제 신학에 대한 근본적 대안으로서 예수의 하나님 나라 신학이 아니던가요!

무시무시한 무력으로 모든 원수를 섬멸시키고 난 뒤 그 피비린내 나는 전쟁 마당에서 펄럭이는 깃발이 바로 팍스 로마나Pax Romana 깃발이라면, 예수의 외침을 다시 글로 외친 바울의 이 말씀은 바로 예수 복음의 깃발이 아니겠습니까! 예수님의 "원수를 사랑하라"라는 외침은 바로 이 같은 피 묻은 깃발을 내리게 하면서 인간과 구조를 함께 사랑으로 변화시키는 대안적 복음의 소리가 아니던가요! 이런 기쁜 소식의 외침이야말로 뿌리로부터의 변화를 호소하는 근본적인Radical 기쁜 소리가 아니던가요!

예수에게 원수란 사랑해야 할 사람일 뿐이요 오랜 이웃일 뿐이지요. 그래서 원수란 사랑으로 변화시킬 수 있는 이웃 사람이었던 것입니다. 얼핏 들으면 원수 사랑의 외침은 바보의 넋두리처럼 들리기도 합니다만, 그렇습니다. 가장 수준 높은 바보의 넋두리 같은 소리이기도 합니다. 그래서 감동적이지요. 저는 상상해 봅니다. 바울이 "그러나 나는 말한다. 원수를 사랑하고 너희를 박해하는 사람을 위하여 기도하라"는 로마서 12장 14절의 말씀을 편지에 쓸 때 20여 년 전 갈릴리호숫가 언덕, 그 현장에는 없었으나 그의 영의 귀를 활짝 열고서 예수님의 육성을 들었다고 생각합니다. 바로 눈앞에 네로 황제의 폭압적 박해를 느끼면서 말입니다.

두 번째로 바울의 12장 7절의 글과 13장 2절의 글을 예수님의 명령(마 5:39)과 연결해 봅시다. 바울은 이렇게 적었습니다.

아무에게도 악을 악으로 갚지 말고 모든 사람이 선하다고 생각하는 일을 하려고 애쓰십시오(롬 12:17).

그리고 바울은 로마서 13장 2절에서 권세에 거역한다는 표현을 두 번씩이나 쓰고 있습니다. 예수님은 산 위에서 하나님 나라는 악한 사람에게 악으로 대응해서는 결코 이룰 수 없음을 설파하시면서 이렇게 권고하셨습니다. 정말 이 메시지도 바보 같은 권고처럼 들리기도 합니다.

> 그러므로 나는 너희에게 말한다. 악한 사람에게 맞서지 말라. 누가 네 오른 뺨을 치거든, 왼쪽 뺨마저 돌려대어라(마 5:39).

먼저 우리가 주목할 것은 바울의 "거역한다"라는 말과 예수님의 "맞서다"라는 말입니다. 같은 명령의 뜻입니다. 바울의 "거역한다"라는 단어의 그리스어는 *tasso*인데, 이것은 군대의 전투 행위와 연관된 동작을 뜻합니다. 즉 싸우기 위해 전투대형을 이룬다는 전투를 위한 군인의 배치와 포진을 해낸다는 뜻이지요. 이 그리스어가 영어 oppose의 어원이 됩니다. 그러니까 바울의 "거역"이란 뜻은 단순한 반대나 반항이 아닙니다. 그것은 무력을 사용하는 군대식 반항을 뜻합니다. 그러기에 바울의 로마서 13장 2절을 다음과 같이 풀이해야 할 것 같습니다.

> 조세와 관세를 요구하는 로마 권세에 대해 군대식 무력 전술로 대항하지 말라.

바울의 이런 권고는 "악한 사람에게 맞서지 말라"는 예수님의 육성을 영적으로 듣고 한 권고라 할 수 있겠습니다. 그러니까 예수님이나 바울은 한결같이 제도 폭력 또는 폭력적 제도에 폭력으로 대항하는 전술을 거부하라고 명령하십니다. 피 흘리는 폭력 대응 자체가 이미 악한 세력에 굴복하는 길로 가는 것이기 때문입니다. 이렇게 되면 결단코 악을 이겨낼 수 없습니다. 악순환만 더욱 거칠게 작동하게 되고, 억울한 피 흘림은 계속될 뿐이지요. 진실로 악을 이기려면 선함으로만 이겨야 합니다. 곧 사랑의 힘, 질 수밖에 없더라도 그 사랑의 힘으로만 마침내 이겨내야 합니다. 여기서 우리는 십자가의 처절한 패배와 부활의 승리 사이의 멋진 창조적 긴장을 이해할 수 있게 됩니다.

셋째로 예수님과 바울의 만남을 하나만 더 언급해 봅시다.

예수님의 원수 사랑의 명령이 바울의 로마서 13장 8절에서 10절까지 아름답게 정리되고 있습니다.

서로 사랑하는 것 외에는 아무에게도 빚을 지지 마십시오. 남을 사랑하는 사람은 율법을 다 이룬 것입니다.

나는 여기서 바울의 평범한 표현인 "남을 사랑하는 사람"을 좀 더 명백하게 드러내어 이렇게 옮기고 싶습니다.

원수를 사랑하는 사람은 모든 율법의 정신을 완성하는 것입니다.

이렇게 완성되는 평화야말로 바로 하나님의 평화요 부활하신 그리스도의 평화Pax Christus입니다. 여기서 가짜 평화인 팍스 로마나Pax Romana와 진정한 평화인 그리스도의 평화 간의 본질적 차이가 나타납니다. 한마디로 우리가 바울의 로마서 서신에서 역사적 예수의 향기, 그것도 산상수훈의 고결한 향기를 느낄 수 있어야만 바울의 속뜻, 바울의 근본적인radical 신학의 본질을 제대로 이해할 수 있습니다. 이 향기는 바로 예수의 하나님 나라 운동의 향기요 팍스 로마나를 대치할 수 있는 변혁의 향기입니다.

이제 정리하면서 네 가지 진실에 새삼 주목하고 싶습니다.

첫째, 긴 기독교 역사에서 보면 세속적이거나 종교적이거나 독재자들이 가장 애용했던 성서 구절이 바로 로마서 13장 1절과 2절이라는 사실입니다. 개인적으로 정치적 고초를 겪었을 때 군사정부가 이 구절로 여러 번 저를 괴롭혔음을 아프게 기억합니다. 해방 후 오늘까지 우리의 역사를 보면 국가권력이 한국교회 지도자들을 청와대 기도회나 조찬 기도회로 초청하면 이들은 한결같이 독재 권력을 주님의 이름으로, 성서의 여러 말씀으로 축복해 주었습니다. 특히 로마서 13장의 일부 말씀으로 권력을 정당화시켜 주었습니다. 사도바울께서 지금 살아 계신다면 이 같은 우리 한국교회 현실에 대해 심한 배신감을 느끼시리라 생각합니다. 이제 우리는 기독교 지도자들이 사도바울의 목에 메어 둔 무거운 권력 축복이라는 멍에를 벗겨 주어야 합니다. 복음주의 신학의 미명 아래 근본주의적 보수주의 감옥에 가둬 둔 사도바울을 이제 해방시켜야 합니다. 바울의 신학이 예수의 하나님 나라, 곧 사랑 나라lovedom의 신학이기도 한데, 이 신학을 보수주의 신학의 감옥에 그렇게 오랫동안 가둬두어서는 안 됩니다.

둘째, 바울이 오해받기 쉬운 13장 1절에서 7절까지의 편지글을 쓰게 된 동기를 우리는 마음의 문을 열고 이해해야 합니다. 천방지축처럼 놀았던 네로 황제의 탄압 속에서 바울은 로마교회의 반세 운동이 자칫 피비린내 나는 순교의 참상으로 비화될 것을 심히 염려했습니다. 그런데 바울 사도는 반세反稅 운동은 초대 교인들이 목숨을 걸 만큼 중요한 사안이 아니라고 판단했지요. 정말 목숨을 걸 주요한 사안이 따로 있다고 믿었지요. 그는 복음의 진리를 위해서는 죽음을 두려워하지 않았습니다. 이것은 본회퍼Dietrich Bonhoeffer(1906~1945) 목사가 1940년에 겪었던 경험에서 다시 유추해 볼 수 있겠습니다. 1940년 6월 17일 그는 카페에서 프랑스 항복 소식을 들었습니다. 아마도 그 카페 안에 히틀러 정권의 하수인이 있었던 것 같습니다. 프랑스 항복 소식에 독일인들은 마땅히 기뻐해야 하는데 카페 안 분위기는 그렇지 않았나 봅니다. 이때 본회퍼 목사는 이렇게 외쳤답니다. "여러분, 당신의 팔을 들어 올리시오 … 당신들은 제정신이요. 우리는 지금 매우 다른 중요한 것을 위해 목숨을 걸어야지 그딴 경례 따위에 목숨을 걸어서는 안 됩니다." 경례 거부 행위로 순교 당하는 어리석은 짓을 하지 말자는 뜻입니다. 그래서 본회퍼 목사는 1세기의 사도바울과 역지사지易地思之(상대의 처지를 머리로 아는 것)하고 역지감지易地感之(상대의 처지를 가슴으로 아는 것)한 듯합니다. 곧 처형당해 죽을 그가 보여준 융통성 있는 신앙의 힘을 확인하는듯합니다.

셋째, 우리는 바울 사도의 더 깊은 속뜻을 헤아려야 합니다. 초대교회가 반세 운동으로 순교 당하는 것도 바울에겐 가슴 아픈 일이지만, 그를 더욱더 가슴 아프게 하는 문제가 있었습니다. 바울에게는 초대 교인들이 로마 체제에 대해 군대식 무력 대응을 함으로써 피살되는 아픔도 컸지만, 그를 더 아프게 한 것은 상대방을 살해하는 비극이라 하겠습니다. 이렇게 악을 악으로 대응하게 되면 하나님 나라는 이미 끝장난 것이지요. 다만 보복적 악순환이 거칠게 작동하면서 사랑은 증오로 대치되고, 정의는 끝없는 보복으로 추악하게 변질되고 말지요. 그렇게 되면 그리스도의 평화Pax Christus는 영원히 사라지게 되고, 로마의 거짓 평화Pax Romana는 피비린내 나는 승리주의 깃발 아래 더욱 극성을 떨게 될 것입니다. 바울은 이것을 더 걱정했습니다.

이제 우리는 우아하게 십자가 지시고 처참한 패배의 길로 한 발짝 한 발짝 나아가신 예수님을 가슴 깊이 모시면서 바울의 편지를 새롭게 읽어야 합니다. 십자가의 죽음은 팍스 로마나Pax Romana의 죽음을 뜻합니다. 그러나 예수의 부활은 그리스도 평화의 승리를 뜻한다는 진실을 새삼 깨달아야 합니다. 예수께서는 십자가에 달려 괴로워하는 자신에게 무자비하게 창을 던진 로마의 권력을 용서하는 기도를 하셨지요. 그런데 이 기도의 순간 팍스 로마나는 그 뿌리로부터 흔들리게 되고 무너지게 된 것이지요. 그리고 마침내 예수의 부활로 그리스도 참 평화의 빛을 세상과 역사 속에 영원히 비추게 되지요. 우리는 지금 십자가의 죽음과 부활 사이에서 떨고 있는 것 같습니다. 그러나 곧 밝아 올 부활의 빛을 소망하면서 더욱 용기를 내어 그리스도 예수의 평화의 빛과 그 영광을 우리 국민과 민족 그리고 온 세계인들이 함께 누릴 수 있기를 간구합니다.

끝으로 저는 이천 년 전 사악한 로마 패권 권력과 맞섰던 초대교회, 특히 바울과 그 신자들이 지금 21세기 기독교 복음을 앞세워 세계적 패권 권력을 강화하려는 팍스 아메리카나Pax Americana의 주역들을 보면서, 그중 백인 앵글로색슨 개신교 지도층이 버팀목이 되어 힘쓰고 있음을 보고 예수님과 바울 사도께서 어떻게 대응하실 것인지를 매우 궁금하게 생각합니다. 사실 궁금할 필요가 없지요. 악의 권력, 곧 권력의 악을 이기는 참 힘, 참 복음의 힘은 결단코 폭력적 제국 권력이나 잔인한 패권 권력이 아니라는 사실을 확인할 수 있습니다. 예수 처형을 끝까지 지켜본 로마 장교가 진정한 메시아는 황제가 아니라 황제의 명에 거역했다고 십자가 처형을 당하는 저 갈릴리 청년이 바로 메시아요 하나님의 아들이요 나아가 하나님 자신이라고 외친 것처럼 말입니다. 무력과 돈의 권력으로 세계를 지배하려는 자기 황제가 하나님이 아니라고 용기 있게 외친 로마 장교의 그 외침 소리를 우리 모두 겸손한 마음으로 경청해야 합니다.

돌 쥔 주먹을 풀게 하는 힘
─ 예수 발선發善의 힘

어느 날 아침 일찍 올리브 산으로 올라가셨던 예수님은 성전으로 곧바로 가시어 하나님 나라의 가치를 가르쳤습니다. 진실한 메시지에 굶주렸던 많은 백성이 예수님의 말씀을 경청했습니다. 바로 이때 한 무리의 율법 학자들과 바리새인들이 들이닥쳤습니다. 살기 넘치는 험상한 얼굴을 하고 주먹을 불끈 쥐고서 예수 앞에 위협적으로 나타났지요. 간음 현장에서 한 여인을 잡아끌고 왔습니다. 그들은 범죄 현장에서 체포한 여인을 모세율법에 따라 공개 처형하려는 목적보다는 예수를 곤경에 빠뜨려 공개적으로 제거하고자 하는 음흉한 꾀를 품고 들이닥쳤습니다.

만일 예수가 그 여인의 공개처형을 공개적으로 반대하면 신성한 국법 같은 모세율법을 공개적으로 거부한다는 것을 증거로 삼아 예수를 당당히 제거하려 했습니다. 반대로 만일 예수가 여인의 공개처형을 찬성한다면 평소 사랑을 역설했던 예수를 위선자로 몰아붙이려고 했습니다. 한 마디로 그들은 예수와 모세를 싸움 붙여 예수의 하나님 나라 운동을 무력화시키려고 했지요.

바로 이 같은 위기 국면에서 예수님은 과연 어떻게 대응하셨는지, 그 대응의 신학적 의미는 무엇이며, 그 역사적 의미는 무엇인지를 살펴보겠습니다. 오늘 우리의 현실을 보면 종교지도자들을 위시해서 이 땅의 온갖 갑甲질하는 세력들의 모습이 이천 년 전 돌 쥔 주먹으로 예수에게 도전했던 모습과 몹시 흡사하다고 생각됩니다. 본문의 사건은 우리에게 소중한 메시지를 던져주고 있습니다.

먼저 당시 그 교활했던 종교지도자들의 행태부터 간단히 살펴봅시다. 율법 학자와 바리새인들은 이천 년 전의 팔레스타인 상황에서는 종교적으로만 아니라 사회·정치적으로도 주류였고 표준세력이었으며 적자適者 세력이었습니다. 이들에게 예수운동은 심각한 위협으로 인식되었습니다. 예수운동과 메시지가 그들의 주류가치와 주류문화에 도전할 뿐 아니라, 그들의 정치·경제적 기득권에도 위협이 된다고 생각했습니다. 그래서 그들은 끊임없이 예수를 제거하거나 무력화시키려고 했습니다. 그렇다고 예수를 폭력으로 함부로 제거할 수 없었습니다. 거기에는 적어도 두 가지 이유가 있었습니다. 하나는 비록 예수가 그들의 율법 체계를 무시하고 거부하는 발언, 곧 반反체제적 발언을 끊임없이 쏟아냈으나, 율법의 근원적 정신, 그 본질적 가치는 그들보다 항상 더 소중히 여긴다는 사실이 널리 알려졌기 때문이지요. 또 다른 이유는 예수의 '급진적' 해석과 선포가 당시 많은 백성의 마음을 사로잡았기 때문입니다. 율법주의자들, 바리새인들, 사두개인들, 헤롯당 사람들과 달리 참으로 감동적 권위를 예수께서 갖고 있었음을 그의 말씀과 행동에서 민중들은 뜨겁게 확인했기 때문에 함부로 예수를 정죄하여 제거할 수 없었습니다.

그런데 본문을 보면 이 갑들은 쉽게 갑질하면서 예수를 곤경에 빠뜨릴 수 있는 건수를 하나 잡았다고 확신한 듯합니다. 범죄 현장에서 여인을 사로잡았기 때문이지요. 이것은 갑질하려는 자들에겐 신나는 호기好機이지만 예수에게는 심각한 위기일 수도 있었습니다. 이런 위기에서 과연 예수님은 어떻게 대응하셨는지를 오늘의 상황에서 깊고 넓게 이해하기 위해서는 우리의 신앙적, 신학적 상상력과 인문·사회·과학적 통찰력을 발휘해야 합니다. 성서는 읽는 이에게 항상 창조적 상상력과 통찰력을 요구하는 것 같습니다. 예수님 자신이 청중들에게 이러한 적극적 해석을 요구하는 듯합니다. 우리는 빈 병에 일방적으로 물을 부어주듯 설파하지 않으시고 백지 공간에 일방적으로 메시지를 받아적기를 요구하시지 않는 예수님이심을 기억해야 합니다.

그렇다면 예수님께서 교활하고 잔인한 갑질 행동에 대해 어떻게 창조적으로 그리고 지혜롭게 대응하셨는지를 주목해 볼 필요가 있습니다. 남성 갑질꾼들의 저돌적 도전에 예수님은 매우 엉뚱하고 매우 기묘한 방식으로 대응했습니다. 주님께서는 매우 차분하고 우아하게 그러나 단호하게 그들의 성급하고 폭력 유발적 도전에 응전하셨습니다. 모세율법에 따라 현장범을 돌로 쳐 죽여야 하는지를 기세 좋게 물으며 대드는 그들에게 예수님은 엉뚱하게 몸을 굽히십니다. 그리고 손가락으로 땅에 무엇인가 쓰셨습니다. 이런 예수의 대응은 그들에게 참으로 웃기는 짓이요 또 엉뚱한 짓으로 보였을 것입니다.

이 엉뚱함에 주목한다면 우리 상상력의 날개는 가만히 있지 않고 활발히 움직이기 시작하게 되지요. 도대체 예수님은 왜 몸을 낮추시어 땅에 글을 쓰셨을까. 그 내용은 무엇일까. 나아가 글의 메시지를 따지기 전에 거칠게 말로 위협적으로 몰아붙였던 당시 권력자들에게 보여주신 예수님의 "땅 위에 글쓰기" 대응의 뜻이 무엇인지를 차분히 생각하게 됩니다. 허리 굽혀 글을 쓰셨던 예수님의 몸동작이 주는 의미가 무엇인지도 깊이 성찰해 볼 필요가 있습니다.

첫째, 적개심으로 가득 찬 집단적 언어공격에 대해 엇비슷한 거친 언어로 바로 대응하는 것은 예수님의 스타일이 아님을 확인하게 됩니다. 예수님의 하나님 나라 운동의 스타일도 아니요, 그 본질도 아닌 듯합니다. 가증스러운 독기 공세 앞에서 예수님은 언어의 강대강 強對強 대결을 뛰어넘으셨습니다. 우리는 인간사 비극의 상당 부분이 조직적 거친 언어에 대해 더 거친 언어의 대결에서 이뤄진다는 사실을 잘 알고 있습니다. 가는 말이 험악하면 오는 말은 더 험악해지지요. 언어의 집단적 발악이 때로는 죽음을 불러오는 비극적 대결과 결투로 이어짐을 우리는 현실과 역사에서 흔히 확인할 수 있습니다. 바로 이런 발악이 주는 평화 깨뜨림의 비극적 결과를 너무나 깊이 이해하신 주님께서는 발악하듯 추궁해오는 율법 학자와 바리새인들의 그 거친 언어 공세를 조용히, 우아하게 누그러뜨리려고 먼저 허리를 굽히셨습니다. 그리고 조용하고 여유 있게 땅에 글을 쓰셨습니다. 강대강의 대결 상황에서 발악하는 사람들에게 숨을 되돌려 쉴 수 있는 '여유', 곧 성찰의 '기회'를 주신 것이지요. 저는 예수님의 이 멋진 우아함과 여유를 확인하며 속으로 조용히 감탄했습니다. 만일 제가 화가라면 이 모습을 그림에 담고 싶습니다. 렘브란트라면 주먹 쥔 갑들의 험악한 표정과 차분히 땅에 글을 쓰신 예수님의 평온한 표정을 대조적으로 잘 그려 낼 터인데 말입니다.

둘째로 그렇다면 글을 쓰신 예수님의 마음을 깊이 이해하기 위해서는 글의 내용이 무엇인지 궁금해지지 않을 수 없습니다. 여기에 예수님의 글을 쓰시는 사건이 우리의 창조적 상상력을 촉구합니다. 주님께서 빈 병이나 빈 종이처럼 가만히 수동적으로 있지 말고, 하나님이 주신 주체적 상상력, 창조적 통찰력을 적극적으로 활용해보라고 요청하십니다. 저는 이렇게 상상해 봅니다. 표독스럽게 위선적인 이 갑들의 꽉 쥔 주먹을, 여인을 죽이려고 돌을 굳게 움켜쥔 그 주먹을 우아하게 풀게 하려면 그들의 숨겨진 죄악을 스스로 되돌아보게 할 필요가 있지 않겠습니까. 예수께서 험악한 얼굴로 돌을 움켜쥔 갑들 하나 하나에게 크게 꾸짖는 목소리로 그들의 숨은 죄악 하나하나를 공개적으로 폭로했다면 과연 그들의 주먹손이 풀리었을까요. 예수님은 그들의 숨겨진 죄악이 드러나게 되면 부끄러워질 수밖에 없는 비행非行과 악행을 땅 위에 쓰되, 각자만이 대번에 알아볼 수 있는 상징언어로 쓰셨다고 생각합니다. 그들의 비행과 악행을 하나하나 소상하게 쓰신 것이 아니라 그들만이 그 악행을 기억할 수 있는 상징언어를 쓰셨다고요.

이를테면 지난 자유당 시절, 민주적 공정선거를 외쳤던 학생들에게 무자비하게 총을 쏜 것과 같은 악행을 행한 적이 있는 자가 예수를 닦달했던 무리 속에서 돌을 쥐고 있다면 예수님은 땅에 단순히 4·19라는 숫자를 적었을 것 같습니다. 그는 대번에 자기 악행을 기억하게 될 것이 아니겠습니까. 혹시 갑질했던 자 중에 옛날 자기 이웃집 복순이를 겁탈했던, 비행을 저질렀던 자가 있다면 복순이라는 두 이름자만 써도 그는 대번에 자기 잘못을 알아보게 될 것입니다. 그 부끄러운 짓, 그런데 그것이 아무도 모르게 숨겨져 왔다고 생각했는데, 예수님의 글 속에서 그는 들켰다고 느끼게 될 것입니다. 그에게 양심이라는 하나님의 형상이 살아있다면 그의 얼굴은 남모르게 발갛게 달아오를 것입니다. 부끄러움을 느끼게 되겠지요. 이 부끄러움이 그의 위선적 발악에 일단 제동을 걸 것입니다. 그래서 율법 학자들과 바리새인들 그리고 그들과 동조하려 했던 주변의 사람 중 상당수는 그들의 치졸한 발악 행동을 누그러뜨렸을 것입니다.

그런데도 본문 7절에 보면, 그들은 계속 예수를 거칠게 다그쳤습니다. 바로 이때 주님은 그 우아한 침묵을 깨고 놀라운 명령을 조용히 그러나 단호하게 내리셨습니다. 그것도 그들의 숨겨진 부끄러운 죄악을 깨우친 후에 말입니다.

너희 가운데 죄 없는 사람이 먼저 이 여자에게 돌을 던져라.

이 명령을 듣고 이들은 당황했을 것입니다. 이미 발악이 그들 속에서 주춤거리고 있는 터에 이 현행범 여인을 돌로 치되 죄 없는 사람부터 먼저 모범적으로 치라고 하는 예수님의 명령을 듣고 몹시 당황했을 것입니다. 양심이 살아 있을수록 더욱 당황했을 것입니다. 그래서 돌로 칠까 말까를 망설이고 있는 바로 그 순간, 예수님은 다시 몸을 낮추시어 땅에 또 무엇을 쓰셨습니다. 과연 두 번째 땅에 쓰신 메시지는 무엇이었을까요? 처음 땅에 쓴 글은 갑들 각자 개인이 그간 숨겨왔던 비행과 악행이었다면, 두 번째 땅에 쓰신 메시지는 정말 무엇이었을까요. 저는 이렇게 사회학적 상상을 해봅니다. 두 번째는 개개인의 부끄러운 비행이 아니라 그들 모두의 집단적 위선과 조직적 악행을 지적했다고 해석하고 싶습니다. 그들의 집단적 위선과 악행은 그 집단적 공유로 인해 위선이라든지 악행으로 여기지 않게 된다는 점에 유의해야 합니다. 이른바 관례화된, 제도화된 위선과 악행이 되고 말지요. 일단 이렇게 관례화되거나 집단화되면 그것이 특히 위선으로 인식되지 않게 되지요. 그것은 곧 진부한 정상성이 되고 말지요. 사실 이렇게 정상화된 악행과 위선이 훨씬 무서운 범죄임을 우리는 새삼 깨달아야 합니다. 이것이 바로 한나 아렌트가 지적한 나치의 악행이 드러낸 진부한 "악의 평범성Banality of evil"이지요. 나치의 죄악이 바로 그러한 것이었습니다.

그래서 두 번째로 예수님께서 몸을 낮추시어 땅에 글을 쓰셨을 때는 갑들의 진부한 악행, 정상적인 것으로 인식되는 악행을 일깨워주는 메시지를 적었다고 생각합니다. 즉 모세율법인 레위기 20장 10절이나 신명기 22장 22절에서 24절의 말씀을 적어 그들의 본질적 죄악을 깨닫게 해주셨다고 생각합니다. 레위기에는 이렇게 적혀있습니다.

> 남자가 다른 남자의 아내 곧 자기의 이웃의 아내와 간통하면, 간음한
> 두 남녀는 함께 반드시 사형에 처해야 한다.

레위기에 의하면 간통죄는 반드시 당사자 두 사람, 곧 남자와 여자 모두가 극형을 받게 되어 있습니다. 그렇다면 간음한 여인만을 체포하여 예수 앞에 데려온 그들 모두는 남자 범행자는 놓아두고 여성만을 잡아 왔다는 뜻이 되지요. 이것은 명백하게 모세율법을 어긴 범죄 행위입니다. 율법 학자들과 바리새인들이 모두 남자였고, 당시 유대 문화가 지독하게 가부장적인 문화였기에 그들은 모두 법 집행에

있어 원천적으로 남성 지배 이데올로기를 악용했습니다. 바로 이 같은 가부장적 문화의 부당함을 깨우쳐 주시기 위해 예수님은 두 번째로 땅에 글을 쓰셨다고 생각합니다. 그리고 남성 갑들의 근원적 범법을 폭로한 것입니다. 그것도 그들의 집단적 범법행위를 드러내 주신 것이지요. 가부장 문화에서 당연하게 여겨졌던 남성 중심적 율법준수 관행을 심각한 범죄로 날카롭게 고발한 것으로 생각합니다.

이제 두 번째 메시지를 확인한 이들인 여성 혐오 세력은 그들의 남성 우월주의적 발악을 중단할 수밖에 없게 되었지요. 예수님이 모세의 신성한 율법을 어긴 남성 범법자는 어디에 숨겨 두었는가를 조용히 그러나 단호하게 물으셨기 때문입니다. 이 예수의 글쓰기 물음 앞에서 증오로 단단하게 틀어쥔 이들의 주먹은 풀릴 수밖에 없게 되었습니다. 그리고 슬금슬금 서로 눈치 보며 한 사람씩 예수님 앞을 떠날 수밖에 없었습니다. 그들의 이중적 교활함과 이중적 위선이 저절로 드러나게 되었다고 느꼈던 그들은 돌을 놓고 슬그머니 달아날 수밖에 없었습니다. 놀랍게도 이 같은 과정에서 예수는 단 한 번도 큰 소리로 핏대 세우며 야단치지 않으셨습니다. 겸손히 두 번이나 몸을 낮추어 조용히 땅에 글을 쓰셨을 뿐이었지요. 그러나 그 글이 주는 메시지는 결코 조용하고 무력한 것이 아니었습니다. 발악했던 자들의 주먹 쥔 손이 발선發善으로 풀리면서 그 여인은 마침내 죽음의 골짜기에서 벗어나게 되었습니다. 그리고 예수님의 하나님 나라 운동이 주는 구원의 감동이 이 위기의 현장에서 잔잔하게 번지게 되었습니다.

이제 이천 년 전 땅에 글을 쓰신 예수님과 오늘의 현실에서 새롭게 역지사지, 역지감지易地感之하고 싶습니다. 저처럼 글을 쓰고 살아온 지식인들, 특히 글을 통해 자기의 삶 전체를 후손들에게 알려서 남겨주고 싶어 하는 지식인들에게 땅에 글을 쓰신 예수께서 주시는 가르침이 무엇일까를 고백적으로 성찰하고 싶습니다.

무엇보다 제가 평소에 갖고 있던 물음 한 가지를 여러분들과 나누고 싶습니다. 왜 예수님은 글 한 줄도 남기지 않으셨을까요? 땅에 글을 쓰신 것을 보면 글을 몰라서 남기지 않으신 건 확실합니다. 그렇다면 예수님은 왜 글 한 줄도 친히 종이에, 파피루스에 남기시지 않으셨을까요. 왜 바리새인과 율법 학자들의 잘못을 깨우치는 글도 하필이면 땅 위에 쓰셨을까요? 그것은 그들의 비행과 악행을 깨우치게 하신 후, 곧 그 글을 쉽게 지우기 위한 것이 아닐까요. 우리 인간들은 미련하여 남의 잘못을 돌에 새겨 그 인간들을 영원히 그 죄악을 기억하게 하고 돌 감옥에 가둬두고 싶어 하는데 말입니다. 인간은 자기의 선행만은 짐짓 돌에 새겨 영원히 남기고 싶은 자기 미화 탐욕에서 자유롭지 못한데 말입니다. 이런 인간의 약점을 꿰뚫어 보셨기에 예수님은 아예 처음부터 당신의 꿈, 당신의 갈망, 당신의 비전을 글로 남기실 생각을 안 하신 것이 아닐까 곰곰이 생각하게 되었습니다.

그래서 땅에 글을 쓰셨으나, 땅에 쓴 글은 용서해주고 싶은 간절한 사랑의 마음으로 쉽게 지울 수 있기에 주님께서는 짐짓 땅에 글을 쓰셨다고 생각하게 되었습니다. 그리고 끊임없이 글을 통해 자기 삶을 실제보다 더 아름답게 꾸미려는 인간의 탐욕, 특히 지식인의 탐욕을 성찰하게 되었습니다. 서울대학교 교수로 있을 때 제 글을 읽고 감동하였다는 분들이 여러 번 전화로, 또는 직접 찾아오셔서 자기들의 심각한 실존적 고민과 현실적 난제를 풀어 놓고 해결책을 달라고 할 때마다 제가 얼마나 무책임하게 미화하는 글을 썼는가를 깨닫곤

했습니다. 그러니까 저는 글쓰기가 글쓴이를 자기 미화라는 유혹에 끊임없이 빠지게 한다는 사실을 때때로 느끼게 됩니다. 그래서 글을 한 줄도 남기시지 않았던 예수님을 생각하며 그 거울 앞에서 새삼 저의 못난 모습을 보는 듯합니다.

이제 돌로 맞아 죽을 뻔했던 여인에게 예수님께서 주신 당부 말씀의 깊은 뜻을 되씹어봐야 하겠습니다. 그 여인에게 예수님은 이렇게 물으셨습니다. 당신을 죽이려 했던 정죄자들은 다 어디 갔느냐고 말입니다. 그들은 이제 한 사람도 남아있지 않고, 모두 사라졌다고 여인이 대답하자 주님은 이렇게 말씀하셨습니다. "나도 너를 정죄하지 않는다. 가서 이제부터 다시 죄를 짓지 말아라." 이 말씀의 뜻을 우리 상황에서 반추해 보아야 합니다.

첫째, 예수님은 마치 율법 학자와 바리새인들이 여인을 정죄하지 않은 것처럼 말씀했습니다. 실은 그들이 여인을 현장에서 잡았을 때 이미 정죄했지요. 그런데 그들의 정죄 행위를 주님은 당신의 오묘한 방법으로 무효화시켜버렸습니다. 발선으로 그들의 발악행위를 중지시켰습니다. 그들은 자발적으로 여인을 용서해주지 않았습니다. 그런데 주님은 마치 그들이 여인을 정죄하지 않았다는 뜻으로 "나도 너를 정죄하지 않는다"라고 말씀하셨지요. 주님은 애초부터 정죄할 뜻이 없었음에도 말입니다. 이런 예수님의 말씀을 어떻게 해석해야 할까요. 그 여인을 통해 종교적 위선자들, 갑질했던 폭력 세력을 미워함으로써 그들을 변화시킬 수 없다는 사랑의 원리와 사랑의 진리를 깨닫게 하려고 한 것은 아닐까요. 악을 이기는 힘은 악의 본성인 증오와 독선이 결코 아님을 깨닫게 해주시려는 것이 예수님의 뜻이 아닐까요.

둘째, 다시 죄를 짓지 말라는 당부는 지금은 부끄럽고 두려워 잠시 현장에서 물러갔던 갑질쟁이들이 호시탐탐 을들의 약점을 계속 악용하여 덤벼들 위험이 있음을 알려주신 것 같습니다. 그들의 주먹에는 항상 위험한 살인 무기인 돌들이 쥐어져 있음을 상기시켜 주시면서 주님은 그 주먹의 폭력을 해체 시키려면 하나님 나라의 복음을 새삼 깨달아야 함을 가르쳐주십니다. 그렇다면 그 복음의 본질이 무엇입니까. 그것은 사랑 실천을 통한 평화 만들기요 공의 실천입니다. 진정한 평화와 정의는 예수따르미들이 사랑을 통해 악의 힘을 해체 시키려 할 때 비로소 실현됩니다. 여기 사랑은 값싼 이웃 사랑이 아닙니다. 그것은 값진 원수 사랑입니다. 주님은 바로 그 사랑의 힘을 이 여인이 직접 보는 앞에서 친히 보여주셨습니다. 갑질쟁이들의 돌 쥔 주먹이 풀어지게 된 것은 오로지 주님의 놀라운 발선의 힘이었습니다.

사도바울은 역사적 예수를 만나본 적이 없었습니다. 그래서 예수의 육성을 들어 본 적이 없었지요. 그러나 그는 다메섹 도상에서 부활의 예수를 만난 후 새사람이 되어 새 질서를 만드는 일에 헌신했습니다. 그는 예수님의 어느 제자보다 더 깊이 예수의 하나님 나라 운동을 이해했습니다. 그는 이렇게 갈파했지요.

"네 원수가 주리거든 먹을 것을 주고, 그가 목말라하거든 마실 것을 주어라. 그렇게 하는 것이 네가 그의 머리 위에 숯불을 쌓는 셈이 될 것이다" 하였습니다. 악에게 지지 말고 선으로 악을 이기십시오(롬 12:20-21).

머리 위에 숯불을 쌓게 되면 얼굴은 자연스럽게 불그스레 달아오르게 마련이지요. 얼굴이 벌겋게 된다는 것은 부끄러워한다는 뜻입니다. 악행으로 꽁꽁 얼어붙었던 양심이 원수로부터 받게 된 지극한 사랑으로 녹기 시작한 것입니다. 하나님의 형상이 작동하기 시작한 셈입니다. 원수들 간에는 원래 발악發惡하기 마련이지요. 그 발악이 증폭되면 공멸하게 됩니다. 그런데 한쪽에서 다른 한쪽이 철천지원수임에도 불구하고 다른 한쪽이 주릴 때 먹을 것을 주고, 목마를 때 마실 것을 준다고 생각해보십시오. 사랑을 받은 쪽은 몹시 놀라면서 원수를 향한 자기의 증오심과 대결 의식을 부끄럽게 여기게 될 것입니다. 이 순간 발악은 발선發善으로 전환되게 되지요. 발악이 발선으로 전환되면 악은 도망갈 수밖에 없습니다. 아니, 사라질 수밖에 없습니다. 이것이 바로 "선으로 악을 이기는" 일입니다.

저는 사도바울의 이 권면에서 갈릴리 예수의 육성을 듣는 듯합니다. 흔히 바울은 갈릴리 예수(역사의 예수)의 진보적인 복음을 개인 영혼 구원으로 환원시켜 버렸다고 속단하는 분들이 많습니다. 사실 바울 사도는 로마 황제 숭배를 강요했던 로마 체제 안에서 엄청난 변혁적 메시지를 던졌습니다. 갈릴리 예수의 하나님 나라 메시지를 누구보다 용기 있게 전파했습니다. 그에게 예수 복음은 공의와 평화와 공공의 기쁜 소식이었고, 그렇기에 복음은 항상 감동적인 변혁을 불러일으켰습니다. 새 하늘과 새 땅이 역사 속에서 끊임없이 이뤄지는 것을 예수님과 사도바울은 바라셨습니다. 그리고 그 복음 실현을 위해 두려움 없이 죽음을 맞았습니다.

간음 현장에서 현행범으로 체포되어 자칫 돌로 맞아 죽을 뻔했던 한 여인을 구원해주신 예수님의 복음 실천 사건에서 우리는 많은 것을 배웠습니다. 우리의 상황에서는 서로 미워하면서 서로를 죽이려고 주먹을 단단히 쥐고 있는 세력들이 너무 많습니다. 이들의 발악행위를 보면 마치 지옥 현실을 보는 듯합니다. 헬코리아가 우리의 엄연한 현실이요 헬한반도가 엄연한 우리 민족의 비극이기에 돌과 총, 미사일과 핵무기를 틀어쥐고 있는 사람들의 주먹을 풀어내는 일은 참으로 절박합니다. 이 주먹을 풀어 평화를 만드는 일은 결단코 증오와 격돌, 보복과 살생으로 이뤄질 수 없습니다. 발악은 발악을 낳아 모두 죽음에 이르게 할 뿐입니다. 이럴 때일수록 발선으로 무기를 쥔 주먹을 풀게 해야 합니다. 이 일에 부름 받은 사람들이 바로 예수따르미가 아니겠습니까! 바로 우리가 부활 예수의 능력에 힘입어 발선에 앞장서야 하지 않겠습니까!

어찌하여 역사를 이렇게 주관하십니까, 하나님
─6.25전쟁을 생각하며

6.25 전쟁은 제 머릿속에 기억으로만 남아있는 것이 아닙니다. 그 것은 저의 가슴과 창자 속에 녹아 있습니다. 6.25를 생각할 때마다 우리 민족이 겪었던 고통이 너무 억울하고, 너무 부당하다고 항변하고 싶습니다. 그 전쟁의 상처와 후유증이 21세기 우리 민족의 현실 속에서 아직도 아물지 않고 우리를 아프게 하고 있기에, 하나님께 이렇게 부르짖지 않을 수 없습니다.

하나님, 정말 역사를 주관하시기는 합니까
주관하신다면,
어찌 이렇게 우리 역사를 주관하실 수 있습니까?

이렇게 부르짖으면서 저는 한국 기독교인들이 "역사를 주관하시는 하나님"이라며 쉽게 의례적으로 기도하는 것을 들을 때면 때로는 참을 수 없는 허망한 분노를 느끼기도 합니다. 지난 20세기 우리 민족이 당한 고통과 그 고통의 억울함을 새삼 기억할 때마다 더욱 그러합니다.

올해가 2012년이니까 62년 전 6.25를 생각하며 우리는 지난 100년간 우리 민족의 부당한 고난사苦難史를 잠시 그러나 깊게 살펴볼 필요가 있습니다.

청일전쟁의 승리로 일본제국은 대만을 식민지로 삼켰습니다. 일본제국은 아시아의 맹주로 자처했습니다. 그 십 년 후인 1904년 러일전쟁에서 승리한 일제는 한반도를 불법 강점하고 식민지로 삼키려 했습니다. 그리고 세계의 열강으로 우뚝 서고 싶어 했습니다. 여기에 미국 정부가 은밀하게 위선적으로 협력했습니다. 그것이 바로 1905년 미국 해군장관 태프트(후일 미국의 대통령이 됨, William Howard Taft, 미국 27대 대통령으로 재임 기간 1909~1913년)와 일본 수상 가쓰라(가쓰라 다로 桂太, 일본의 11, 13, 15대 총리로 재임 기간 1901~1906, 1908~1911, 1912~1913년) 간의 비밀 협약이었지요. 그래서 미국은 필리핀을 쉽게 식민지로 삼을 수 있었습니다. 그리고 우리 민족은 일제의 식민지로 너무나 부당하게 병탄倂呑되고 말았습니다. 게다가 1941년 12월 일제는 태평양전쟁을 저질렀습니다. 이 기간 우리 민족의 고통은 이후 더욱더 가중되었습니다. 우리의 젊은이들은 총알받이로, 우리의 딸들은 군 위안부로 강제로 끌려갔습니다. 그러나 결국 1945년 8월 15일 전범국 일본은 항복했습니다. 바로 이때 36년간 너무나 억울하게 일제의 식민지로 떨어졌던 우리 민족은 마땅히 자유롭고 독립된 주권국가로 회복되었어야 했습니다. 통일된 자유와 평화의 국가로 벌떡 일어섰어야 마땅합니다.

그런데 말입니다. 우리 민족은 이른바 "해방"을 맞자 바로 분단 현실의 비극에 맞부딪치게 된 것입니다. 여기에도 미국 정부의 신중하지 못한 결정이 결정적 역할을 했지요. 원래 국가와 민족의 타율적 분단은 전범국이 패전하게 되면 으레 감수해야 하는 마땅한 징벌입니다. 독일 분단을 생각해보세요. 그럼에도 불구하고 전범국이었던 일본은 패전 후에도 통일된 자유로운 국가로 인정되었습니다. 너무나 부당하게도 분단의 징벌은 우리 민족에게 벼락처럼 떨어진 것입니다. 미국의 두 대령의 경솔한 결정으로 38선이 그어진 것입니다. 식민지 이전 우리 민족 국가의 국경이었던 압록강·두만강 국경은 38선을 그을 때 전혀 고려 대상이 되지 못했지요. 어떻게 이럴 수가 있단 말입니까! 게다가 우리는 한국전쟁이라는 열전熱戰 3년간 완전히 초토화되고 말았습니다. 1951년 미국 공군 지휘관이었던 오도널 씨의 상원 증언에서 말했듯이 "한반도 전역이 거의 거대한 쓰레기더미라 할 수 있다. 모든 것이 파괴되었다. 서 있다고 말할 수 있는 것은 아무것도 없다"라는 비참한 현실이 우리의 현실이었습니다. 저는 이 것을 지금도 생생하게 제 창자로 기억하고 있습니다. 이 같은 처절하고 비참한 비극을 우리 민족이 겪고 있을 때, 일본은 미국의 후원으로 군수물자를 생산하여 경제 대국으로 우뚝 서게 됩니다. 휴전 후에 민족분단은 더욱 고착되면서 남북 간 긴장 대결, 불신은 차갑게 더욱 강화되었지요. 그리고 남북 각 체제는 안으로 더욱 비민주적 정치 행태를 강화시켰습니다. 이 기간 일본은 세계 제2 경제 대국으로 크게 벌떡 일어섰습니다.

이 같은 우리의 역사 현실 속에서 6.25를 회상 할 때마다 안일하게 기도드릴 수가 없습니다. 적어도 정의의 심판으로 역사를 주관하시는 하나님이시라면 우리 민족의 역사를 이렇게 주관하실 수 있는지 하나님께 항변하지 않을 수 없습니다. 강대국에 의해 멸시당하고 억압당하며 수탈당할 때 이스라엘 백성은 하나님께 울부짖었지요. 예언자들은 강대국의 횡포를 하나님께서 징벌적 정의retributive justice로 징벌해달라고 요구했습니다. 우리도 주님께 이 같은 정의의 심판을 요구했어야 했습니다. 그래서 저는 선지자 요나의 그 정직한 기도, 그 성난 기도에 새삼 주목하고 싶습니다. 그리고 새로운 심오한 깨달음을 얻고 싶습니다.

요나는 여로보암 2세(Jeroboam II, 고대 이스라엘의 14대 왕, 재임 기간 주전 786~746년) 때 북 왕국 이스라엘의 예언자였습니다. 당시 강대국이었던 앗수르Assyrian에 의해 자주 침공을 당했던 이스라엘은 앗수르가 하나님의 심판으로 멸망되기를 바랐습니다. 요나는 그러한 민심을 대변했던 예언자였습니다. 그러던 어느 날 그는 하나님의 부름을 받았습니다. 앗수르의 수도인 니느웨에 가서 그곳 사람들을 회개시키라는 소명을 받게 된 것입니다. 그는 몹시 불쾌했습니다. 그래서 니느웨 반대 방향, 곧 스페인 쪽으로 도망쳤습니다. 그는 못된 강대국에 회개와 용서를 선포하는 따위의 사명은 역겹다고 생각했습니다. 그런데 그는 도망가면서 혹독한 곤경에 빠지게 됩니다. 3일 밤낮 고래의 배 속에서 죽을 고생을 하게 된 것입니다. 이때 그는 하나님께 기도했습니다. 하나님의 자비로 기사회생한 요나는 할 수 없이 하나님의 명령에 따라 니느웨로 가서 회개를 외쳤습니다. 흥미롭게도 강대국의 최고 엘리트들이 백성과 함께 굵은 베옷을 입고 참회했습니다. 심지어 동물까지도 베옷을 입혔습니다. 하나님은 이들의 회개를 보시고 용서하기로 했습니다.

바로 이때 요나는 배알이 꼬였습니다. 요나서 4장은 요나가 하나님께 대드는 모습을 잘 드러내 보입니다. 우리는 요나와 하나님 간의 솔직한 소통에 주목할 필요가 있습니다. 위선적이고 관례적인 기독교 신자일수록 이렇게 진솔하고 화통한 대화에서 깨달을 것이 적지 않을 것입니다. 먼저 요나의 티 없이 정직한 고백에 귀 기울여 보아야 합니다. 그는 스페인으로 멀리 도망갔던 이유를 비꼬듯 하나님께 말했지요.

> 하나님은 은혜로우시며, 자비로우시며, 좀처럼 노하지 않으시며, 사랑이 한없는 분이셔서,
> 내리려 했던 재앙마저 거두실 것임을 내가 알고 있었기 때문입니다.
> 주님, 이제는 제발 내 목숨을 나에게서 거두어 주십시오!
> 이렇게 사느니, 차라리 죽는 것이 낫겠습니다(욘 4:2-3).

요나는 정의 없는 세상에서 살기 싫다고 했지요. 사랑의 하나님이 악한 강대국을 용서한다는 것을 도무지 받아들일 수 없었습니다. 그의 비상한 정의감이 이렇게 하나님께 대들게 했습니다. 그런데 하나님의 응답이 참으로 놀랍습니다. "네가 화내는 것이 옳으냐"라고 버럭 화내는 무서운 하나님이 아니라 인자한 엄마 같이 타이르듯 부드럽게 책망했지요. 정직한 요나를 달래시는 인자한 엄마 같은 하나님의 모습을 여기서 확인하게 됩니다.

개성과 성깔이 뚜렷한 요나는 니느웨를 한눈에 볼 수 있는 곳으로

나아가 그곳에 초막을 지어 거하면서 과연 하나님이 니느웨를 어떻게 처리하시는지를 직접 살펴보고 싶어 했습니다. 그런데 니느웨의 기후조건은 고약했지요. 요나는 그곳의 뜨거운 햇볕을 견디기 힘들었습니다. 그때 하나님은 성깔 마른 요나의 고생을 덜어 주기 위해 시원한 박 넝쿨을 마련해 주었습니다. 요나는 아기처럼 좋아했지요. 그런데 하나님은 심술궂게 벌레로 하여금 박 넝쿨을 갉아 먹게 했습니다. 여기서 요나와 하나님 간의 대화 또한 퍽 인간적이고 솔직하고 흥미롭습니다.

요나는 뜨겁게 내리쬐는 햇살에 견디지 못해 "이렇게 사느니 죽는 것이 낫겠습니다"라고 하나님께 보채듯 항변합니다. 하나님은 또 심술궂게 "이렇게 화내는 것이 옳으냐"고 점잖게 되묻습니다. 여기에 요나는 더 화가 나서 "옳다 그뿐이겠습니까 화가 나서 죽겠습니다"라고 거칠게 대꾸했습니다. 이 같은 솔직한 소통에서 요나는 하나님의 조용한 설명을 듣게 됩니다. 그는 자기의 유치한 대응에도 불구하고 인자하고 진솔하게 대답해 주시는 하나님을 새롭게 만나게 됩니다. 하나님의 마음이 담긴 대답은 이러했습니다.

> 네가 수고하지도 않고, 네가 키운 것도 아니며, 그저 하룻밤 사이에 자라났다가 하룻밤 사이에 죽어버린 식물을 네가 그처럼 아까워하는데, 하물며 좌우를 가릴 줄 모르는 사람들이 십이만 명도 더 되고, 짐승들도 수 없이 많은 이 성읍 니느웨를 어찌 내가 아끼지 않겠느냐(욘 4:10-11).

요나의 성깔 부림은 여기서 끝나지요. 그의 성난 질문은 여기서 마침표를 찍었습니다. 옳고 그름을 판별할 능력 없이 주변 약소국들을 괴롭히는 강대국을 사랑으로 변화시켜 그 강대국의 악행을 종말시키려는 사랑의 하나님 그리고 그 사랑의 힘을 요나는 깨달았습니다. 자기를 잠시 시원하게 해준 박 넝쿨을 그토록 이기적으로 아꼈던 그의 속 좁음을 비로소 깨닫게 된 것이지요. 그의 정의감도 따지고 보면 속 좁은 이기심에서 자유롭지 못했던 것이지요. 그의 정의감은 자기 비움과 아무 연관도 없었음을 깨달았을 것입니다. 하나님의 사랑과 용서는 동물의 생명까지도 살리시려는 지독한 사랑임을 깨달았습니다.

저는 여기서 예수님의 말씀으로 여러분을 초대하고 싶습니다. 어느 날 예수님은 율법학자들과 바리새인으로부터 심각한 도전을 받습니다. 그들은 예수님에게 하늘에서 온 징표sign를 보여 달라고 요구했습니다. 그들은 이스라엘의 국권 회복을 갈망했기에 예수가 이런 거창한 역사적 과업을 수행할 그 메시아라면 징표를 보여 달라고 한 것이지요. 거대한 로마 체제에서 해방시킬 힘이 과연 예수에게 있는지를 보여 달라는 것이지요. 예수님의 대답은 명료했습니다. 그는 질문자들의 삶이 요나 당시 니느웨 사람들 수준보다 낫다고 보지 않았습니다. 왜냐하면 율법주의자와 바리새인은 회개하지 않았다고 보았기 때문입니다. 그래서 예수님께서는 이렇게 선언했습니다. 얼듯 듣기에 이해하기 힘든 선언이었습니다.

그러나, 보아라. 요나보다 더 큰 이가 여기에 있다.

이 선언이 오늘 62년 전 6·25전쟁을 기억하는 우리 한국 크리스천들에게 주는 의미는 무엇일까를 깊이 성찰해야 합니다. 예수님은 징벌적 심판이나 복수적 정의를 선포하고 실천하러 세상에 오신 것은 아닙니다. 그것보다 훨씬 더 높은 가치, 아니 최고의 가치를 실천하시기 위해 오신 것입니다. 그것은 바로 예수 자신의 삶 자체이지요. 고난과 죽음의 골고다 길을 몸소 가신 예수의 결단과 실천에서 드러난 가치는 철저한 자기 부인과 자기 비움의 사랑입니다. 이 사랑 실천은 참으로 괴롭고 외로운 실천이었습니다. 그는 십자가 고통의 극점極點에서 그 아픔을 이렇게 정직하게 표출했습니다. "나의 하나님, 나의 하나님 어찌하여 나를 버리시나이까" 이 부르짖음은 '최고의 자기 비움의 최대의 고통 절규'였습니다. 이것은 인간이 상상할 수 있는 최악의 고통, 최악의 수모, 최악의 고독과 절망의 총합 그 자체입니다. 그러기에 그만큼 예수님의 사랑 실천, 자기 비움의 실천은 너무나 억울한, 너무나 부당한 아픔이지요. 이것보다 더 억울한 고통이 세상 어디에 있겠습니까. 이 십자가의 아픔이 너무나 구체적인 아픔이기에, 너무나 처절한 육체적, 정신적 아픔이기에 이 아픔을 신자들이 값싸게 추상화하고 종교화하고 신학화하는 것은 예수 사랑의 억울함을 제대로 이해하지 못하는 데서 오는 한가한 일 같습니다. 피와 땀으로 뒤범벅이 된 십자가 처형의 아픔에서 흘러나오는 사랑의 감동을, 그 감동의 뜻을 종교적 명상만으로는 도무지 이해할 수 없습니다. 그러기에 예수 사랑은 어느 종교적 수행보다 더 구체적이고, 더 깊고, 더 역사적이고, 더 감동적입니다. 그리고 더 현실적입니다. 그의 억울한 역사적 아픔이 있었기에 부활은 그만큼 불가피한 사랑 폭발의 결과입니다. 부활은 하나님의 자기 비움, 자기 죽임을 통해 하나님 스스로가 자기를 옹호하신 결과입니다. 자기 비움의 극적인 고통은 부활 환희라는 다른 극점의 기쁨으로 연결되는 것이지요. 바로 이 점에서 예수님은 요나보다 훨씬 큰 분이시지요.

지난 6월 초 여수의 한 작은 교회 집회에 다녀왔습니다. 하루를 내어 손양원 목사님의 순교 현장, 순교비, 순교기념관에 들렀습니다. 여기서 요나보다 더 큰 한국의 예수를 보았습니다. 예수님께서 문둥이 환자를 고치실 때 절대 만지면 안 되는 문둥이를 꼭 만지며 치유하셨습니다. 손 목사님도 한센병 환자 요양소를 운영하면서 환자의 가장 더러운 발바닥 고름을 직접 입으로 빨아준 적이 있다고 합니다. 그 환자가 너무 당황하여 그렇게 하지 마시라고 거부하는 모습을 그린 그림을 보면서 "아, 여기 한국 예수님이 계셨구나!" 하고 감탄했습니다.

6·25 때 손 목사님의 두 아들이 공산주의자에 의해 총살당했지요. 이때 그는 사모님과 함께 일곱 가지를 감사했습니다. 그 일곱 가지 모두 감동적인 감사기도이지만 다음 몇 가지는 정말 사랑의 힘 아니고서는 도무지 이해할 수 없는 감동적 감사기도였습니다.

"죄인 혈통에서 순교 자식이 나온 것에 감사했습니다."
"3남 3녀 중 가장 아름다운 두 아들을 바치게 된 것에 감사했습니다."
"큰아이는 미국으로 유학 갈 준비를 했는데, 그 아이가 미국보다 더 좋은 곳에 간 것을 하나님께 감사했습니다."
"아들들을 죽인 원수를 회개시켜 아들로 삼을 수 있는 사랑을 주신 하나님께 감사드렸습니다."

저는 손 목사님께서 총살당하신 바로 그 현장에 서서 "여기 요나보다 더 큰 한국 예수가 살아 계시는구나" 하고 또다시 감사기도를 드렸습니다. 원수를 사랑함으로 원수를 영원히 사라지게 한, 사랑을 실천한 손 목사님의 삶이야말로 바로 예수의 삶 그 자체요 모든 한국 크리스천들이 마땅히 따라야 할 삶이라고 생각했습니다. 여기에 징벌적 정의가 비집고 들어올 자리가 없습니다. 정의는 사랑 속에서 이미 이뤄지고 있기 때문입니다.

　이제 우리는 불행했던 지난 100년간의 우리 민족사를 회상하며 억울함에 분노하는 수준에서 뛰어 넘어가야 합니다. 그 억울했던 고난의 고비 고비마다 스스로를 비우시는 사랑의 하나님을 만날 수 있어야 합니다. 다만 고난의 순간순간에 그 사랑의 임재와 현존을 미처 깨닫지 못하기도 했습니다. 요나보다 더 큰 예수님이 우리 곁에 항상 계셨는데도 우리는 요나의 수준에 머물러 있었습니다. 그리하여 하나님의 사랑이 조건 없는 사랑임을 미처 깨닫지 못했습니다. 회개라는 것이 조건이 아님을 미처 깨닫지 못했습니다. 하나님은 회개해야만 사랑을 베푼다는 식으로 조건으로 내걸지 않으십니다. 다만 회개는 하나님 사랑의 그 심오한 깊이와 넓음을 늦게 깨달은 사람들의 자발적 자기 변화일 뿐이지요.

　탕자는 아빠 하나님의 사랑을 늦게 깨닫고 자발적으로 집으로 돌아왔습니다. 아버지가 탕자에게 회개를 조건으로 내걸지 않았습니다. 무조건 탕자의 귀환을 뜨겁게 환영했습니다. 예수님 사랑은 그러기에 요나의 정의감 보다 그리고 어떠한 조건적 사랑보다 더 크고 더 감동적입니다.

　사도바울도 견디기 힘든 육체의 아픔, '가시의 아픔' 속에서 그리고 온갖 위기 상황에서 겪었던 억울한 고통 한가운데서 넘치는 하나님의 은혜와 사랑을 온몸으로 체험했습니다. 고통과 고난 속에서 넘치는 사랑의 은혜로 그는 고통과 약함을 오히려 자랑했습니다.

우리도 억울한 민족 고난 속에서 넘치는 하나님 사랑과 그 은혜를 깨닫고 감사할 수 있어야 합니다. 그래야 비로소 "하나님, 정의를 넘어 사랑으로 우리를 인도해주시고, 우리 민족의 역사를 그 사랑으로 주관하여 주소서"라는 기도를 뜨겁게 드릴 수 있을 것입니다. 사랑으로 주관하시는 하나님의 역사가 정의의 심판으로 주관하시는 역사보다 말할 수 없이 더 아름답고 더 감동적임을 깨달아야 합니다. 이에 62년 전 우리에게 손양원 목사님을 보내주시어 사랑의 힘이 증오와 승리주의의 원자폭탄보다 더 큰 사랑의 원자폭탄임을 친히 보여주셨음을 우리 모두 감사하며 기뻐합시다. 6.25의 62주년을 맞으며 사랑만이 참 평화와 참 정의를 열매 맺게 한다는 영원한 진리를 감사함으로 받아드립시다. 예수님은 요나보다 더 크신데 우리는 요나보다 턱없이 작은 난쟁이임을 깨닫게 됩니다. 그러기에 예수님의 비움의 사랑을 더욱 갈구하게 됩니다.

2부

나를 넘어설 용기
: 자기 비움의 힘

원수와 악을 어떻게 사랑하나

시작하면서

냉전의 외딴섬 한반도에 사는 크리스천들도 북한을 미워해 온 지 어언 반세기가 넘었습니다. 과연 이 증오심이 성서적일까요? 그리고 복음적일까요? 국민 중에는 정부의 대북정책을 비난하고 있는데 크리스천 중에도 비난에 동조하는 사람들이 적지 않습니다. 과연 그것이 성서적입니까? 온갖 종류의 적 또는 원수와 대치하고 있는 상황에서 크리스천들은 예수님의 "원수를 사랑하라" 하신 것과 사도바울의 "선으로 악을 이기라" 한 명령을 어떻게 해석하고 실천할 수 있을까요? "원수는 초전박살을 내야 하는데 어떻게 그들을 사랑하란 말입니까? 창궐하는 악을 어떻게 착함으로 이겨낼 수 있단 말입니까?"라고 되묻게 됩니다. "너무 낭만적이고 안일한 처방이 아닌가요?"라고 반문하게 되지요. 사사로운 개인의 삶에서도 원수를 사랑한다는 것은 참으로 어려운 일인데, 걸핏하면 미사일을 쏘아 올리는 북한을 어떻게 사랑하란 말인지 곤혹스러울 때가 있기도 합니다. 특히 믿는 사람들에게는 더욱 곤혹스럽습니다. 그러나 유일하게 남아있는 냉전의 대결장인 한반도에 사는 믿는 이들은 예수의 처방으로 이 문제를 풀어내야 합니다. 성서의 뜻을 헤아려 풀어야 합니다.

먼저 원수와 악에 관한 분명하지 않은 점부터 밝혀야 합니다

무엇보다도 원수를 사랑하라는 명령은 결코 악惡을 사랑하라는 명령은 아닙니다. 사람들은 자기의 원수는 곧 악이라고 쉽게 단정하고 싶어 합니다. 자기는 선善한 편에 서 있다고 착각하기 쉽습니다. 상대방을 원수로 규정하게 되면 그 원수는 곧 악이라는 독선적 판단에 빠지기 쉽습니다. 이것은 심각한 함정이요 미혹입니다. 하기야 상대방을 악으로 규정해야만 증오하기 쉽고, 증오해야만 초전박살의 의지가 나옵니다. 초등학교 시절 일본제국주의자들이 미국과 영국을 악마의 나라로 색칠했던 것을 기억합니다. 처칠과 루스벨트를 악귀로 그렸던 그림도 생생하게 기억납니다. 그들을 지옥으로 떨어뜨려야 할 악마로 묘사했었습니다. 정말 일본은 선이요 미국과 영국은 악마였던가요.

크리스천들은 여기서 엄숙히 깨달아야 합니다. 우리 속에도 악이 존재하는가 하면 상대방 속에도 선이 존재한다는 사실을 잊지 말아야 합니다. 만일 우리에게만 선이 있고 상대방에는 악만이 존재한다면 예수님께서 원수 사랑을 명령하시지 않았을 것입니다. 왜냐하면 그 명령은 곧 악을 사랑하라는 뜻이 되기 때문입니다. 그러한 경우 오히려 원수를 이기라고 말씀하셨을 것입니다. 문제의 핵심은 우리나 원수나 모두 악할 수 있는 동시에 선할 수 있다는 사실입니다. 그런데 잊지 말아야 할 진리가 있습니다. 악은 악을 선호하고, 선은 선을 선호한다는 것입니다. 우리 속에 있는 악이 원수 속에 있는 악과 다투면서도 역설적으로 적대적 공생관계敵對的 共生關係를 이룩합니다. 이를테면 북한의 강경 냉전 세력이 무장 간첩을 남쪽으로 침투시키면, 남의 강경 냉전 세력은 그것을 빌미로 자기들의 정치적 입지를 공고히 합니다. 즉, 그들의 기득 이권을 보호·강화시킵니다. 우리는 북풍공작北風工作에서 그러한 사실을 확인하지 않았던가요. 그렇다면 우리는 우리 속에 있는 선을 꾸준히 크게 키워서 내 속에 있는 악과 상대방 속에 있는 악을 모두 이겨내야 합니다. 또한 상대방 속에 있는 선을 키워 그들 스스로 악을 제어케 하는 일에 협력해야 합니다. 이것이 원수를 사랑하는 방법이기도 합니다.

그러면 원수 사랑의 문제를 좀 더 생각해봅시다

나의 원수는 항상 강하고 항상 위협적인 것은 아닙니다. 그들도 주리고 목마르고 헐벗을 때가 있습니다. 이런 경우 나는 즐거워하기 쉽습니다. 성서는 바로 이런 자세를 극복하도록 요청합니다. 원수가 이렇게 딱한 사정에 빠지게 될 때 믿는 이들은 마땅히 그들을 도와주어야 합니다. 물론 매우 힘든 일이기는 하지만, 예수님께서는 그렇게 명령하셨습니다. 지극히 작은 자 하나가 주릴 때 먹을 것을 주고, 목마를 때 마실 것을 주고, 헐벗었을 때 입을 것을 주어야 영생을 얻을 수 있다고 가르치셨습니다. 이 명령은 원수를 단순히 도와주는 것만을 의미하는 것은 아닙니다. 이 명령의 깊은 뜻은 곧 도움받는 원수의 변화를 주목해야 한다는 것이었습니다.

원수로부터 도움을 받게 되는 사람은 그 도움이 지니는 뜻밖의 충격을 느끼지 않을 수 없습니다. 뜻밖의 도움으로 기존의 상투적 인식은 흔들리게 됩니다. 흔들린다는 것은 곧 그 속에 있는 선한 부분이 힘을 얻게 되어 자기를 도와주는 원수의 선한 행위를 강화시켜 준다는 뜻입니다. 한마디로 피아관계彼我關係가 개선됩니다. 선의 순환이 이뤄지게 됩니다. 이것이야말로 바람직한 변화요 감동적인 변화입니다. 옛날 손양원 목사님은 자기 아들을 죽인 공산당원을 아들로 삼았습니다. 그 공산당원은 큰 충격을 받았을 것입니다. 이것을 사랑의 원자탄으로 표현하기도 했습니다. 예수님의 십자가 사랑이란 바로 그러한 것입니다. 이렇게 되면 원수 속에 존재하는 악기惡氣의 힘은 빠지게 마련이지요. 나아가 스스로 부끄러워하게 됩니다. 그리고 새롭게 자기를 인식하게 되면서 상대방과의 관계 개선을 심각하게 생각합니다.

제가 정부 각료로 있을 때 이인모 노인을 북송했던 일로 인해 보수 언론으로부터 엄청난 공격과 비난을 받은 적이 있습니다. 그런데 어느 날 「월간 조선」에 실린 북한 장교의 귀순 면담 기사를 읽게 되었습니다. 그 장교가 남으로 귀순하게 된 것은 남쪽 정부가 이인모 노인을 무조건 북송한 사실에 감동했기 때문이라고 고백했습니다. 북한 체제에서는 어림도 없는 일인데(아마도 반체제 인사는 북에서 총살감일 터인데), 남에서는 그런 사람을 조건 달지 않고 대승적 입장에서 보내주어서 감동적이었다고 합니다. 이것이 바로 예수의 선제적 사랑이 주는 효력이라 하겠습니다. 결국 원수 사랑의 명령은 원수가 어려운 처지에 빠질수록 그를 도움으로써 그 속의 선을 증폭시키고, 그 속의 악을 부끄럽게 하여 피차간 모두 좋게 변화되라는 명령입니다. 특히 성서는 원수가 스스로 부끄러워하는 행위를 "머리 위에 숯불을 쌓는 것"으로 표현했습니다. 참으로 정곡을 찌르는 재미있는 표현입니다. 원래 숯불을 머리 위에 얹는 행위는 죄를 강제로 자백하게 하는 이집트의 고문 행위였다고 합니다. 시편 기자는 이 행위를 하나님의 징벌로 해석합니다. 그러나 로마서(12:20-21)가 시사하는 것은 위에서 지적한 대로 뜻밖의 도움을 받게 된 원수는 얼어붙어서 멈춘 양심을 비로소 작동시키게 된다는 것을 뜻합니다. 양심의 작동으로 수치심을 뜨겁게 느끼게 되는데, 마치 머리 위에 숯불을 얹어 놓은 것 같은 강렬한 뜨거움으로 수치심을 느끼게 된다는 것입니다.

수치심은 인간을 인간답게 만드는 윤리적 힘입니다. 일찍 맹자도 "수치심이 없으면 인간이 아니다"라고 갈파했고, 그것을 의義의 근본으로 보았습니다. 동물은 도무지 부끄러워할 줄 모릅니다. 사람만이 부끄러워할 줄 압니다. 그것은 그가 양심을 지니고 있기 때문입니다. 그러기에 이렇게 주장할 수 있습니다. "나는 부끄러워한다. 고로 나는 존재한다." 수치심을 통해 자기 속의 악을 이겨내고 상대방과 관계를 개선하면서 피아彼我 간에 증오의 악순환을 나눔의 선순환으로 전환시킬 수 있다는 것을 뜻합니다.

원수 사랑의 뜻을 깨닫기 위해서는 원수 증오의 효과에 대해서도 알 필요가 있습니다. 원수를 증오할수록 원수 속의 악은 더욱 기승을 부리게 되며 내 속의 악도 더욱 악랄하게 됩니다. 악만이 승리하고, 선한 것들은 죽어버리게 됩니다. 그 결과 피아간에 공멸과 패패敗敗의 비참한 결과가 나오게 됩니다. 이 같은 비극을 이겨내는 가장 정당하고 효과적인 방법이 바로 원수를 사랑하는 일입니다. 주님께서 하신 명령의 뜻이 바로 여기에 있었습니다. 이 뜻은 당시 율법주의적 발상과는 아주 대조적이었습니다. "이는 이", "눈은 눈"이라고 하는 구약의 징벌 상호주의는 모두를 눈 없고 이빨 빠진 병신 만들기를 조장하는 부정적 힘이었습니다. 참으로 어리석은 처방이기도 했습니다. 예수님은 원수 사랑으로 이 어리석음을 극복하셨습니다. 예수님은 도덕적 교훈으로써 그렇게 가르친 것으로 끝나지 않았습니다. 그것을 십자가 고난과 죽음으로 솔선수범하여 실천하셨지요. 그 실천의 감동을 체험했던 로마 권력의 대리자가 처형되는 예수 옆에서 고꾸라졌습니다. "이분이 진실로 하나님의 아들"이라고 고백했지요. 이 고백의 뜻 속에는 로마 황제는 신이 아니라는 그의 외침이 담겨 있었습니다.

선으로 악을 이기는 문제를 원수 사랑 문제와 더불어 생각해봅시다

만일 나의 상대방이 원수가 아니라 악이라면 어떻게 할까요. 상대방이 총체적 악이라고 규정할 수 있을까요. 역사 속에 그러한 경우가 실제로 있었습니까. 하기야 히틀러 나치를 총체적 악으로 봐도 지나침은 없겠습니다. 이런 경우 총체적인 악을 사랑해서는 안 됩니다. 그 악과 타협해서도 안 됩니다. 그 악을 보고 제3 자로서 중립적으로 방관해서도 안 됩니다. 관망이나 방관은 악을 효과적으로 도와주는 행위입니다. 이런 상황에서는 원수 사랑의 명령보다는 선으로 악을 이기라는 명령이 더 절박하고 더 정당하며 더 적합합니다.

그런데 그 총체적 악이 그 악마적 힘으로 우리를 압살하려고 할 때 어떻게 그 악마를 이길 수 있겠습니까? 물리적으로 대응하기에는 우리가 너무 연약할 때 어떻게 그 악을 이겨낼 수 있겠습니까? 이 문제가 바로 예수님이 막강했던 로마의 권력과 강력했던 토착 율법주의 세력 앞에서 항상 느끼셨던 당신의 실존적 문제기도 했습니다. 당시 열심당은 무력은 무력으로 대응하기를 바랐습니다. 주님은 그 방법을 택하지 않으셨습니다. 단호하게 거부하셨죠. 예수님의 고난과 죽음, 가르침과 고치심의 삶 속에서 우리가 거듭거듭 확인하는 것은 예수께서는 폭력, 곧 칼로 문제를 해결할 수 없다고 장엄하게 선언했습니다. 설령 그 칼에 의해 죽임을 당하더라도 칼의 악함이 마침내 억울하고 착한 죽음 앞에 무릎을 꿇게 된다는 진리를 우리에게 보여주셨습니다. 그것은 보복의 힘이 아니라 부활의 힘이었습니다. 보복은 죽이는 힘이지만, 부활은 모두를 살리는 힘입니다. 부활 이전에 예수님을 비방했던 제자들은 "그 허무한 죽음" 사건 앞에서 베드로처럼 부끄러워 울기도 했고, 가룟 유다처럼 부끄러워 자살하기도 했습니다. 앞에서 얘기했듯, 순하디순한 어린양의 죽음 같은 예수의 죽음 앞에서, 로마 군인 백부장으로 하여금 "진실로 이분은 하나님의 아들이다"라고 고백하게 했습니다. 부활 사건 이후에는 그렇게 연약하고 비굴하고 비겁했던 제자들도 예수님처럼 떳떳하게 죽임을 당하는 일에 용기 있게 나아가게 되었습니다.

로마제국의 막강한 군사력이나 토착 율법주의자들의 강력한 율법의 힘도 예수님 사랑의 힘, 즉 악에 의해 죽임당하더라도 그 악에 의해 굴복당하지 않은 채 죽을 수 있는 사랑의 힘 앞에 힘없이 무너졌던 것입니다. 기독교가 초대교회를 통해 태어난 것은 바로 이 사랑과 부활의 능력 때문이었습니다. 부활은 하나님 사랑의 폭발이라 하겠습니다. 사랑의 원자탄이 터진 것이 바로 부활 사건이라 하겠습니다.

이 냉전의 고도 한반도에서 도발적인 북한에 대해 원수 사랑과 선으로 악을 이기는 명령을 믿는 이들은 어떻게 대응해야 합니까

마태복음 5장 38절의 어법대로 이때까지는 우리가 북한에 대해 눈에는 눈, 이에는 이라고 하는 적대적 상호주의의 관점에서 대결해 왔습니다. 그래서 그간 남북 간 증오와 대립은 격화되었습니다. 지난 70년간 같은 겨레인데 서로 병신 만드는 일에 열을 올려왔습니다. 이제 이 같은 냉전 대결은 지금 한반도 이외에는 모두 사라지고 있습니다. 게다가 21세기 새로운 시대에 살고 있습니다. 정보화시대입니다. 이러한 상황에서 우리는 새로운 발상을 가져야 합니다. 이 새로운 발상은 새로운 실천을 요청합니다.

주님은 오른쪽 뺨을 때리는 사람에게 왼쪽 뺨을 돌려대라고 명령하셨습니다. 물론 이 경우 나를 때리는 상대방은 악할 수도 있고 선할 수도 있음을 잊지 말아야 합니다. 원래 오른쪽 뺨을 맞으면 덜 아픕니다. 나의 왼쪽 뺨을 상대방이 오른손으로 때린다면 나는 더 아픔을 느끼게 됩니다. 이 말은 때리는 사람의 머리 위에 더 뜨거운 숯불을 얹어 놓는 효과를 뜻하기도 합니다. 당당하게 얻어맞는 피해자에 대해 가혹하게 폭력을 행사했던 가해자는 훗날 더 부끄러워하게 될 것입니다. 여기서 우리가 기억할 또 하나의 진리가 있습니다. 맞는 사람이 참으로 더 강하지 않으면 왼쪽 뺨을 돌려댈 수 없다는 점입니다. 그들은 1950년 남침했습니다. 그 후 줄곧 온갖 침투 공작을 통해 남쪽을 괴롭혀왔습니다. 그러니까 남쪽의 오른뺨을 계속 때려온 것입니다. 이때 우리는 "이는 이", "눈은 눈"의 식으로 강경하게 대응하고 싶은 충동을 강하게 느끼게 됩니다. 이 충동을 이겨내야 비로소 예수님을 따르는 사람이 될 수 있다는 뜻입니다. 보복이 아니라 오히려 우리의 왼뺨을 대어주는 참 용기, 바로 그것이 우리 크리스천이 해야할 일입니다.

> "너희는 남침했으나, 우리는 소를 보낸다."
> "너희는 무장 간첩을 보내나, 우리는 옥수수 씨앗을 보낸다."
> "너희는 끊임없이 욕설하나, 우리는 비료를 보낸다."

이 같은 의지로 계속 왼뺨 대기를 한다면, 마침내 북한과 남한은 함께 번영하는 길을 찾게 될 것입니다. 왼뺨 대기 정책은 북한의 낡은 냉전 문화와 구조뿐만 아니라 남한의 음습한 냉전 관행과 사고도 변화시켜 마침내 온 겨레가 함께 평화와 번영으로 나아가게 도와줄 것입니다. 이 길만이 한반도에 주님의 평화를 저 한강물처럼, 저 대동강물처럼 흐르게 할 것입니다.

우리가 누구와 원수를 맺어 대결할 때, 조용히 스스로 물어야 할 질문이 있습니다. 과연 우리가 저들을 악한 세력이라고 단정할 만큼 우리가 선합니까. 이것은 크리스천의 물음입니다. 원수 속에도 선이 있고, 우리 속에도 악이 있을 때, 원수의 악을 부끄럽게 하려면 우리의 선으로 그 원수를 적극적으로 도와야 합니다. 특히 그 원수가 주리고, 목마르고, 헐벗었을 때 더욱 도와야 합니다. 북녘 동포는 우리가 도와야 할 주리고 목마르며 헐벗은 동포입니다. 그래서 우리 남한의 크리스천들이 그들을 도와야 합니다. 그럴 때 북한도 남한도 모두 성서적으로 변화될 것입니다. 하나님의 샬롬이 남북 사이에 큰 강물처럼 흐르게 될 것입니다. 원수가 총체적인 악일 것으로 생각한다면, 이 같은 우리의 용기는 힘든 조건에서 더욱 감동적인 효과를 낼 것입니다. 칼을 쓰는 자는 칼로 망한다는 주님의 말씀은 무력에만 의존하는 강경 안보 정책의 취약점을 드러내는 말씀입니다. 북한에는 2,500만의 우리 겨레가 살고 있습니다. 그들이 모두 악한 것이 아닙니다. 그들은 우리와 마찬가지로 착하기도 하고 때론 악하기도 합니다. 우리만이 선하다는 독선을 이제 버려야 합니다. 어려운 지경에서 고통당하는 북녘 겨레를 사랑으로 도와주는 일을 통해서 그들 스스로가 올곧은 방향으로 변화하기를 기도해야 합니다. 그렇게 함으로써 우리 스스로 더 좋은 차원으로 변화하게 될 것입니다. 주님 사랑의 햇볕으로 마침내 모두가 하나님 나라의 아들과 딸이 되고 그 주인이 되어야 할 것입니다.

자기 비움의 힘
─ 두 번째 북한을 다녀와서

두 번째(2000년) 북한 방문은 첫 번째 못지않게 큰 깨달음을 준 값진 여행이었습니다. 북한 당국은 그들의 국경일이요 명절인 당 창건 55돌 행사에 남쪽의 여러 사회단체와 개인들에게 참관해 달라고 초청을 했습니다. 이 사실이 알려지자 남의 냉전 보수 언론은 즉각적으로 비판했습니다. 북한의 정치적인 행사에 참여하는 것은 그들의 이른바 통일 전선 전략에 휘말려 드는 것이라고 떠들어댔습니다. 이 같은 반응에 정부는 흔들렸습니다. 6·15공동선언을 이룩해 낸 정부가 이렇게 흔들려 행사 참가를 불허하겠다고 하니까 10월 5일 평양 당국은 이 같은 우리 정부의 태도를 염려하는 방송을 내보냈습니다. 시대가 이렇게 화해 협력의 흐름을 타고 변화하고 있는데도 이번 초청에 불응하도록 하는 서울 당국의 태도나 냉전 수구 언론을 "시기도, 때도 분간할 줄 모르고 하는 한심한 소리"라고 일갈했습니다.

저도 갈까 말까 퍽 망설였습니다. 개인적 신변 안전을 생각하면 안 가는 것이 좋을 듯해서 가지 않기로 했다가 다시 한번 역사적 흐름을 가속화시키는 것이 더 보람 있는 일이 아닌가 하고 스스로 가야 한다고 타이르기도 했습니다. 이같이 저도 갈팡질팡했으나 마침내 가기로 마음을 굳혔습니다. 제가 이렇게 마음을 굳힌 데는 또 하나의 사건이 작용했습니다.

민노총, 전국연합, 민가협 등 남한에서 가장 뚜렷한 소신을 가지고 민주화 운동, 노동운동, 인권운동에 앞장섰던 단체들이 평양에 가기 위해 김포 비행장에 모였습니다. 이미 북한이 보낸 고려 민항기는 김포공항에 도착했었습니다. 그런데 몇몇 단체의 장들이 정부 방침에 의해 방북할 수 없게 되자 공항에서 소란스러운 일이 벌어졌습니다. 정부 당국은 행정 편의주의 잣대로 이 소란을 수습할 수 없었습니다. 우여곡절 끝에 아슬아슬하게 이 위기를 넘기고 모두 비행기를 타게 되었습니다. 이때 저는 이 두려운 여행을 바로 그 두려움과 어려움 때문에 해내기로 하고 하나님께 기도드렸습니다. 평화를 위해 모험할 수 있는 믿음을 주시어 이번 여행을 뜻있게 마무리할 수 있게 해달라고 기도드렸습니다.

이 방북을 통해 저는 크게 두 가지를 참관했고 또 보았습니다. 하나는 외양적 행사였습니다. 군인과 학생들의 열병과 주민들의 퍼레이드, 집단 야회춤과 횃불 시위 그리고 집단체조와 예술공연이 바로 그 외양적 거대 행사였습니다. 이 모든 것은 지상 최대의 쇼라고 해도 지나침이 없는 엄청난 규모의 행사였고 절도 있는 집체集體주의의 예술이기도 했습니다. 현재 지구상의 어느 나라도 흉내 낼 수 없는 짜임새 있는 집단행위, 절도 있게 집행되는 집체 운동이었습니다. 모두 감탄하는 듯했습니다. 백만 명의 참가자들이 한 치의 오차도 없이 움직였던 거대한 매스게임이었습니다.

그런데 제가 보았던 더 값진 모습은 이러한 거대한 외양적 모습이 아니었습니다. 북한 당국자들이 우리의 처지를 염려해 주는 마음, 그 내적 모습을 뚜렷이 확인했습니다. 이것은 그들이 우리와 역지사지易地思之하고, 역지감지易地感之하고 있다는 뜻입니다. 이것은 전술적인 자세가 아니었습니다. 어려운 여행을 하는 저희 남측 평화참관단이 돌아가서 어려움을 겪을까 염려해 주었습니다.

이러한 인간적 염려는 일종의 동고同苦라는 표현이기도 합니다. 더욱이 놀라운 것은 우리 참관단들의 행위가 정치적인 것으로 오해 받을 만한 것은 남한 정부를 어렵게 한다고 해서 북한 당국이 허락하지 않았다는 사실입니다. 이를테면 김일성 주석의 시신이 놓여 있는 금수산 인민궁전에 참배하고 싶은 일부 참관 단원들의 소망을 북한 당국은 허용하지 않았습니다. 그 까닭은 남쪽 정부의 어려움을 덜어 주려는 배려 때문이지요. 게다가 북한 당국은 이 같은 참배가 자칫 6·15공동선언을 훼손하게 되지 않을까 염려했습니다. 이것은 6·15 선언 이후 북한이 그 전에 견주어 코페르니쿠스적 전환을 하고 있다는 것을 의미합니다. 북한은 변하는데, 남한은 오히려 변화를 두려워하고 있는 것 같습니다.

이것은 무엇을 의미합니까. 북한의 불변不變을 신화처럼 믿고 있는 남쪽의 냉전 수구 세력들은 자기들의 불변不變을 확고하게 지키려고 한다는 뜻입니다. 그들은 남북 간의 화해 협력으로 민족사 흐름이 마침내 세계사의 탈냉전 흐름과 합류하게 된 것을 두려워하고 반대한다는 뜻입니다. 불변不變은 북한의 특징이 아니라 이제는 남한의 냉전 세력의 특징이라 하겠습니다. 그리고 그것은 북한의 통일 전선 전략이 화해 협력 전략으로 크게 변하고 있음을 뜻하기도 합니다. 우리 방북을 비난했던 수구 언론이 바로 이 같은 북한의 통일 전선 전략에 초점을 맞춰 비난했는데, 그들의 비난의 화살은 과녁을 전혀 맞히지 못했습니다. 새 역사의 흐름을 놓친 것이지요.

우리가 평양에 있는 동안 두 가지 희소식이 날아왔습니다. 하나는 10·12 북미 공동선언이고 또 하나는 DJ의 노벨상 수상 소식이었습니다. 이것이 복음 같이 들렸던 것은 이 두 소식이 6·15가 터준 화해 협력의 물꼬를 더욱 세차게 흐르게 할 것이기 때문입니다. 저는 환송 만찬 때 참관 단장으로 답사를 하면서 6·15와 10·12는 한반도 평화의 쌍둥이 선언이라고 감히 규정했습니다. 당시 두 번째 방북을 통해 북한의 변화가 본격적으로 일어나고 있음을 확인했고, 북한 당국의 역지사지易地思之, 역지감지易地感之의 자세 또한 확인했습니다. 이 같은 확인을 통해 우리 예수따르미들은 어떤 깨달음에 이를 수 있겠습니까.

먼저 참관단의 방북을 불허하려고 했을 때 평양방송이 했던 말을 음미해 볼 필요가 있습니다.

> 시대가 이렇게 변했는데… 명절을 같이 쇠자는 것마저 안 한다고 하니, 그것이야말로 시기도 때도 분간할 줄 모르고 하는 한심한 소리다.

이 따끔한 지적 속에서 예수님의 음성을 듣는 듯했습니다. 예수님께서 당시 위선적 종교지도자들을 향해 "… 땅과 하늘의 기상은 분간할 줄 알면서, 왜 이때는 분간하지 못하는가"라고 탄식하신 적이 있습니다. 한 세대가 지나게 되면 예루살렘 성전의 그 웅장한 돌들이 무너지게 될 것을 예측하신 예수께서는 율법주의에 함몰되고 종교적 근본주의에 사로잡혀 독선에 빠져있던 당시 종교지도층을 나무라셨습니다. 마찬가지로 세계가 냉전 이후 시대로 들어갔고, 이제 6·15 선언을 통해 한반도도 냉전 이후 시대로 들어가려고 하는데, 바로 이런 카이로스의 때에 남한의 냉전 세력은 시기와 때도 분간할 줄 모르는 한심한 작태를 계속하고 있는 것입니다.

오늘 한반도에 사는 예수따르미들은 지난 반세기 이상 같은 민족을 더욱 미워하고, 더욱 불신하고, 더욱 박살 내야 한다고 부추겼던 냉전체제와 냉전 가치를 누구보다 먼저 극복해내야 합니다. 그것은 바로 하나님의 평화를 이 냉전의 외딴섬 한반도에 우뚝 세우는 복음 사업 그 자체이기 때문입니다. 그러기에 6·15선언을 하나님의 평화를 이룩하려는 선언, 바로 복음적 선언으로 받아들여야 할 것입니다.

둘째로 저는 북한 당국이 우리와 역지사지하고 역지감지하는 모습을 보고 예수님의 메시지를 다시 반추해 보았습니다. 북한보다 경제적으로 수십 배 더 잘 사는 남쪽이 사자일 터인데, 우리가 못사는 북측 곧 소의 입장에 서서 그들과 함께 아파하고 기뻐해야 할 터인데 입장이 바뀌었다는 부끄러움을 느꼈습니다. 앞에서 말했듯이, 역지사지는 하나님의 '함께 아파함'의 표현이기도 합니다. 자기를 비워 종의 모습을 취하신 예수님의 삶이기도 합니다. 역사적 예수께서 병든 자, 소외당한 자, 나그네, 과부, 고아, 이방인 등 변두리 인생과 역지사지, 역지감지했던 사실이 바로 복음의 핵심이 아닙니까. 그렇다면 우리 남쪽이 또한 북쪽과 먼저 역지사지해야 하는데, 오히려 우리가 그들의 역지사지를 받게 되니까 참으로 부끄러웠습니다.

그렇다면 도대체 사자가 풀을 먹는다(사 1:7)는 것이 무엇을 뜻하는지를 좀 더 깊게 생각해보아야 합니다. 풀을 먹는다는 것은 피 흘리는 일을 중단한다는 뜻입니다. 사자가 약한 초식동물을 주식으로 삼을 때 반드시 피를 흘리고, 죽이는 일을 반복해야 합니다. 이 같은 피 흘리는 죽임이 일상화됩니다. 그런데 사자가 풀을 먹는 순간부터 피 흘림은 중단되는 것입니다.

그뿐입니까. 풀을 먹게 되면 반드시 소처럼 반추해야 합니다. 씹고 되씹어내야 합니다. 이것은 가해자, 피해자의 피 흘리기를 좋아하는 세력이 자기반성을 계속해야 함을 뜻합니다. 끊임없는 자기반성, 끊임없는 회개를 뜻합니다. 사자가 소의 여물을 먹게 되면 이 같은 메타노이아Metanoia, 회개를 거듭거듭 하면서 다른 존재들과 평화의 관계, 협력의 관계를 맺어나가야 합니다. 소가 반추할 때 소는 눈을 편안하게 감습니다. 외부의 적이나 먹잇감에 대해 시도 때도 없이 사나운 눈알을 굴리는 육식동물과 다릅니다. 소가 여물을 먹고 씹고 되씹는 시간은 편안한 평화의 시간입니다. 눈을 부라리며, 증오하며, 대결하는 시간이 아닙니다.

바로 이점에 주목하면서 북한 행사에서 부족한 점 한 가지를 꼭 얘기하고 싶습니다. 그리고 그것을 예수님의 삶과 연결시켜 반추해보고 싶습니다. 당 창건기념일에 우리가 보았던 북한의 집단사열, 집단체조, 집체集體 예술공연이 모두 엄청난 규모의 인간이 동원되어 이루어 낸 대규모의 힘을 과시한 사건이었습니다. 카드섹션은 마치 맘모스 스크린에 나타난 컴퓨터 그래픽같이 정교하게 여겨지기도 했습니다. 그래서 그 대규모 인간의 절도 있는 행위는 위압감을 주기에 충분했습니다. 그런데 이 같은 대규모 집단행위와 시위는 강력한 외적外敵 또는 주적主敵에 대한 집단적 증오의 표시이기도 했습니다. 마치 근본주의 교회가 왕 마귀에 대항하여 교인들의 믿음을 끊임없이 고조시키는 것과 같이 그들은 외세, 제국주의적 공격을 방어하고 격퇴하기 위하여 이와 같은 거대한 시위와 단합을 보여주었습니다. 북한 사회가 일종의 기능적 종교functional religion로 거대한 교회 같았고, 그 종교와 교회의 바탕이 바로 집단적 증오를 통한 단합 같았습니다.

　과연 역사적 예수님이 이 모습을 보셨으면 어떠했을까요? 먼저 주목할 것은 예수님께서 결코 대중 추수주의자populist가 아니었다는 사실입니다. 예수의 치유, 나눔, 격려, 가르침 등에 반했던 군중이 모여 예수를 왕으로 삼으려 했을 때, 주님은 한적한 곳으로 물러나(퇴수) 조용히 홀로 기도하셨습니다. 그리고 병이 나았던 사람들이 예수를 따르려 했을 때 오히려 편히 가서 그 기쁜 소식을 남들에게 증거하라고 했습니다. 예수는 결코 다수의 추종자를 활용하거나 조직하거나 조종하지 않았습니다. 그들을 이용하여 거대한 교회를 세울 생각도 하지 않았습니다. 바로 이점에 주목하게 되니 집체주의 시위가 예수께서 선호하신 것이 아닐 것임을 평양에서 새삼 느낄 수 있었습니다. 오늘 한국의 거대 교회들과 예수 선교 간에도 본질적인 차이가 있는 것 같습니다. 특히 집체주의적 단합을 토대로 거대교회를 더욱 확장해 가며 그것도 자기 대에 끝나지 않고 다음 대로 세습하는 일부 한국 거대 교회는 북한의 수준을 도덕적으로 뛰어넘지 못하는 듯합니다. 더욱이 예수님이 보여주신 하나님의 본질은 외부의 원수나 주적이나 마귀에 대항하기 위하여 증오심을 불러일으키고, 그것을 바탕으로 한 집체적 단합, 그것도 거대한 단합에 있지 않습니다. 오히려 그 반대입니다. 자기를 철저히 비워서 남을 채워주시는 십자가의 사랑입니다. 그러니까 제국주의를 박멸하기 위해 십자군을 일으키시는 하나님이 아닙니다. 제국주의에 의해 박살이 나더라도 십자가를 지는 자기 비움의 실천이 바로 예수의 하나님입니다. 끝까지 폭력을 거부하시는 하나님입니다. 우리는 거대한 십자군을 조직하는 전투적 하나님을 믿는 것이 아닙니다. 십자가에 달리시기까지 하면서 우리 모두를 사랑으로 하나 되게 하시는 평화의 하나님을 믿습니다. 저는 이 같은 하나님을 김일성 광장에서, 능라도 5·1경기장에서 그리워했고 사모했습니다.

바라건대, 하루빨리 6·15선언을 통해 터져 나온 화해와 협력의 새 역사 흐름이 예수따르미들의 결단을 통해 더욱 세차게 흘러내리길 간원합니다. 이 흐름으로 냉전 빙벽이 완전히 녹아 없어지길 희망합니다. 참 힘은 집단적 증오에 기초한 거대한 집체적 단합에서 나오는 것이 아니라 자기 비움에서 나오는 것임을 다시 한번 깨달아야 합니다.

예수님의 삶 자체가 바로 그러한 참 힘을 증거해 주신 삶이었기에 우리 예수따르미들도 그 증거를 다시 분단된 민족 상황에서 용기 있게 해내야 할 것입니다. 하나님의 평화를 만드는 사람, 그것이 바로 우리의 이름이요 우리의 본질이 되어야 합니다.

우리의 원수는 항상 악한가

2010년 5월 27일 저는 무거운 마음으로 로스엔젤레스로 향했습니다. 그 해는 여러 가지 남북 간 악재들이 터져 나와 6.15 공동선언 10주년을 제대로 기리지 못할 것 같다고 판단한 재미 통일 일꾼들이 기념 강연을 해 달라고 요청했습니다. 떠나기 바로 전날, 미국 장로교 총회장과 미국 교회협의회 회장을 역임했던 이승만 목사님이 전화를 주셨습니다. 6.15 기념 강연을 둘러싸고 미국 내 통일 일꾼들이 갈라져 다투고 있으니 저 보고 가지 않는 것이 좋겠다고 했습니다. 게다가 기독교 냉전 근본주의자들이 강연장에서 저를 당혹스럽게 할 공세를 취할 것 같으니까 걱정이 된다고 했습니다. 사실 저는 이 전화를 받고 오히려 가야겠다는 결심을 굳혔습니다. 갈라진 통일 일꾼들을 화합시키는 평화의 메시지, 그것도 예수님의 사랑 나라Lovedom of God와 그 평화의 메시지를 그 같은 악조건 속에서 전달하는 것이 더 뜻깊다고 속으로 다짐했기 때문입니다.

그런데 예상외로 모든 집회가 은혜롭게 진행되었습니다. 세 번의 강연을 했는데, 그 내용이 국내 일부 인터넷 신문에 보도되었습니다. 당시 한반도의 상황이 천안함 침몰로 위태로워지고 있었기에 예수님의 "원수 사랑" 메시지가 기독교 냉전 세력에게는 아주 불편한 소리로 들렸나 봅니다. 특히 북한을 다시 주적으로 몰아붙이는 정치 국면에서 주적 사랑의 힘으로 한반도의 평화를 이뤄나가야 한다는 메시지는 냉전 수구 세력에게는 걸려 넘어지게 하는 '스캔들'로, 또는 허튼 감상적 외침으로 여겨진 것 같습니다. 저를 당혹스럽게 한 것은 교회를 열심히 섬기는 크리스천 중에서 예수님의 원수 사랑의 메시지를 도무지 이해하지 못하는 분들이 많다는 사실 그리고 결단코 이해하려고 하지 않는 호전적 신자들이 많다는 사실이었습니다. 이것은 당혹을 넘어 저를 슬프게 했습니다. 특히 원수 사랑과 주적 사랑을 사탄 사랑, 마귀 사랑으로 대번에 등치시키는 사람 중에는 예수님이 사탄을 사랑하라고 한 적이 없다고 주장하면서 저를 비난했을 때 가슴이 아팠습니다. 그 해묵은 오해와 분노를 새삼 확인하면서 예수님의 메시지, 특히 하나님 나라와 그 평화의 메시지가 2천 년 전이나 지금이나 다름없이 전통적 종교인들로부터 오해받는 사실이 안타까웠습니다. 그때나 지금이나 갈릴리 예수님은 외로울 수밖에 없겠다는 처연한 생각을 하게 되었습니다. 그래서 예수님의 원수 사랑 명령의 참뜻을 다시 한번 우리의 답답한 분단 상황에서 조용히 성찰해 보고 싶습니다.

예수님의 산상수훈이 비록 실천하기는 대단히 어려운 말씀이라 하더라도 예수따르미들은 반드시 그 말씀의 뜻을 올곧게 깨닫고 그 교훈의 가치를 항상 목표로 삼아 끊임없이 몸부림치며 그곳을 향해 나아가야 합니다. 실천하기 어렵다고 그 높은 뜻을 포기해서는 안 됩니다. 예수따르미를 자처한다면 그 뜻을 삶의 궁극적인 목표로 삼아 꿋꿋하게 나아가야 합니다. 이 같은 나아감에서 비로소 예수따르미의 올바른 정체성이 더욱 뚜렷하게 세워지기 때문입니다. 그리고 이 메시지의 의미를 우리 상황에서 깊게 되새겨 보아야 합니다.

먼저 예수님의 원수 사랑 명령이 갖는 뜻을 당시 상황의 맥락에서 여러 각도로 의미 있게 조명해 볼 필요가 있습니다. 먼저 마태복음 5장 43절과 44절, 45절에 주목합시다.

> "네 이웃을 사랑하고, 네 원수를 미워하여라" 하고 말한 것을 너희는 들었다. 그러나 나는 너희에게 말한다. 너희 원수를 사랑하고, 너희를 박해하는 사람을 위하여 기도하여라. 그래야만 너희가 하늘에 계신 너희 아버지의 자녀가 될 것이다.

첫째, 예수님의 이 말씀은 당시 유대 율법주의 문화풍토의 배경에서 보면 엄청난 대안적 비전에서 나온 말씀이었습니다. 당시 유대 전통에 따른다면 이웃이나 동맹 세력은 사랑해야 합니다. 그러나 원수는 미워해야 하는 것이 마땅합니다. 이 같은 전통에 충실한 이상 평화는 영원히 올 수 없음을 확신하셨던 갈릴리 예수님은 그 전통을 뛰어넘었습니다. 나아가 본질적 대안을 제시했던 것입니다. 예나 지금이나 이웃 사랑, 형제 사랑, 친구 사랑 등은 너무나 진부하고 당연한 것이지요. 예수님은 이 진부한 일상성을 뛰어넘어 마땅히 증오해야 한다고 믿었던 원수를 오히려 사랑하라고 했습니다. 일종의 청천벽력 같은 대안을 제시한 셈이지요. 원수 사랑 없이 참 평화는 세워지지 않는다고 확신했기 때문이지요. 마태복음 5장 9절에서 예수님은 평화를 만드는 사람이야말로 하나님의 자녀가 되는 축복을 받게 된다고 선언하셨는데, 5장 45절에는 원수 사랑 행위가 바로 평화 만들기 실천과 함께 하나님의 자녀가 되는 축복임을 새삼 다시 확인시켜줍니다. 복 중에 가장 큰 복이 바로 하나님의 자녀가 되는 복이라면, 이 큰 복은 원수 사랑을 통한 평화 세우기를 통해 비로소 이루어짐을 다시 한번 알 수 있습니다. 여하튼 이 명령은 아무리 힘든 것이라 하더라도 "혁명적인" 대안의 메시지이기에 우리가 항상 쳐다보며 나아가야 할 삶의 궁극적 목적이요 더불어 평화로운 삶의 아름다운 목표임을 잊지 말아야 합니다. 마태복음 5장 9절과 5장 45절은 반드시 함께 읽고 해석하고 실천해야 합니다.

둘째, 우리는 예수님 때나 지금이나 일상적으로 원수를 보복의 대상으로 못 박습니다. 그래서 예수님의 원수 사랑 메시지의 깊은 뜻을 제대로 깨닫지 못합니다. 원수가 주적이라고 인식될 때는 반드시 크게 보복해야 하며, 그 보복은 정의의 이름으로 정당화된다고 쉽게 믿습니다. 과연 예수님이 정의의 미명 아래에 이뤄지는 보복을 권장하셨습니까. 여기서 우리는 예수님의 첫 설교, 곧 그의 취임사로 인식되는 첫 설교에서 발견되는 흥미로운 사실에 주목할 필요가 있습니다. 그뿐만 아니라 대단히 의미심장한 갈릴리 예수님의 속마음을 헤아려 볼 수 있습니다. 그는 고향 나사렛에 돌아와 (사탄의 세 가지 시험을 성령으로 극복하신 후) 안식일 날 회당에서 이사야 61장 1-2절을 의도적으로 찾아 읽으셨습니다. 이 말씀을 중심으로 그는 간결한 취임사를 선포하셨지요. 그런데 이사야 예언자의 메시지 중 딱 한 가지 표현을 짐짓 빠뜨렸습니다. 그것이 무엇일까요. 그것은 "우리 하나님의 보복의 날을 선언하고"라는 표현이었습니다. 예수님의 하나님 나라 곧 사랑 지배 질서에서는 하나님의 보복이라 할지라도 보복행위는 설 자리가 없습니다. 새 하늘과 새 땅, 새 질서는 보복을 통해 세워지는 것은 아닙니다. 다만 사랑의 힘, 곧 가난한 자, 눌린 자, 못 보는 자, 포로 된 자 등 처절한 세속의 경쟁에서 억울하게 탈락한 꼴찌들을 더욱 사랑하는 힘으로만 하나님 나라가 이뤄지는 것입니다. 원수와 주적은 증오하고 그들에게 보복적 응징을 가함으로써 하나님의 평화가 이뤄지는 것이 결코 아닙니다. 그래서 사도바울도 비록 갈릴리 예수를 직접 만난 적은 없지만, 예수님의 이 뜻과 그 마음을 올곧게 헤아려 다음과 같이 힘 있게 권고했습니다.

> 네 원수가 주리거든 먹을 것을 주고, 그가 목말라 하거든 마실 것을 주어라(롬 12:20).

바울은 원수를 갚는 것은 하나님의 진노하심에 맡기라는 신명기 말씀(신 32:35)을 바로 인용했습니다. 그러나 저는 갈릴리 예수님은 이 신명기 말씀에 대해서도 다르게 해석하실 것으로 흐뭇하게 상상해 봅니다. '신명기는 그렇게 말하지만, 나는 너희에게 말하노니 원수, 특히 주적을 사랑으로 변화시켜라'라고 말입니다. 원수를 변화시키기 위해 무력이나 폭력을 비록 정의의 이름으로 활용한다 해도 그것은 결단코 아바Abba 하나님의 평화를 세우지 못합니다. 오히려 증오와 폭력은 원수 속에 있는 악을 부글부글 끓어오르게 할 것입니다. 또한 내 속의 폭력적 성향도 강화될 것입니다. 보십시오. 정의의 이름으로 이라크를 거침없이 침공했던 부시 대통령은 결코 중동의 평화를 세울 수 없었습니다. 오히려 전쟁과 증오를 더욱 부추겼습니다.

셋째로 우리는 여기서 아주 중요하고 심각한 질문 앞에 진솔하고 경건하게 서야 합니다. 과연 우리의 원수와 주적은 자동적으로 악인 가. 자동적으로 그들은 사탄이 되는 것인가. 교회를 오래 다닐수록, 교회 교리에 익숙해질수록 우리의 원수는 바로 우리에게 마귀와 사탄 같은 악의 세력이 된다고 쉽게 확신하게 됩니다. 과연 이런 관습적 신앙이 예수의 마음을 올곧게 반영하는 것일까요. 이 같은 통속적 신앙은 일종의 독선적 신앙일 뿐입니다. 왜냐하면 원수가 악한 존재라고 믿을수록 나 자신은 바로 선한 존재라는 독선적 자기 인식이 우리 속에 굳게 자리 잡고 있기 때문이지요. 그렇게 광신 할수록 악의 화신인 원수를 더욱 철저히 박살 내야 한다는 집념에 사로잡히게 됩니다. 이것은 일종의 부끄러운 착각이면서 위험한 광기일 수 있습니다. 가장 위협적인 독선이기도 합니다. 사탄의 본질은 바로 이 같은 독선적 광신에서 가장 뚜렷하게 나타납니다. 우리는 지선至善이요 원수는 지악至惡이라는 확신 그 자체가 악과 악순환을 조장하는 악마적 힘입니다. 그러기에 예수님은 이 같은 독선에 우리가 빠지지 않게 하려고 남을 심판하지 말라는 메시지를 주셨습니다(마 7:1-5). 남의 작은 결점(남의 눈 속에 있는 티)보다 자기 속에 있는 심각한 결점(내 눈 속에 있는 들보)에 더 주목하라고 깨우쳐 주셨습니다.

이 말씀은 놀라운 사회심리학적 의미와 지혜를 갖고 있습니다. 남의 작은 결점을 보기 전에 자기의 더 큰 결점에 주목하고 그것을 깊이 성찰하는 능력을 갖출수록 인격적 품위를 지니게 됩니다. 그리하여 우리는 자연히 남 앞에 자기를 낮출 수밖에 없습니다. 고개를 숙이고 허리를 굽혀 겸허하게 남을 대할 수 있습니다. 서로가 서로에게 그렇게 한다면 두 존재는 비로소 사람다운 인격적 존재로 거듭나고 평화스러운 관계를 형성할 수 있습니다. 한자 사람 '人'은 서로 자기를 겸손하게 낮추는 두 존재 간의 신뢰 관계를 나타냅니다. 즉 평화의 관계를 표상합니다.

남을 심판하지 말라는 예수님의 당부는 바로 이 같은 인간 간의 본질적 평화 관계를 세우라는 권고입니다. 남을 즉각 악이라든지 사탄으로 낙인찍는 행위야말로 부메랑boomerang이 되어 남으로부터 자기를 향해 화살처럼 아프게 날아온다는 진리를 예수님께서는 설파하셨습니다. 이것이 바로 악순환입니다. 이 같은 악순환이야말로 평화를 깨뜨립니다. 그러기에 남의 부족한 점을 볼 때마다 우리의 영적 시선은 항상 우리 속에 있는 더 부족한 점에 주목해야 합니다. 그리고 한 걸음 더 나아가 우리 속의 부족한 점을 먼저 변화시키려고 힘써야 합니다. 그래야만 상대방의 부족한 점도 변화시킬 수 있게 됩니다. 이렇게 되면, 마침내 선순환이 두 존재 사이에서 작동하게 됩니다. 이 같은 선순환은 바로 평화를 세우는 힘이요 평화를 키워내는 과정입니다.

우리는 우리의 원수를 미워할 때마다 그 원수는 악이기에 마땅히 제거되어야 하고, 마땅히 심판받아 소멸해야 한다고 속단하기 쉽습니다. 게다가 이 원수가 주적일 때 그것은 100% 악마적이고 우리는 당연히 옳고 선하다고 착각하기 쉽습니다. 사실 현실에서 100% 악한 존재도 100% 선한 존재도 없습니다. 남 속에서, 원수 속에서 악한 것을 크게 부각시키려는 우리의 마음이야말로 더 심각한 악임을 깨달아야 합니다. 원수를 포함하여 모두는 선과 악을 다 함께 지니고 있음을 잊지 말아야 합니다. 선악의 혼재는 항상 현실입니다. 이런 뜻에서 보면 예수님의 상황판단은 매우 현실적인 지혜입니다. 그러기에 예수님의 평화 만들기 처방은 그만큼 현실적 설득력을 지닙니다. 남의 결함을 보기에 앞서 내 결함을 먼저 볼 수 있는 사람, 원수의 결점을 볼 때마다 동시에 내 속의 결점을 보고 부끄러워할 수 있는 사람, 주적의 악을 확인할 때마다 동시에 내 속에 있는 독선과 교만과 탐욕의 악도 꿰뚫어 볼 수 있는 사람은 바로 최고의 품격을 지닌 존재 곧 영적 존재입니다. 이 같은 영의 존재로 끊임없이 나아가려는 사람들이 바로 올곧은 예수따르미라 하겠습니다. 그러기에 원수를 사랑하라는 예수님의 명령이야말로 바로 우리의 주적 속에 있는 악과 우리 안에 있는 악한 것을 모두 내려놓고 비워냄으로써 하나님 평화를 세우라는 명령입니다. 주적을 더욱 사랑함으로써 주적을 변화시킬 수 있기 때문입니다. 또 변화시켜야 하기 때문입니다. 장공(김재준 목사)이 말년에 즐겨 써주신 붓글씨 중에 애자무적愛者無敵이 있습니다. 그렇습니다. 원수 사랑으로 원수를 없앨 수 있다는 메시지입니다. 주적 사랑으로 마침내 주적을 없게 할 수 있습니다. 참사랑은 미워할 대상을 근원적으로 없애는 힘이지요. 그리하여 평화를 근원적으로 있게 할 수 있지요. 이것이 바로 갈릴리 예수의 가르침이라 하겠습니다.

우리가 다른 사람, 다른 집단, 다른 정치체제 속에 있다고 믿는 악한 것만 주목하여 그들을 증오하고 다투면서 피 흘리는 일을 주저하지 않을 때, 바로 그 상대방 속의 악은 더욱 악랄하게 그 영향력을 키우게 된다는 사실을 항상 잊지 말아야 합니다. 나아가 우리 속에 악의 힘 또한 흉측하게 더욱 커진다는 진리를 잊지 말아야 합니다. 비록 세상 사람을, 특히 정치세력은 이 같은 악순환 속에서 목을 걸고 자기들의 이익을 도모하더라도 예수님을 따르려는 사람들은 그렇게 행동하거나 살아서는 안 됩니다. 예수님께서 자기를 십자가 처형으로 몰아갔던 로마제국의 권력과 예루살렘 성전 권력(로마 권력의 하수인이었던)의 제도 폭력 앞에서 사랑의 힘을 몸소 보여주시지 않았습니까! 그는 로마식 칼의 힘에 의존하지 않았습니다. 사랑의 힘으로 십자가의 고통을 우아하게 감당하셨습니다. 그렇기에 예수님은 부활하신 것입니다. 사랑의 힘으로 칼의 힘을 이길 수 있음을 아바 하나님은 예수 그리스도의 부활을 통해 힘있게 보여주셨습니다. 초대교회는 바로 이 사랑의 폭발적 힘, 곧 부활의 힘으로 세워졌습니다. 오늘의 기독교는 바로 이 힘에서 흘러나온 제도라 하겠습니다. 바로 오늘의 기독교 안에서, 오늘의 제도 교회 안에서 이 사랑의 힘을 모멸하거나 희화화하는 기독교 신자들이 늘고 있다는 사실이 저를 비참하게 만듭니다.

넷째로 예수님께서 원수를 사랑하라고 당부하셨을 때 이 메시지를 아주 못마땅하게 생각했던 제자들이 있었다는 것 또한 잊지 말아야 합니다. 제자 중에는 당시 로마제국의 폭력적 지배에 대해 칼의 힘으로 저항하고 싸워야 한다고 믿었던 사람들이 있었습니다. 열심당에 동조하는 사람들이었지요. 이들은 예수님의 원수 사랑 명령을 현실성 없는 순진한 낭만적 대안이라고 여겼을 것입니다. 예수께서 잡히시던 날 밤에 예수님 곁에 기특하게도 용기 있게 남아있었던 베드로가 칼을 지니고 있었던 것을 보면, 비록 그가 시몬 같은 열심당원은 아니라 하더라도 그 운동에 동조했던 "혁명적 민족주의자"일 수도 있겠습니다. 말고의 귀를 베었던 그 용기를 보면 스승을 보호하고 민족해방을 열망했던 것 같기도 합니다. 그러나 예수님의 선택은 아주 뚜렷했고, 바위처럼 흔들림이 없었습니다. 폭력으로 성취할 수 있는 바른 가치는 하나도 없음을 깨우쳐 주셨지요. 증오로 성취될 것은 아무것도 없음을 장엄하게 선포하셨습니다. 오히려 칼 쓰는 자는 칼로 망할 뿐입니다. 칼과 증오의 힘으로 원수와 주적을 궤멸시켜도 그곳에 참 평화가 세워질 수 없음을 엄숙하게 선포하셨습니다. 그러기에 적어도 부활의 능력을 믿는 예수따르미라면 원수 사랑의 명령을 결코 가벼이 여길 수 없습니다. 원수의 악과 우리의 악을 모두 마침내 이길 수 있게 하는 힘은 사랑에서만 나오기 때문입니다. 이 사랑은 바로 하나님의 본질이요 하나님의 힘입니다. 그 힘은 그의 아들 예수가 이 시간과 역사 속에서 이룩하려고 애썼던 하나님 나라의 힘입니다. 그러기에 사랑 실천을 통해 우리는 하나님을 직접 체험할 수 있지요. 그리고 부활의 예수 그리스도를 체험 할 수 있습니다. 이것이 예수따르미의 특권이지요.

저는 일부 한국 크리스천들로부터 도전을 받았습니다. 남북관계가 최악으로 치닫고 있는 상황에서 북한을 주적으로 확신하는 신자들이 예수의 원수 사랑을 통한 한반도 평화 만들기를 강조하는 저를 여러 시각에서 비판했습니다.

그들에게는 마치 제가 공의와 정의가 없는 사랑만을 허황되게 강조하는 철없는 이상주의자로 보이는 듯합니다. 저는 예수님께서 공의가 없는 사랑을 낭만적으로 소리 높여 강조했다고 믿지 않습니다. 예수님이 친히 보여주신 사랑 실천 속에는 이미 정의가 깊이 녹아 있습니다. 그러나 그 정의는 보복을 정당화시키는 응징적 정의retributive justice는 아닙니다. 그것은 자기를 비워 남에게 선한 것으로 채워주시는 비움과 나눔의 정의distributive justice입니다. 그러기에 나눔의 정의는 항상 감동을 자아냅니다. 응징적 정의는 대체로 증오의 악순환을 작동시키지만, 나눔의 정의는 항상 겸손과 감사와 감탄과 감동을 자아내지요. 그리고 평화를 세워나가지요.

또 다른 비판이 있습니다. 예수의 사랑 메시지는 어디까지나 개인 영혼에 관한 말씀이지, 그것이 집단이나 국가에 대한 말씀이 아니라는 비판입니다. 원수 사랑의 권면이 개인 영혼에만 적용된다는 신앙은 그것 나름대로 소중한 것이긴 하지만, 이런 신앙만으로는 우리의 역사 현실에서 하나님의 뜻을 펼쳐 낼 수 없습니다. 뜻이 하늘에서 이뤄진 것 같이 땅에서도 이뤄지길 기도하라고 당부하셨던 예수님을 오히려 슬프게 할 수 있습니다. 예수의 하나님 나라는 우리의 육신이 죽고 난 후에 비로소 들어가는 저 피안의 천당이 아닙니다. 세상 권력이 하나님 형상을 지닌 인간들에게 부당한 온갖 고통을 강요하는 구체적 죄악의 상황에서 사랑 실천을 통해 하나님의 평화와 공의를 세우는 일이 바로 갈릴리 예수의 사랑 운동이었습니다. 하나님의 온전한 사랑을 직접 체험할 수 있는 평화의 새 질서, 공의의 새 질서를 세우는 일이 바로 예수운동이었습니다. 그 운동은 바로 분단된 우리 상황에서 주적 사랑을 통해 남북이 함께 변화하여 평화를 큰 강물처럼 남북 간에 흐르게 하는 일입니다. 거기에 평화와 공의는 함께 어깨동무하며 나아가게 될 것입니다. 그래서 공변공영共變共榮의 큰 강물과 상승相勝과 상생相生의 큰 강물이 흐르게 될 것입니다.

또 하나의 비판과 오해가 있습니다. 앞에서 얘기했듯이 예수의 주적은 사탄이기에 예수님은 그 같은 주적을 사랑하라고 하신 적이 없다는 확신에서 나오는 비판입니다. 다시 말하지만, 북한은 사탄이요 우리 남한은 천사라는 이분법적 인식은 참으로 잘못된 근본주의 신앙에서 나온 속단입니다. 북의 지도층이 흑암의 영적 세력 곧 마귀의 세력이라고 확신했던 부시 대통령의 인식과 같은 것입니다. 북한 권력 속에 악한 요소가 있음을 똑똑히 볼 때마다 적어도 우리가 예수따르미라면 우리 속의 악한 요소 곧 독선과 부패와 탐욕도 함께 '투명하게 볼 수' 있는 맑은 영의 눈을 가져야 합니다. 참으로 우리가 극복해 내야 할 비극은 상대방 속에 있는 악한 요소들과 우리 속에 있는 악한 요소들이 서로 미워하면서도 기이하게 서로의 악한 힘을 결과적으로 북돋워 주고 있다는 역설적 사실입니다. 우리는 이 점을 잊지 말아야 합니다. 악한 요소들은 항상 결과적으로 서로 돕고 있습니다. 북의 강경 군부는 남의 강경 수구 세력을 그들의 의도와 달리 결과적으로 도우면서 남북 간의 악순환을 더욱 악화시켜 나갑니다. 그 반대도 사실이지요. 이것이 바로 적대적 상조 관계입니다. 남북 간에 이 같은 적대적 상조 관계가 더욱 강화될수록 남북 간 평화는 더욱 멀어지고, 남북 각 체제 속에서 인권과 정의와 민주주의는 그만큼 더 후퇴하게 됩니다. 그만큼 민족의 고통과 민중의 고난은 커지게 됩니다.

이 같은 비극을 이겨내는 힘은 상대방의 결점을 볼 때마다 자기 속의 더 큰 결점을 투명하게 볼 수 있는 밝고 맑은 영의 시력입니다. 서로를 향해 더욱 겸손하게 자기 몸과 마음을 낮추면서 나눔의 공의를 이룩하려고 애쓸 때 이 비극은 비로소 극복될 수 있습니다. 나눔의 정의는 보복심에서는 나오지 않습니다. 그것은 자기 비움의 결단과 실천, 곧 사랑에서만 나올 수 있습니다. 그러기에 오늘 우리의 삭막한 분단 현실에서 갈릴리 예수의 육성이 더욱 절실히 그리워집니다. 날로 교묘하게 죄어드는 로마제국의 수탈과 억압 속에서 그리고 그 제국의 하수인으로 처신했던 헤롯 권력과 예루살렘의 사제 권력의 억압과 수탈 속에서 신음했던 씨알들에게 원수 사랑을 소리 높여 외치셨던 갈릴리 예수님이 더욱 절박하게 그리워집니다. 잔인했던 로마의 지배 아래 얼핏 듣기에 헛소리처럼 들렸던 예수님의 사랑 외침이 날로 각박해지고 살벌해지는 우리의 분단 대결 상황 속에서 더욱 절박하게 가슴에 저며 옵니다. 그 외침은 허공에 맥없이 사라질 헛소리가 결코 아닙니다. 오히려 그 외침은 70여 년 간 우리 민족끼리 눈은 눈으로, 이는 이로 보복하면서 증오의 대결을 부채질해 온 우리의 어리석은 짓을 이겨 낼 수 있게 하는 새 역사의 외침이요, 복음의 힘찬 외침이라고 믿습니다. 이 믿음이 청와대 안에서나 밖에서나 적어도 크리스천으로 자처하는 정치인들 속에서 먼저 힘있게 작동하게 되길 간절히 기도합니다. 분단된 이 땅에 평화와 공의의 큰 강물을 흐르게 하는 예수따르미들이 이제 예수님의 그 선제적 사랑 실천으로 조국을 평화의 땅으로 변화시키는 일에 앞장서기를 바랍니다.

그러면 내 이웃이 누구입니까
─ 우리의 선제적 원수 사랑 실천

예수께서 그에게 말씀하셨다.

"네 대답이 옳다. 그대로 행하여라. 그리하면 살 것이다."

그런데 그 율법 교사는 자기를 옳게 보이고 싶어서 예수께 말하였다.

"그러면, 내 이웃이 누구입니까"(눅 10:28-29).

예수 당시에도 갑들의 독선과 탐욕은 극성을 떨었지요. 예수의 하나님 나라 운동도 따지고 보면 당시 을들과 미생들에게 참 평화와 공의를 함께 누리게 하려는 운동이라 하겠습니다. 어느 날 어느 율법 교사가 예수를 찾아와 음흉하고 사특한 동기를 숨기고, 신학적이고 종교적인 질문을 점잖게 던졌습니다. 어떻게 해야 영생을 얻을 수 있느냐고 도전적으로 질문했습니다. 이 도전에 예수님은 정중하고 설득력 있게 대응했습니다. 도전자는 예수의 평소 행적을 잘 알고 있었던 것 같습니다. 예수운동이 당시 신성시된 율법과 규범을 위험스럽게 훼손하고 있다고 알고 있었습니다. 듣고 보자니, 예수는 안식일에도 중병환자를 고쳤는데, 이와 같은 율법 파괴 행동을 서슴지 않으면서 기가 막히게도 병자에게 죄 사함이라는 선포까지 서슴없이 했다는 소식을 듣고 속으로 분노했던 것 같습니다. 이런 신학적 질문을 던짐으로써 그는 예수의 불온하고 불경하며 신성모독적인 행태를 만인 앞에 은근히 드러내 보이고자 했습니다. 특히 밥상공동체 운동에서는 온갖 '불경스럽고 불결한 인간들'을 초청하여 포도주를 폭음하고 음식도 게걸스럽게 폭식한다는 소문을 들었기에 예수를 경멸했던 것 같습니다. 그래서 이 기회에 이런 예수의 상것다움의 실상을 폭로하고 싶었던 것이지요.

그런데 예수께서는 그 저의를 훤히 꿰뚫어 보면서도 그 율법 교사의 전문지식과 해석 능력을 존중해주었습니다. 그리고 그가 정답에 이르도록 정중하게 인도했습니다. 그의 대답을 칭찬까지 해 주셨지요. 나아가 그에게 가장 중요한 것은 해석이 아니라 '실천'임을 결론적으로 깨우쳐 주셨습니다. 지금까지는 신학과 철학이 세상 규범과 현상을 해석하는 일을 중요 임무로 여겼으나, 이제부터는 그런 해석보다 규범과 진리를 몸소 실천하는 것이 가장 중요하다고 깨우쳐 주셨지요. 그런데 자존심이 상한 율법 교사는 다시 예수에게 도전했습니다. 하나님 사랑과 이웃 사랑 실천으로 영생을 얻게 된다면, 도대체 유대인인 내가 사랑할 이웃은 누구냐 하는 질문이었습니다. 이 질문을 통해 그는 다시 한번 예수를 함정에 빠뜨리려 했습니다. 어떻게 이 질문으로 예수를 덫에 걸리게 할 수 있다고 생각했을까요?

그런데 신학적 질문으로는 예수를 시험에 빠뜨리지 못하게 된 이 율법 교사는 이제 사회학적 질문, 보다 세속적 질문으로 예수를 함정으로 유인하려 했습니다. 이 도전에 예수가 어떻게 대응하셨는지를 살펴보려 합니다. 그리고 예수의 응답과 대응이 오늘 우리의 역사 현실에 어떤 메시지를 던져주는가를 진지하게 성찰해 보고 싶습니다. 특히 분단 70년을 맞고 있는 우리의 슬픈 민족의 현실에 던져주는 복음적 의미가 무엇인지 뜨겁게 확인하고 싶습니다.

그렇다면 먼저, 내 이웃이 누구냐는 질문 뒤에 숨어 있는 음흉하고 사특한 동기에 주목할 필요가 있습니다. 언뜻 보기에는 지극히 평범한 질문 같습니다. 그러나 당시 유대 사회에서 이웃의 경계에 대한 논의가 분분하게 심각했음을 간파한다면 이 질문이 결코 그저 그러한 질문이 아님을 곧 알게 됩니다. 일반적으로 외부 불순세력의 위협이 심각하다고 여기게 되면 지배 세력은 내부 단합을 배타적으로 강화하려 합니다. 바벨론 포로 생활에서 풀려나 예루살렘으로 귀환한 유대인들은 고향에 돌아왔으나 독립 국가 민족으로 살아갈 수 없었지요. 강대국들에 의해 시달렸는데, 특히 희랍제국의 억압은 극심했습니다. 이에 대한 마카비 형제의 저항 또한 아주 치열했습니다. 이 과정에서 엄청난 고통을 겪었습니다. 이런 상황에서 유대인들은 토라를 더욱 소중히 여기면서 그것을 준수함에서 선민의식을 더욱 강화했습니다. 율법의 철저한 준수를 통해 유대민족의 정체성과 선민적인 자긍심을 키워갔습니다. 율법은 여호와 하나님과의 언약이기에 그것은 거룩하고 순수한 절대 규범이었습니다. 율법 교사는 이 규범의 핵심이 바로 하나님 사랑과 이웃 사랑이라고 해석했지요. 이 사랑 실천에서 영생과 구원을 얻을 수 있다고 확신했지요. 그렇다면 그 이웃을 어떻게 규정하는가, 그 이웃의 범위가 어디까지인가, 그 경계를 어떻게 그을 것인가 하는 것은 매우 중요한 문제가 됩니다.

그런데 외세의 강점과 강압 속에서 유대인의 이웃 범위를 느슨하게 잡기란 쉽지 않습니다. 특히 하나님의 언약 백성으로서 율법을 준수하지 않는 자들을 유대인의 이웃으로 존중하기란 어려운 일입니다. 그렇다면 이방인 중에서 토라를 존중하고 지키려는 사람들을 과연 유대인의 이웃으로 대접해야 하느냐는 심각한 이슈로 떠올랐습니다. 도대체 이방인을 유대교로 개종시키는 문제가 올바른 것인지를 두고도 논의가 분분했습니다. 개종한 이방인이 진정 유대인의 이웃으로 존중해야 한다는 의견과 그럴 수 없다는 의견이 거칠게 충돌했습니다.

예수 당시에도 이 문제를 놓고 힐렐Hillel파와 삼마이Schammai파 간에는 다툼이 있었습니다. 힐렐파는 자유로운 율법해석을 존중했습니다. 힐렐파는 평화와 공의를 소중히 여기고, 인간(인류)을 사랑하는 이방인들을 토라로 끌어와야 한다고 주장했습니다. 다른 한편, 보수적인 삼마이파는 이방인들은 유대 선민들의 이웃이 될 수 없다고 판단했습니다. 이들은 배타적 선민의식에 불탔기에 예수의 하나님 나라 운동을 결코 고운 눈으로 보지 않았습니다. 예수와 그 무리를 '포도주를 탐하고', '게걸스럽게 폭식하는' 불순하고 잡스러운 것들, 천한 것들로 경멸했습니다. 예수를 시험하려 했던 이 율법 교사도 삼마이파 사람 같습니다. 다시 말해, 근본주의적 바리새인인 것 같습니다. 그러기에 만일 예수께서 그의 질문을 받고 힐렐파보다 훨씬 더 자유롭고 급진적인 처방을 거칠게 내놓았다면 도전자가 쳐놓은 그물에 쉽게 걸려들었을 것입니다. 정말 예수님은 이 교묘하고도 사특한 도전에 어떻게 대응했습니까. 우리는 예수님의 응답에서 참으로 놀랍고, 감동적인 통찰력과 상상력, 말하자면 그의 인문학적 창발력을 만나게 됩니다.

자, 이제 예수님의 인문학적 통찰력이 어떻게 작동했는지를 주목해봅시다.

"그러면 내 이웃이 누구입니까"라는 도전적 질문을 받으시고, 짐작하건대 5~6초의 그 짧은 순간에 예수님은 놀라운 극작가적 상상력으로 3막의 드라마를 엮어내셨습니다. 다 아시는 대로, 1막에서는 강도떼들에게 걸려들어 죽도록 얻어맞고 옷을 빼앗긴 한 부유한(혹은 옷을 잘 차려입은) 유대인이 등장합니다. 당시 불안했던 사회상을 드러냅니다. 강도와 절도라는 범죄 행위가 만연한 사회상을 반영합니다. 곧이어 2막에서는 경건하게 행세하는 종교지도자 두 사람이 등장합니다. 그들의 가르침은 그들의 삶과는 정반대임을 폭로합니다. 그런데 이 드라마의 진짜 주인공은 3막에서 등장합니다. 정말 율법 교사와 그 주변의 청중들에게는 깜짝 놀랄 인물을 주인공으로 등장시킵니다. 그들이 평소 혐오해 왔던 이방인 중에서도 가장 저열한 잡종 불순분자로 인식된 사마리아 상인을 주인공으로 당당히 등장시킵니다. 그는 마땅히 악역으로 등장해야 할 인물인데, 극작가 예수는 그를 선한 주역으로, 감동적 영웅으로 등장시킵니다. 요즘 우리식으로 말하자면, 그는 종교적으로는 '이단'이요 사회정치적으로는 '종북좌파'로 낙인찍힐 불온 분자이기도 합니다.

여기서 우리가 주목할 것은 조역의 행동과 주인공 사마리아인의 행동 간의 '다름'입니다. 한 마디로 사마리아인의 행동 실천을 극작가 예수는 매우 자상하게 묘사하고, 그의 동고同苦적 실천을 자세히 부각시킵니다. 사마리아인은 피해자를 보고 그 아픔에 동고했습니다. 종교지도자들과는 달리 그에게 헌신적으로 접근했습니다. 상처에 올리브와 포도주를 부었지요. 상처를 싸맸습니다. 자기 짐승에 태웠지요. 그리고 여관으로 데려갔습니다. 거기서 그를 온종일 돌보았습니다. 다음 날 주인에게 치료비로 두 데나리온을 내놓습니다. 그리고 주인에게 비용이 더 들면 돌아온 후 다 갚겠다고 약속합니다. 사마리아인의 이 같은 철저한 돌봄과 총체적 치유가 바로 구원이요, 이것이 바로 샬롬이며, 이것이 바로 사랑의 효험이라고 극작가는 외친 셈이지요. 그의 주인공 묘사에는 '동사'들로만 가득 차 있습니다.

　그렇습니다. 사랑은 동사입니다. 결코 명사가 아닙니다. 사랑은 미사여구(레토릭)가 아닙니다. 그것은 뜨거운 결단이요, 신실한 실천입니다. 사랑은 결코 추상적 명상에 머물지 않습니다. 그것은 자기 비움의 몸부림입니다. 이 사마리아인이 착한 이유는 이와 같은 자기 비움 실천 때문이지요. 사실 그는 원래 일정을 모두 비웠습니다. 그는 그가 가진 것을 총체적 돌봄을 위해 아낌없이 내놓았습니다. 사랑은 그러한 나눔과 비움의 실천이기 때문에 감동의 파장을 불러일으키지요. 바로 그 파장으로 사람과 구조를 아름답게 '변화'시킵니다.

　이제, 소리 없는 피해자의 독백을 상상해 봄으로써 이 드라마의 감동을 함께 느껴봅시다.

　이것은 청중이 피해자의 입장에 서서 사마리아인의 사랑 실천이 준 충격을 상상해 보며 느끼게 되는 감동이기도 합니다. 청중인 우리가 피해자와 역지감지易地感之해 보는 일, 곧 이 드라마의 조역으로 참여해 보는 일이기도 합니다. 이것은 극작가의 의도를 뚜렷하게 드러내 보입니다. 무엇보다 다음과 같은 피해자의 소리 없는 독백에 귀 기울여 봅시다.

저는 오늘 이렇게 무참하게 '여리고 언덕에서 죽는구나!' 하고 절망하고 있을 때, 저기 사람 하나가 나타나는 것을 보았지요. 희망으로 제 가슴은 뛰기 시작했지요. 이분이 바로 제가 존경하는 우리 교단 지도자 목사님이어서 너무 기뻤습니다. 그런데 그 목사님은 다 죽어가는 저를 멀찍하게 훔쳐보시다가 놀라면서 재빨리 도망가듯 스쳐 지나가셨습니다. 저를 시체 보듯 했지요. 저는 너무 서러웠습니다. 평소 이웃 사랑을 그토록 역설하셨던 분이시기에 더욱 서러웠지요. 다시 절망에 빠졌습니다. 그런데 또 한 사람이 나타났습니다. 이제는 '나를 살려주시겠지' 하며 기대했어요. 마침 그분은 우리 교단의 부목사님이었습니다. 그분도 저를 곁눈질로 힐끔 쳐다보시더니, 재빨리 피해 달아났습니다. 이때 저는 종교인임이 부끄러웠습니다. 그들의 종교적 위선에 치를 떨게 되었습니다. '아, 이렇게 죽는구나!' 하고 탄식하고 있는데, 나귀 소리가 들려 왔습니다. 자세히 살펴보니, 쌍놈이요 잡놈인 사마리아 장사꾼이 나타났습니다. 내 가슴은 공포로 쿵쾅 뛰기 시작했지요. 틀림없이 저를 확인 사살할 놈으로 여겼기 때문이지요. 아니나 다를까, 그놈은 성직자들과 달리 제 곁으로 바짝 다가오는 것이었습니다. '다 죽어가는 내 목을 조르겠구나' 생각했지요. 그런데 그의 표정을 보니, 놀랍게도 따뜻했고, 특히 그의 눈빛은 선했습니다. 그는 짐에서 몽둥이나 칼이 아니라, 포도주와 올리브를 꺼냈습니다. 그것을 상처에 조용히 발라 주었습니다. 또한 붕대도 감아주었습니다. 그의 일거수일투족에 그에 대한 나의 편견은 허물어지기 시작했습니다. 그는 저를 자기 나귀에 태워 여관으로 데려가서 종일 보살펴 주었습니다. 그는 내 친구도, 내 친척도 아닙니다. 오히려 원수 같은 존재였지요. 그런데 다음 날, 그가 주인에게 모든 비용을 지불하면서 저를 돌보아 달라고 요청했습니다. 비용이 더 들면 나중에 꼭 갚겠다고 했지요. 그때 저는 그 사람이 잡놈 사마리아인이 아니라, 하나님의 천사라고 생각했지요. 아니, 그가 진정한 성직자로 여겨졌습니다. 아니, 그가 바로 하나님이라고 생각했습니다. 더욱 제가 놀랍게 깨달았던 것은 우리 유대인의 원수인 사마리아인이 우리보다 먼저 그의 원수를 사랑한다는 사실입니다. 참으로 부끄러웠습니다. 회당과 성전에서 그간 배운 모든 것이 한순간에 거꾸로 뒤집히는 듯했습니다. 아, 이럴 수가….

여러분, 피해자의 이 같은 독백에서 그의 놀라운 메타노이아metanoia의 고백을 들을 수 있습니까. 이 드라마를 보고 그 유대인 피해자가 원수의 선제적 원수 사랑 실천으로 감동 받아 새로운 존재로 일어서게 되었음을 깨달았습니까. 이 같은 전복적 가르침이 바로 예수의 인문학적 상상력에서 나온 것임을 깨달아야 합니다.

이제 이 드라마를 들려주신 후, 율법 교사에게 던진 예수의 질문과 권면에서 그의 독특한 교육법을 확인할 수 있습니다. 예수의 질문은 질문자의 질문과 사뭇 달랐습니다. "내 이웃이 누구냐"라고 물은 율법 교사에게 예수님은 이렇게 되물으셨지요.

"이 세 사람 중에, 누가 강도 만난 자의 이웃이 되어 주었느냐?"

율법 교사가 한 질문의 중심에는 사사로운 자기 이기심이 자리 잡고 있습니다. 나를 도와줄 나의 이웃이 누구냐를 물었지요. 그런데 예수님은 누가 억울한 고통을 겪는 이에게 동고同苦자가 되어 그를 돌보아 주었는가를 물었습니다. 공공적, 이타적 실천을 촉구하신 것입니다. 여기서 우리는 예수 복음의 공공성과 감동성 그리고 변혁성을 다시 확인하게 됩니다. 예수 복음은 악이 극성부리는 상황에서, 내 이웃을 찾는 데서 나오는 것이 아니라 선제적 원수 사랑 실천을 통해 악을 근원적으로 극복해내는 데서 나온다는 진리를 새삼 확인하게 됩니다. 이런 원수 사랑으로 평화를 만들어내는 자들이 바로 하나님의 딸과 아들이 되는 축복을 받게 된다는 소식이 바로 진정한 '복음' 아니겠습니까!

예수로부터 이 같은 질문을 받은 율법 교사는 꼼짝없이 정답을 말할 수밖에 없었습니다. 만일 그가 예수의 드라마 메시지에 화가 나서 짐짓 제사장이라고 대답했다면 그 많은 주위 청중들은 소란스럽게 비웃었을 것입니다. 여하튼 그는 자기 스스로 정답을 토해낼 수밖에 없었지요. 여기에 위대한 스승의 탁월한 페다고지pedagogy가 빛을 발하고 있지요. 이렇게 깨닫게 하신 뒤, 극작가 예수님은 다시 한번 "가서 그렇게 실천하시오"라고 따뜻하게 격려하셨습니다. 진리는 추상적 명상에서 나오지 않고, 실천에서 육화된다는 것을 다시 깨우쳐 주셨습니다. 신학과 철학은 지금까지는 세계를 해석하는 일에 정신을 쏟았으나, 이제부터는 사랑 실천으로 세계를 변혁시켜야 한다고 깨우쳤습니다. 이것이 예수님의 페다고지pedagogy입니다.

그렇다면 예수님의 이 비유가 이 시대 상황에서 우리에게 주는 메시지는 과연 무엇일까요?

세계 각처에서 못된 갑질로 인해 세계평화는 위태로워지고 있습니다. 그 어느 곳보다 중동지역과 한반도 지역이 더욱 위태로워지고 있습니다. 먼저 중동에서는 이스라엘의 갑들이 배타적 갑질에 더욱 볼썽사납게 나서고 있습니다. 2015년에 강경 보수자인 네타냐후 총리가 말썽 많은 국민 법안을 각의에서 통과시켰습니다. 유대 인종만이 이스라엘 국가 국민의 자격을 인정받는 배타적 비민주적 법안입니다. 샴마이Schammai 근본주의 세력의 부활을 보는 듯합니다. 예수님에게 내 이웃이 누구냐고 도전적으로 물었던 자들, 곧 비유대인들은 이스라엘 국민이 될 수 없고, 이스라엘의 이웃이 될 수 없음을 제도적으로 못 박고 싶은 율법 교사들이 지금 되살아나는 듯합니다. 이것은 분명 이스라엘 민주화의 후퇴이며, 그 지역 평화를 위태롭게 합니다. 1948년 유엔UN의 축복 하에 이스라엘 정부가 수립되었을 때, 그 독립선언에서 신생국 이스라엘은 인종과 계급과 성의 차별이 없는 다원적 민주국가임을 세계만방에 선포했습니다. 그런데 미국의 네오콘 갑들의 지원을 받으며 이스라엘 정부는 평화를 훼손하는 못된 갑질을 내지르고 있습니다. 앞으로 그곳의 사마리아인들, 곧 팔레스타인의 고통은 더욱 커질 것입니다.

저는 지금도 2007년 5월 23일, 그 청명했던 아침을 잊을 수 없습니다. 대한적십자 대표로 팔레스타인 제2 도시인 나블루스(옛날 세켐) 적십자사를 방문했습니다. 팔레스타인과 이스라엘 간의 인도주의 협정이 2005년 서울 총회에서 체결되었는데, 과연 그 협정이 제대로 이행되고 있는지를 팔레스타인 적십자 총재와 함께 모니터하기 위해서였습니다. 바로 그날 새벽에 팔레스타인 교육부 장관과 나블루스 시장이 이스라엘군에 의해 강제 체포 연행되었습니다. 그곳 적

십자 간부들은 침통한 가운데 우리를 따뜻하게 영접해 주었습니다. 오전 회의를 마치자, 저는 바로 수가성 우물가로 달려갔습니다. 이천 년 전, 금기의 땅에 과감하게 들어오셔서 바로 이 우물가에서 사회적으로 온갖 낙인이 찍혀 시달렸던 사마리아 여인과 깊은 소통의 대화를 파격적으로 나누었던 예수님의 흔적과 그의 영적 현존을 체험하고 싶었습니다. 예수님의 체온을 느끼고 싶었습니다. 아주 깊은 우물에서 찬물을 직접 퍼마시면서 온몸으로 전율을 느꼈습니다. 예수님께서 지금 이곳, 팔레스타인에 오신다면 유대 근본주의자들에 의해 체포 구금될 것이며 또다시 십자가 처형을 받게 될 것이라는 상념을 떨쳐 버릴 수 없었습니다. 그래서 전율했습니다. 그곳에 평화는 더욱 멀어지고 있어 억울한 고통과 눈물은 더욱 아프고 슬퍼질 것입니다.

그렇다면 오늘 한반도 상황에서 예수의 이 비유가 던져주는 메시지는 무엇이겠습니까?

우리가 어둡고 괴로웠던 36년의 일제 지배에서 벗어난 그 순간, 그것은 우리에게 민족해방과 광복의 순간이 결단코 아니었습니다. 식민지 시대보다 더 괴로운 분단 시대로 들어간 비극과 고통의 순간이었습니다. 너무나 억울하고 분한 순간이었습니다. 우리 민족은 제국주의 강대국의 갑질로 너무나 억울하고 허무하게 두 동강 난 뒤, 70여 년간 열전과 냉전을 거치면서 말할 수 없는 고통을 부당하게 겪었습니다. 가슴 치며 안타까워해야 할 비극의 분단이었습니다. 그런데 참으로 기가 막히게도 우리는 이런 분단 현실에 너무 익숙해진 탓인지, 이것을 정상적인 현실로 받아들이고 있습니다. 특히 분단이 고착되고, 남북 관계가 악화될수록 온갖 이득을 누리는 세력이 우리 사회와 국가와 시장에서 갑질하고 있다는 사실이 저를 분노로 지치게 합니다. 이것이 가장 가슴 아픈 '비정상의 정상'이라는 우리의 현 주소입니다.

이런 상황에서 냉전 근본주의 세력은 한국교회 안과 밖에서 그들의 갑질을 더욱 난폭하게 행사하고 있습니다. 스스로 '대한민국 애국세력'으로 자처하는 사람들은 이천 년 전 율법 교사의 그 음흉하고 사특한 질문을 거칠게 던지고 있습니다. 누가 그들의 대한민국의 이웃인가, 누가 이웃이 될 수 없는 불온한 국외자인가를 끈질기게 묻고 있습니다. 그들의 배타적 냉전 근본주의에 맞지 않는 시민들을 '종북좌파'로 낙인찍으며 저주를 퍼붓고 있습니다. 가장 슬픈 것은 이런 색깔론적 공세가 기독교 복음의 이름 아래 버젓이 터져 나오고 있다는 사실입니다. 그러기에 예수따르미들은 예수의 극작가적 통찰력에서 복음의 공공성과 감동성 그리고 변혁성을 새롭게 확인해야 합니다.

원수가 주릴 때 먹을 것을 주고, 목마를 때 마실 것을 주며, 헐벗었을 때 입을 것을 나눠주는 복음 실천이 한국기독교 안에서조차 '일탈'로 낙인찍히는 우리 현실이 안타깝습니다. 하기야 이천 년 전 예수님의 하나님 나라 운동도 당시 실증법에 의해 범죄 행위로 낙인찍혔고, 마침내 예수님은 십자가 극형으로 처형당했습니다. 바울도 복음 선포와 복음 실천으로 당시 실증법에 따라 참수형을 당했지요. 그러기에 우리 현실에서 복음 실천으로 부당한 처분을 받더라도 그것은 예수 그리스도와 사도들과 함께 겪는 고난입니다. 그래서 그것이 오히려 영광이 된다는 진실을 잊지 말아야 합니다. 예수의 우아한 패배, 바울의 여유 있는 죽음 맞이에 동참하는 기쁨과 영광이기 때문입니다. 선제적 원수 사랑 실천이 국가폭력으로 희생을 당한다고 하더라도 그것은 그리스도 고난에 참여하는 특권이라는 복음의 의미를 잊지 말아야 합니다(빌 1:29). 왜냐하면 부활의 영광이 확실히 기다리고 있기 때문입니다. 이 영광에는 옛날이나 지금이나 선정善丁, 곧 착한 꼴찌가 먼저 나아가게 될 것입니다. 그렇다면 갑들은 부활의 영광에 참여할 수 없다는 말일까요. 그렇지 않습니다. 일찍이 이사야 선지자는 하나님의 평화와 정의가 아름답게 세워지는 날의 모습을 이렇게 시로 읊었습니다.

> 이리와 어린양이 함께 풀을 먹으며
> 사자가 소처럼 여물을 먹으며
> 뱀이 흙을 먹이로 삼을 것이다.
> 나의 거룩한 산에서는
> 서로 해치거나 상하게 하는 일이
> 전혀 없을 것이다(사 65:25).

이사야의 시적 비전에서 우리가 오늘 뜨겁게 그리고 확실하게 확인하는 진실은 정글에서의 슈퍼 갑인 사자가 소처럼 여물을 먹을 때 그리고 두 번째 갑인 이리가 어린 양처럼 풀을 먹게 될 때, 바로 그때 참 평화와 공의가 비로소 물이 바다를 채우듯 우리 땅에 가득 차게 될 것이라는 진실입니다.

그렇습니다. 다른 약한 동물을 물어뜯어 피 흘리게 하며 잡아먹는 사자와 이리가 자기를 비워내고 지워서 을乙과 정丁 같은 동물의 풀을 함께 먹게 될 때, 비로소 하나님 나라의 새 질서가 우람하게 세워질 것입니다. 갑이 못된 갑질을 그만둘 뿐만 아니라, 을과 정의 풀을 먹으면서 갑의 체질을 완전히 바꿀 때, 창조주 하나님께서 대단히 좋다고 감탄하셨던 평화로운 창조의 원元 질서가 비로소 세워지는 것입니다. 여기에 갑과 을 그리고 정은 모두 부활의 영광과 새 창조 질서의 기쁨에 동참하게 될 것입니다. 분단 70년을 맞아 여러분과 이 꿈을 함께 꾸며 함께 나누고 싶습니다. 그리고 그 꿈을 이 비극의 땅, 한반도에서 살리면서 살고 싶습니다. 우리 모두 원수를 선제적으로 사랑하여 한국의 사마리아인이 되는 기쁨을 나누게 되길 바랍니다.

분단 70년, 한반도 평화
그리고 그리스도인의 사명

    분단 70년의 그 억울한 아픔을 이해하려면 먼저 일본 제국주의의 한반도 강점과 그 식민정책의 잔인함부터 알아야 합니다. 1905년 러일전쟁에서 승리한 일제는 미국의 묵인 아래 한반도를 식민지로 삼켰습니다. 동아시아에서 미국과 일본 두 제국이 각기 필리핀과 한반도를 나눠 삼키기로 한 것입니다. 최근 미·일 간의 새로운 경제적, 군사적 협력관계의 강화를 목도하면서 1905년 을사늑약과 1910년 한일병탄의 그 비극적 아픔을 새삼 통감하게 되었습니다. 한마디로 36년간 일제 통치는 우리 민족과 민중에게 총체적 고통을 안겨 주었습니다. 정치적 억압, 경제적 수탈, 문화 사회적 차별에 더하여 우리 언어를 박탈하고 이름을 지우려고 했으며 심지어 종교신앙의 자유까지 박탈하였습니다. 가히 총체적 탄압정책이었습니다.

    그러다가 1941년 12월 태평양전쟁을 일으킨 일제는 우리의 젊은 이들을 징용, 징발, 징병으로 몹시 괴롭혔습니다. 값싼 노동력으로, 일선에 총알받이로, 또 위안부로 끌려가서 그들이 갖은 고통을 겪게 하고 죽게도 했습니다. 1945년 8월 15일, 이른바 광복과 해방은 있었으나, 우리 민족과 민중의 고통은 결코 종식되지 않았습니다. 오히려 36년의 두 배 가까운 긴 기간, 민족은 너무나 억울하게 분단되었습니다. 그리고 그 분단의 필연적 결과로 6.25라는 동족상잔을 겪었습니다. 그 3년간 수백만 민족이 죽었습니다.

그런데 한국전쟁은 1953년 7월 일단 휴전되었으나, 열전 못지않은 피곤하고 괴로운 냉전이 지속되었습니다. 열전, 냉전이 70여 년간 지속되면서 분단 체제는 더욱 강화되었으며, 한반도 평화는 더욱더 멀어지게 되었습니다.

그런데 분단 체제를 지속, 강화하면서 각 체제 안에서 정치, 경제, 사회적 기득권을 누리며 강화시키는 세력이 등장했습니다. 이들은 한마디로 냉전 근본주의 세력입니다. 북에는 강경 군부 세력이 그러하고, 남에는 반공 친일 세력이 그러합니다. 하나는 극좌적 세력이요 다른 하나는 극우적 세력입니다. 이 두 세력은 공식적으로는 서로 주적으로 규정하여 서로를 초전박살 내려 하면서도, 결과적으로는 서로의 입지와 기득권을 강화하여 줍니다. 물론 의도적 결과는 아니지만, 결과적 공생임은 틀림없습니다. 우리는 이들 냉전 근본주의 세력 핵심에 기독교 근본주의가 자리 잡고 있음을 한시도 잊지 말아야 합니다. 그간 한국기독교가 복음의 공공성, 감동성, 변혁성을 잃을 수밖에 없었던 데는 바로 이 같은 분단 체제하에서 기득권의 꿀맛에 취해 있었기 때문이며, 또 지금도 취하고 있기 때문입니다.

우리가 지난 70년간 분단 체제에서 강고하게 형성된 이 같은 적대적 공생관계를 참다운 그리스도의 복음 능력으로 청산하지 못하면, 한국기독교는 세상의 소금과 빛의 역할을 감당해낼 수 없을 것입니다. 소금과 빛은 한결같이 공공적 변혁을 가져오는 감동적 동력이기에 이 동력을 상실한 한국교회를 보며 이제는 역설적으로 세상이 염려하기도 하고 비판하기도 합니다. 그러기에 분단 70년을 맞으며 단한 번도 우리 민족이 광복과 해방의 환희를 누리지 못했음을 뼈아프게 성찰하면서, 그리스도인들은 예수따르미로서 "평화만드미peace-maker"가 되는 일에 앞장서야 합니다. 분단 70년에 한국교회는 과연 그리스도인의 정체성이 무엇인지 진지하고 참담하게 스스로 물으면서 참회의 성찰을 해야 합니다.

오늘처럼 남북관계가 최악의 상태에 이르게 된 일차적 이유로 이명박·박근혜 두 보수 냉전 세력의 집권을 들 수 있습니다. 그러나 따지고 보면 군부 권위주의 시대 민주화에 앞장섰던 분들이 집권했는데도 한반도 평화는 제도적으로 활짝 꽃피지 못했음에도 주목해야 합니다. 왜 그랬는지 간단히 일별해보겠습니다.

1993년 2월 말 김영삼 정부가 출범했습니다. 초기에는 놀랄만한 국내 개혁조치가 이뤄졌습니다. 군사 권위주의 시대 불투명한 통치의 산실이요 상징이었던 안가(安全家屋)의 통쾌한 제거 작업, 군부 내 사조직의 해체, 금융실명제 실시, 고위공직자 재산공개 등으로 새로운 한국 창조의 모습을 일시 보여주었습니다. 그때 대통령의 지지도는 90%를 상회했습니다. 국민은 감동했습니다. 그런데 이런 국내 개혁이 좌초될 수밖에 없었던 가장 큰 이유는 문민정부 안에 한반도 평화를 일관성 있게 추진해 낼 주동 세력, 곧 평화 동력이 없었기 때문입니다. 대통령 취임사에는 그 동력이 감동적 울림을 주는 표현으로 선포되었으나, 대통령과 청와대가 그 정신을 현실 정책으로 실현해 내지 못했습니다. 이인모 노인 북송조치 같은 탈냉전적 결단을 내렸으나, 그때 북한의 잘못된 선택(NPT 탈퇴)으로 오히려 남북의 적대적 공생관계는 강화되고 말았습니다(저의 졸저『한반도는 아프다』를 참조해주시길). 그래서 문민정부는 5년 내내 핵 문제로 시달린 셈입니다.

김대중 대통령 시기에도 첫 2년간 적대적 공생관계는 지속되었습니다. 집권 과정에서부터 냉전 보수세력과 연합했기 때문입니다. 이른바 DJP 체제로서는 한반도 평화를 정착시킬 수 없었습니다. DJ 자신이 첫 2년간 이 한계를 뼈저리게 느꼈을 것입니다. 허나 그는 이 한계를 2000년 6월 정상회담으로 잠시 극복해냈습니다. 햇볕정책의 승리처럼 보였습니다. 국제사회도 남북 최초의 정상회담에 적극적으로 호응했습니다. 햇볕정책은 세계적 주목을 받게 되었고, 마침내 DJ는 그해 말 노벨평화상 수상이라는 영광을 얻게 됩니다. 6.15 공동선언에서 두 정상은 총론적 합의를 이뤄냈습니다. 특히 의미 있는 합의는 남쪽의 국가 연합제와 북쪽의 느슨한 연방제 간의 유사성에 주목하여 한반도 평화와 통일을 논의할 수 있는 길을 터놓았던 것입니다. 그런데 국민의 정부 5년간 유감스럽게도 남북 간의 이런 논의는 조금도 진전되지 못했습니다.

노무현 정부는 대체로 햇볕정책을 계승했으나, 국내 정치 언론계의 보수세력으로부터 끊임없이 심한 견제를 받게 되면서 한반도 평화 정착에 실효를 거두지 못했습니다. 다만 임기가 거의 끝나갈 무렵 2007년 10월 초, 남북정상회담을 성취시키면서 놀라운 정상 합의를 끌어냈습니다. 〈10.4 공동성명〉은 6.15선언의 총론을 각론으로 풀어냈습니다. 특별히 남북 간 경제협력의 구체적 안을 내놓았고, 무엇보다 한반도 휴전 체제를 종식시키고 평화 체제를 구축하는 일에 뜻 깊은 합의를 이룩했습니다. 제4항에 주목해 볼 필요가 있습니다. 여기서 북한 당국, 아니 최고지도부는 한국을 최초로 그리고 공식적으로 휴전 체제 세움에 있어 중요 축으로 인정했습니다. 그간 한국 정부는 휴전협정에 조인하지 않았다는 역사적 사실을 빌미 삼아 북 당국은 평화 체제 논의에 한국 정부를 일관되게 배제해 왔습니다. 이 같은 봉남封南(남한에 대한 봉쇄) 정책을 2000년 10월 4일 북은 공식적으로 포기한 셈입니다. 남북이 평화 체제에 다 같이 두 기둥이 되고, 여기에 미국과 중국이 참여하는 틀을 제시했습니다(그런데 흥미롭게도 10.4 선언에는 3자 혹은 4자 정상이 만난다는 표현이 나오는데, 3자인 경우 빠지는 나라는 중국일 것이 확실하다는 흥미로운 해석을 유발시킵니다).

참으로 부끄럽고 한탄스러운 것은 그다음 정권이 이 같은 정상회담 결과를 전적으로 무시했다는 사실입니다. MB정부는 처음부터 단호하게 6.15선언이나 10.4선언을 무시했습니다. 대신 대북정책으로 '비핵개방 3000'을 공식적으로 내놓았습니다. 그런데 북한 당국은 이 정책을 현실성도 없고 오히려 북의 자존심을 상하게 하는 것으로 인식했습니다. 무엇보다 북한은 이 같은 '선핵후경제' 입장을 수용하지 않았습니다. 핵 문제와 경제협력은 동시에 추진할 수 있다고 본 것입니다. 북한은 핵 문제를 북한의 문제로만 보아서는 안 되고, 1991년에 남북이 합의한 한반도비핵화공동선언 차원에서 봐야 한다고 주장합니다. 또한 한국이 북을 일방적으로 개방시키겠다는 정책 의지를 항상 의심의 눈초리로 대응해 왔습니다. 특히 체제흡수통일을 불신해 왔습니다. 그러니 먼저 북한 핵 문제를 해결하고 북한이 자본주의 시장체제로 개방되면 그때 비로소 북한 주민 1인당 3천 불 소득에 이르도록 도와주겠다는 남한의 주장을 북한 당국은 몹시 불쾌한 제의라며 거부했습니다.

이것보다 더 심각한 MB정권의 잘못된 판단은 북한 체제가 곧 붕괴할 것이라는 안일하고 성급한 판단이었습니다. 이것은 냉전 세력의 끈질긴 소망 사항이기도 합니다. 그래서 북이 곧 붕괴될 터이니 그날을 인내로 기다리는 것도 중요한 정책 선택이라고 우겼습니다. 오바마 정부도 이 권고에 충실히 따랐습니다. 하기야 미국 정부는 그간 중동분쟁과 이슬람 과격 세력을 다루는 일이 너무 벅차 북핵 문제를 다룰 여력이 없었습니다. 그러는 중 천안함 사건이 터지자 5.24조치와 금강산관광 중단조치로 남북관계는 지난 70년간 최악의 상황에 빠지고 말았습니다. 남북 간 냉전 불신은 더욱 악화되면서 적대적 공생관계는 오히려 강화되었습니다. 그만큼 한반도 평화는 더 멀어지게 되었습니다. 그리고 냉전 세력의 이념적 갑질은 더욱 기승을 부리게 되었습니다. 그러기에 MB정부는 한반도 평화에 가장 부정적인 영향을 끼친 정부가 되고 말았습니다.

박근혜 정부 출범 직후에는 MB정부와 달리 한반도 평화의 미풍이 불어오는 듯했습니다. 먼저 신뢰 프로세스를 정책 비전으로 내세웠습니다. 그런데 남북 간에 이미 실종되어버린 신뢰를 되찾으려면 양쪽이 진솔하고 치열한 자기반성을 토대로 한 역지사지易地思之(상대의 처지를 머리로 아는 것), 역지감지易地感之(상대의 처지를 가슴으로 아는 것)를 해내야 합니다. 상대방이 신뢰할 수 있는 발언과 제안을 상대방의 입장에서 면밀하게 검토한 후 정중하고 따뜻하게 내놓아야 합니다. 그런데 박 정부는 끝까지 평양 당국과 전혀 역지사지하지 못했습니다. 이를테면 6.15선언과 10.4선언 같은 정상 합의부터 실천하자는 북의 제안을 깡그리 무시했습니다. 대신 일방적 대책을 역지사지 없이 내놓았습니다. 드레스덴 연설이 그 본보기의 하나입니다. 북은 격앙했습니다. 드레스덴이라는 장소가 북 당국에 주는 이미지 문제를 전혀 고려하지 않았습니다.

박 정부 역시 MB와 마찬가지로 북한을 흡수할 저의를 별로 숨기지 않았습니다. 남북 간 불신이 고조되었을 때 박 정부는 뜬금없이 통일준비위원회를 발족시켰습니다. 이런 기구는 남북 당국이 머리를 맞대고 소통하면서 함께 만들어내야 신뢰가 쌓이는 법입니다. 그런데 이 위원회는 민간 측 책임자가 흡수통일을 논의하고 있다고 공식적으로 발설했습니다. 북 당국이 격앙할 것임은 삼척동자도 알 터인데 말입니다. 남북 간 불신은 하늘을 찌르는 듯합니다.

무엇보다 박 정부의 통일정책에는 '평화'가 없습니다. 평화 과정 없는 통일정책은 으레 상대방으로 하여금 흡수통일로 보도록 자극합니다. 한반도에는 무엇보다도 평화로운 교류 협력, 특히 경제교류 협력을 통한 민족 경제공동체 구상이 필요하고, 그 구상이 현실 합리적으로 추진되어야 합니다. 이것을 위해 10.4공동선언의 경제 항목들을 남북 실무자들이 진지하게 논의해야 할 필요가 있습니다. 그런데 그런 기회가 전혀 없었습니다. 한마디로 남북 간 냉전 불신, 대결은 MB 때보다 조금도 나아진 것이 없었습니다.

그렇다면 북한의 최근 상황은 어떠한가요?

김정은 체제는 이제 안정된 듯합니다. 그는 할아버지를 사상 강국으로 만든 분으로, 아버지를 군사 강국을 만든 지도자로 각각 부각시키면서 자기는 북한을 경제 대국으로 올려놓겠다고 다짐하는 듯합니다. 경제 강국을 세우기 위해서 무엇보다 전통적 국방비를 줄일 필요가 있습니다. 2012년 12월 인공위성(미사일) 발사에 성공한 뒤 2013년 2월 12일엔 3차 핵실험에 성공한 북한 정부는 이제 대미군사력 억제가 가능해졌다고 장담합니다. 김정은이 이렇게 장담하는 데는 경제 강국을 만드는 데 필요한 자원을 동원하려는 뜻이 있는 듯합니다. 핵무기 보유로 미국 공격에 대한 핵억지력을 확보했으니 이제는 경제개발에 총력을 기울일 수 있다고 주장합니다. 그래서 핵실험 바로 그다음 달에 노동당 중앙위전원회에서 공식적으로 '경제핵병진로선'을 채택했습니다. 그래서 군수공업을 민수공업으로 전환하고 상당한 군사 인력을 경제산업인력으로 전환하고 있습니다. 이 병진 노선에서 방점은 경제개발에 있습니다. 그것이 김정은 자신의 비전입니다. 이 점을 서울 정부는 깊이 있게 살펴야 합니다.

게다가 경제개발구법을 채택하여 수도 평양 이외 13개 직할시와 나아가 220개 시·군까지도 개발구를 확장하고 있습니다. 이를 위해 중앙에 국가경제개발총국을 신설했습니다. 무엇보다 놀라운 것은 2014년 1월에는 협동농장 개선 조치를 '분조장 전국대회'를 열어 선포했습니다. 여기에 김정은이 직접 참석했고 분조 단위가 원래 10명에서 25명인데 이것을 3~5명으로 축소하였습니다. 그리고 분조장 권한을 확대하여 생산성을 높이고 있습니다. 결국 한 가족 규모로 단위를 축소하여 생산성을 높이려 하고 있습니다. 이에 각 농민 가정마다 1m×10m 규모의 텃밭을 허용했는데, 이 텃밭의 생산량은 집단농장의 생산량보다 엄청나게 증가하였다고 합니다. 그리고 실제로 김일성 농법은 조용히 사라진 것 같습니다.

이 같은 경제개발 조치에 따라 최근 북한을 다녀온 사람들은 현격한 삶의 변화를 보게 된다고 합니다. 아파트 신축공사가 활발해지고, 평양에서 영업용택시가 증가하고 있다고 합니다. 휴대폰을 사용하는 평양 주민이 크게 늘고 있습니다. 외국인들에게 전자결제를 허용한다고 합니다. 주민들의 구매력이 증가하여 해외노동자들의 송금도 옛날에 상상할 수 없을 정도로 많이 들어온다고 합니다. 이런 추세 속에서 식량난은 점차 해소되고 있는 것 같습니다. 1년에 곡물이 모두 503만 톤에 이르게 되어(작년) 40만 톤 정도가 부족하다고 합니다. 무엇보다 희소 자원이 앞으로 경제개발에 필요한 주요 요소가 될 것입니다. 특히 세계적 수요가 엄청난 희토류의 질과 양은 세계 최고라고 합니다. 추정 가치가 무려 6경 8천조 원에 이른다고 하니 상상하기조차 힘듭니다.

최근 중국 의존도는 다소 낮아지는 듯합니다. 대러 관계는 더욱 강화되는 듯합니다. 구소련 차관 부채 110억 불은 탕감받았습니다. 연해주에서 북러 경제협력은 강화되고 있습니다. 건설자재, 석유제품, 가공류가 반입되고 있습니다. 북·러 간 철도(3,700km)의 현대화 사업에도 258억 불이 투자될 모양입니다.

이런 상황에서 만일 우리 정부가 이른바 '유라시아 이니셔티브'를 북·러 간의 연해주 공동개발과 연동할 수 있다면 한반도 평화와 번영은 더 알차게 펼쳐질 수 있을 것입니다. 만일 남북이 한반도 횡단철도(TKR)와 시베리아 횡단 철도(TSR)를 연결한다면 남북관계 개선뿐 아니라 우리 민족의 창발력을 대륙으로 뻗어나가게 할 수도 있을 것입니다.

지금 한반도 주변은 불안하고 급격하게 요동치고 있습니다. 4월 말 미·일 간의 군사협력 관계가 크게 강화되면서 일본은 보통 국가

지위를 확보하게 되었고, 한반도 유사시 미국의 요청에 따라(우리는 전시작전권이 없으니) 한반도에 일본 자위대가 진출할 길이 열리게 될 가능성도 있겠습니다. 그리고 미·일이 공조하여 앞으로 경제적으로나 군사적으로 G2인 중국을 견제 포위하려 할 것입니다. 이런 상황에서도 우리 정부의 자주적 외교력은 도무지 보이지 않습니다. 우리의 경제력과 문화창조력에 값하는 외교력이 부재합니다. 아예 외교력을 포기한 듯합니다. 이제 우리는 미국에 대해서도 '예'와 '아니오'를 분명히 할 수 있는 자주적 외교력을 펼쳐야 합니다. 군사주권을 미국에 넘긴 우리의 현실에 부끄러워하지 않고 오히려 희희낙락하는 사람들이 적지 않은데, 그중에 한국 기독교인들이 두드러지게 많은 것 같아 부끄럽기 짝이 없습니다. 도대체 국방 주권을 아웃소싱하는 나라가 당연한 민주국가일 수 있는가를 깨달아야 합니다. 분단 고착과 남북관계 악화에서 온갖 이득을 얻는 냉전 세력들이 교회 안팎에서 한반도 평화를 위태롭게 하는 냉전 시대의 3각 동맹을 강력히 지지하는 것 같습니다. 노태우 대통령이 이미 극복하려고 했던 냉전 3각 동맹 체제가 지금 불길하게 다시 등장하고 있어 심히 염려됩니다.

이런 카이로스 때에 한국교회는 예언자가 외쳤던 평화의 복음을 널리 펴야 합니다. 예수의 하나님 나라 운동은 하나님의 공의와 평화가 지배하는 질서를 성령의 힘으로 세우는 운동입니다. 산 위에서 예수님께서 힘주어 깨우쳐 주신 복음에는 원수 사랑으로 평화를 만들어 하나님의 자녀가 되는 축복을 받으라는 명령이 참으로 중요합니다. 이웃 사랑은 황금률적 윤리 실천으로 이뤄질 수 있습니다. 하나님 나라 세움은 원수 사랑으로 원수와 우리 속의 악을 모두 한꺼번에 사라지게 할 때 비로소 가능해집니다. 원수 사랑만이 원수의 악을 이겨내게 하며 우리 속의 악도 따라서 이겨낼 수 있게 합니다. 그런데 원수를 폭력으로 이기려 할수록 원수의 폭력을 강화시켜 마침내 서로 공멸에 이르게 합니다. 그러므로 원수 사랑만이 악을 이길 수 있는 참 복음의 힘입니다. 이것이 바로 주리는 원수에게 먹을 것을 줌으로써 원수의 머리 위에 숯불을 얹는 발선發善의 효험입니다. 원수와의 폭력 키우기 겨룸은 발악發惡을 강화시켜 공멸에 이르게 할 뿐입니다. 이 같은 발악의 악순환을 근원적으로 끊어내는 힘은 바로 원수를 '선제적으로' 사랑하는 일입니다. 선한 사마리아 비유를 통해 예수께서 깨우쳐 주신 진리가 바로 그것입니다. 원수인 유대인을 사마리아만이 선제적으로 사랑했습니다. 그래서 우리가 영생과 구원에 이를 수 있음을 예수님은 가르쳐 주신 것입니다.

바로 이 선제적 원수 사랑을 분단 70주년을 맞는 올해 우리 예수 따르미들이 먼저 모범적으로 실천해야 합니다. 그러면 샬롬의 새 질서가 한반도에 우람하게 세워지게 될 것입니다. 억울하게 70년 동안 분단 질곡 속에 살아온 한국 크리스천에게 이 같은 원수 사랑과 평화 세우기야말로 절대절명의 복음적 사명이요 역사적 명령입니다. 이 실천에서 모든 민족 구성원들이 예수 복음의 공공적 감동과 그 변혁의 기쁨을 누릴 수 있게 될 것입니다.

| 3부 |

예수운동,
장벽 허물기 그리고 복음

여성 없는 교회가 예수의 몸인가
예수님과 여성 간의 파격적인 관계
한가운데 서서, 손을 펴시오
신인神人 장벽, 생사生死 장벽 허물기 ─ 복음의 진수

여성 없는 교회가
예수의 몸인가

주님 안에서 우리는 하나요 모두 평등하다고 합니다. 교회공동체 안에는 남녀 간의 차별이 없다고는 하겠지만 아직도 성性 분업에 관한 한, 교회공동체 안에서 마리아보다 마르다가 더 많은 것 같습니다. 여성 스스로가 마리아의 역할보다 마르다의 역할을 더 편한 것으로 여기는 듯합니다. 물론 제 판단이 틀렸기를 바랍니다.

예수님께서 그의 짧은 역사적 삶 속에서 이룩하시려 했던 하나님 나라의 평등한 모습과 초대교회의 예수운동 속에 여성의 두드러진 헌신의 모습에 주목해 볼 필요가 있습니다. 우리가 바로 이러한 예수운동의 공동체를 지향해야 한다면 더더구나 예수의 제자 중 거의 잊히다시피 한 여성 제자들의 그 헌신, 그 충성심, 그 믿음, 그 용기를 오늘 우리의 상황에서 되돌아보고, 기억하고 기념해야 할 것입니다.

그리하여 우리의 삶을 그녀들의 모범적 삶에 조응해야 할 것입니다.

먼저 예수의 하나님 나라는 어떤 것이었을까요. 처음 예수께서는 세례요한의 문하생이었습니다. 세례요한의 묵시 종말론적 희망을 지녔습니다. 역사 밖에서 무서운 심판 주로서 역사 안으로 개입해 들어오시어 선과 악을 구별하고, 악을 징벌하시는 종말론적 신앙을 품었던 것 같습니다. 그런데 세례요한은 무참히 정치적 순교를 당했습니다. 그런데 그때 묵시 종말론적 신의 개입은 없었습니다. 예수께서는 이때부터 당신의 하나님 나라를 선포하시기 시작했습니다. 그것은 역사 밖에서 역사 안으로 개입하시는 극적인 초자연적인 사건이 아니라 우리 속에 이미 누룩처럼 조용히 그러나 확실히 우리를 변화시키는 공동체 내적 사건이었습니다. 이 사건으로 계급의 벽, 지역의 벽, 인종의 벽, 성性의 벽은 무너지기 시작했습니다. 조용히 그러나 착실히 하나님의 평등공동체가 이뤄지기 시작한 것이지요.

어떻게 말입니까?
첫째는 활짝 열린 식탁공동체를 펼쳤습니다. 당시나 지금이나 대체로 식탁은 그 사회의 기존계급의 틀을 크게 벗어나지 않습니다. 일류 고급호텔의 프랑스 식당에는 상류계급의 사람들이 식탁에 둘러앉게 됩니다. 그런가 하면 허름한 시장바닥의 해장국집 식탁 주변에는 주로 노동자들이 모여들게 마련이지요. 예수님 당시 식탁은 단순한 밥상이 아니었습니다. 그것은 당시 사회계급의 축소판이었습니다. 상류계급은 그들대로 따로 식탁에서 만났고, 하층민들은 하층민 밥상에서 서로 대면했습니다. 밥상 간의 차이와 차별은 엄격했고, 철저하게 제도화되었습니다. 마치 1950년대 미국 남부에서 흑인들이 화장실이나 식당을 자유롭게 선택할 수 없었던 것과 마찬가지입니다.

이런 계급적 제약 속에서 예수님은 밥상공동체를 모두를 위해 활짝 여셨습니다. 양반도, 상놈도, 주인도, 노예도, 이방인도, 유대인도, 남자도, 여자도 그 누구나 예수의 초청 대상이었습니다. 그러기에 예수의 초청은 파격적이었고, 예수의 부르심은 가히 혁명적이었습니다. 계급의 벽을 단단히 세워야만 기득권을 누릴 수 있다고 믿었던 당시 상류층 사람들은 이 같은 예수의 파격적 밥상공동체운동을 달가워할 수 없었지요. 그래서 점잖은 상류층 종교지도자들은 예수님을 세례요한과 비교하면서 먹기를 탐하고 포도주를 즐긴다고 비난했지요(마 11:18-19). 예수님의 뜻은 분명했습니다. 술에 취하거나 밥을 실컷 먹는 것이 목적이 아니라 식탁이 강요했던 부당한 계급적 차별을 무너뜨리는 것이었습니다. 식탁이 인간 위에 군림하는 잘못된 제도와 관행을 깨뜨리고, 사람이 주인이 되는 새 하늘, 새 땅을 이룩하려는 것이었습니다. 식탁 둘레에는 남과 여, 주인과 종, 유대인과 이방인들이 차별 없이 둘러앉아 사랑과 우애, 평화와 환희의 담소를 하면서 음식을 즐길 수 있어야 합니다. 먹고 마시는 것, 이것은 가장 원초적인 인간 행위입니다. 이 같은 원초적 차원에서부터 존엄한 평등은 보장되어야 사회 전반이 올곧게 공동체로 나아갈 수 있습니다. 그러기에 예수밥상운동은 단순한 먹자 운동이 아니었습니다. 하나님의 사랑과 평등이 뜨겁게 이뤄지는 평등 공동체, 사랑 공동체 운동이었습니다. 바로 이런 뜻에서 예수님의 잔치 비유도 이해해야 합니다. 하나님 나라를 잔치로 비유하셨는데, 그 중심 뜻은 세상의 온갖 변두리 인간들, 잡스러운 존재들, 경멸받았던 사람들, 지극히 작은 자들, 이를테면 이방인, 과부, 고아, 나그네, 가난한 자들, 장애인들, 병자들, 왕따 당한 사람들, 뿌리 뽑힌 존재들, 핍박받는 자들, 바로 이 같은 인간들이 진정한 주인 노릇을 하는 마당이 바로 예수의 하나님 나라입니다.

둘째로 예수님은 가난하여 치료비를 댈 수 없는 절망의 환자들, 몸도 병들고 정신적으로 저주를 받았던 환자들을 낫게 하셨습니다. 몸만 아픈 것이 아니라 마음도 아픈 사람들, 한 몸만 아플 뿐만 아니라 사회적으로도 정죄 받았던 병자들을 고쳐 셨습니다. 몸의 고통에서 벗어나게 해주셨을 뿐만 아니라 사회·종교적 저주로부터도 해방시켜 주셨습니다. 그러기에 주님은 중환자를 고쳐주시면서 "구원하였다"라고 선포하셨습니다. 지금도 다소 그러하지만, 예수 당시에는 종교적으로 불결한 사람들, 특히 가난한 사람들이 중병에 걸리면 초조하게 죽음의 순간을 기다릴 수밖에 없었습니다. 절망 속에서 몸과 마음의 아픔을 더욱 아프게 느낄 수밖에 없었습니다. 돈이 없고 종교적으로 불순하여 도무지 의사로부터 치료를 받을 수가 없었습니다. 예수님은 이러한 절망의 존재들에게 나음의 희망을 안겨주셨지요. 총체적인 나음을 무상으로 선사하셨습니다. 이것이 예수님의 치유공동체였습니다. 이것은 흐뭇한 평등공동체이기도 했습니다.

역사적 예수의 이 같은 하나님 나라를 그의 제자들도 계속 세워보려고 힘썼습니다. 예수께서 부활·승천하셨다고 믿었던 그의 제자들의 공동체에서는 적어도 초기에는 평등한 하나님 공동체의 모습이 남아있었던 것 같습니다. 그 구체적 증거가 여성 제자들의 활약, 그들의 역할과 지도력이 뚜렷이 남아있었기 때문입니다. 이때만 하더라도 모두가 교회의 중요 직분과 권위에 대한 동등한 접근equal access

을 누렸던 것 같습니다. 이 같은 상황에서는 중요한 직분은 누구나 가질 수 있다는 뜻에서 환치성interchangeability이 보장되었습니다. 이 같은 평등성은 아득한 2천 년 전 초기의 기독교에서는 어느 정도 보장되었습니다.

그런데 교회 규모가 커지고, 당시 로마 희랍적 제도의 영향을 받게 되어 가정교회가 국가 교회로 커지면서 예수님의 하나님 나라 비전은 희미하게 되어갑니다. 구체적으로 여성의 역할과 지도력이 제약받기 시작했습니다. 여성 지도자들이 점차 사라지게 된 셈이지요. 정확히 말하자면 여성의 수는 증가했지만, 여성의 지도력은 사라지게 되었지요. 안에서는 가부장적 위계질서가 들어서게 된 것입니다. 이같이 바람직하지 않은 새로운 흐름, 반反예수적 흐름은 목회서신이 통용되면서 더욱 굳어지게 되었습니다. 본문의 말씀은 이 같은 흐름을 뚜렷하게 반영합니다. 여자는 있어도 없는 듯해야 합니다. 그저 조용해야만 합니다. 여자가 부지런히 활용할 신체 부분은 입과 머리가 아니라 손과 발이었습니다. 마리아의 머리와 입은 아주 불필요한 것, 심지어 불경한 것으로 여겨졌습니다. 그러기에 교회 감독은 남자들 또는 남편들의 전유물이었습니다. 여성 감독이라니, 그것은 모독처럼 여겨졌습니다.

반反예수적 흐름이 목회 서신들에 뚜렷하게 나타나고, 초대교회 안에서 여성들에게 종교적 재갈을 물리고 있을 때 기쁜 소식을 전하려는 사람들이 있었습니다. 그것은 복음서 기자들이었습니다. 바울의 이름을 빌려 편지를 썼던 목회서신 기자들이 교회 안의 가부장적 규범을 강조했을 때, 거의 같은 시기에 쓴 요한복음은 가부장적 규범 대신 사랑과 봉사의 가치를 강조했습니다. 골로새 서신과 비슷한 시기에 쓴 마가복음은 여성 제자들의 놀라운 역할과 지도력을 은근히 부각시키고 있습니다. 지금은 마가복음에만 주목해봅시다.

본문(막 14:9)은 예수님을 영광의 메시아, 세속적 승리자 메시아로 착각하여 추종했던 남성 제자들의 어리석은 모습을 보여주면서 이들과 퍽 대조적인 여성 예수따르미의 감동적인 모습을 부각시킵니다. 당시 남성 제자들은 거의 예외 없이 예수님을 세속적 영광을 안겨다 줄 인물로 우러러보았습니다. 좋게 말하자면 로마의 압제에서 이스라엘 민족을 해방시킬 정치혁명가, 민족해방자로 보았습니다. 예수께서 승리자가 되어 왕과 같은 높은 자리에 올라서게 되면 좌편·우편의 자리 하나쯤은 얻어보겠다는 탐욕으로 예수를 열렬히 따랐습니다. 바로 이런 남성들의 천박했던 모습을 마가복음이 폭로합니다. 남성들은 고난의 종 메시아, 십자가에 허무하게 처형당할 메시아를 도무지 이해할 수 없었습니다. 마치 미국 대통령 취임식 때 신임 대통령과 함께 당당하게 펜실베이니아 거리를 활보하고 싶은 출세욕으로 가득 찼던 제자들이었습니다.

그런데 말입니다. 이들의 세속적 탐욕이 산산이 부서지게 되자, 그들은 한결같이 비겁한 모습을 나타내 보입니다. 예수를 결단코 모른다고 부인했습니다. 예수를 비겁하게 배신했습니다. 어떤 남자는 결사적으로 도망치다 보니까 옷이 홀랑 벗겨져 알몸으로 달아난 것도 제대로 몰랐던 것 같습니다. 너무 다급하고, 너무 겁에 질려 체면 불고하고 스트리킹한 셈이지요. 이것은 비극이기도 하고 희극이기도 합니다. 결국 한마디로 말씀드리자면 남성 제자들은 가짜 제자처럼 비겁하게 행동했지요.

그런데 여성은 어떠했습니까? 먼저 이름 없는 한 여성을 봅시다

(막 14:9). 공관복음은 모두 이 여성을 이름 없는 천한 여성으로 출현시키고 있으며 오로지 요한복음만 이 여성을 막달라 마리아라고 적고 있습니다. 누가와 요한은 이 여인이 당시 관례에 따라 값진 향유를 예수의 발에 부었다고 증거하고 있는데, 마가와 마태는 예수의 머리에 부었다고 했습니다. 어느 증언이 더 사실에 가까울까요. 관례에 따른 행위일까요. 아니면 관례를 깨는 파격적인 여성의 행위일까요. 예수님의 행위가 대체로 관례의 수준을 뛰어넘는 파격성을 지닌 행위라는 점에 주목한다면 이 여인이 예수의 머리에 향유를 부었을 것 같습니다(이점에 관한 역사적 예수 세미나 신학자들의 견해는 다릅니다). 그렇다면 이 행위의 뜻은 무엇일까요?

도무지 여성으로서 해서는 안 될 엄청난 짓을 한 것이지요. 지도자의 머리에 기름을 붓는 행위는 제관식 행사의 백미입니다. 왕이 될 때 대제사장이 그의 머리에 기름을 붓습니다. 그 예식으로 왕이 탄생하는 법입니다. 가장 신성한 직분을 지닌 남성 대제사장만이 이 예식을 집행할 자격을 갖습니다. 마치 부시대통령 취임 선서는 미국 대법원장만이 받을 수 있듯이 말입니다. 그런데 부시대통령 취임 선서를 워싱턴 사창가의 흑인 여성 하나가 뛰어 올라와 렝키스트 대법원장을 밀쳐내고 받아낸다고 상상해 보십시오. 이런 일이 가당한 일이겠습니까. 정말 천지가 뒤집힐 노릇 아니겠습니까!

그런데 이 무명의 창녀가 예수님의 거룩한 머리에 자기 몸을 팔아 평생 모은 전 재산인 향유를 아낌없이 부었습니다. 왜 그랬을까요? 남성 제자들은 더러운 세속적 탐욕을 지닌 체 스승을 따랐으나, 이 여성만은 예수님을 고난의 종 메시아로, 십자가에 무참하게 처형될 메시아로 알아보았기 때문입니다. 이 여성의 통찰력과 혜안을 어느 남성 제자들도 갖고 있지 않았습니다. 수제자인 베드로를 비롯하여 남성들은 모조리 작은 탐욕에 눈이 어두워졌기에 고난의 종 메시아의 정체를 꿰뚫어 보지 못했습니다. 다만 이 버림받은 쓰레기 같은 여성, 한때 경멸받았던 여성 따르미만이 예수님을 알아보았지요.

그래도 예수님은 이런 한심한 남성 제자들과 함께 최후의 만찬을 가졌습니다. 바로 그 자리에서 배신자는 밤에 나가버립니다. 예수님에게 이 최후는 답답하고 아픈 순간이었을 것입니다. 그런데 제자들은 이 만찬의 뜻조차 이해하지 못했습니다. 우둔한 남성 제자들에 견주어 이름 없는 한 여성의 행위는 예수님을 감동시켰습니다. 그래서 주님은 이렇게 장엄하게 당부하셨습니다.

> 내가 진실로 너희에게 이르노니 온 천하에 어디서든지 복음이 전파되는 곳에는 이 여자의 행한 일도 말하여 저를 기념하리라

주님께서 어떤 남성 제자의 행위를 보고 감동하시어 그것을 기념하라고도 분부하신 일이 있습니까? 없었습니다.

마가복음의 또 다른 한 절에 주목합시다(15:41). 여기에는 예수의 공생애를 줄곧 함께했던 여인들의 이름이 나옵니다. 갈릴리에서 시작하여 골고다 언덕까지 온갖 외로움과 괴로움을 예수와 함께 나누면서 동행했던 여인들의 이름은 이러합니다. 막달라 마리아, 작은 야고보와 요셉의 어머니 마리아, 살로메입니다. 이 네 이름은 베드로, 요한, 안드레, 예수의 동생 야고보의 이름에 가리어 역사의 햇볕을 제대로 받지 못했으나, 이 여인들은 참으로 충성스러운 예수의 참 제자들이었습니다.

첫째, 이들은 갈릴리부터 예수를 따랐던 여인들이었습니다. 여기 따른다는 희랍어 동사는 akolouthein인데, 이것은 고난의 길을 따른다, 또는 십자가를 지면서까지 따른다는 뜻으로 볼 수 있습니다. 남성들처럼 출세하기 위해 따른 것이 아닙니다. 번쩍이는 왕관을 보고 따른 것도 아닙니다.

둘째, 그들은 예수를 섬겼습니다. 여기 섬긴다는 동사는 dia-konein인데, 스스로 종으로 자기를 낮추고 스승을 올리시며 섬긴다는 뜻입니다. 영어로 이 단어를 minister로 표현한 것도 뜻이 깊습니다. 목사와 장관을 minister라고 부릅니다. 그러니까 목사나 장관은 섬기는 자로서 같은 뜻입니다. 이 여인들은 예수님의 해방적 사역을 뒷바라지하면서 주님을 섬겼습니다. 그런데 남성 제자들은 누가 더 높은 자리를 차지할까를 놓고 예루살렘으로 향해 가는 길가에서도 다투었습니다. 이때 주님은 얼마나 외로웠을까요. 예수님의 그 처절하고 쓸쓸했던 심정을 여인들은 역지사지했던 것 같습니다.

셋째로 여인들은 마침내 예루살렘까지 예수님과 동행하며 올라왔습니다. 동행한다는 동사는 synanabainein인데, 이것은 고난의 길에 동행한다는 뜻과 예수의 처형과 그의 죽음의 증인으로 산다는 뜻을 포함하고 있습니다. 예수의 처절한 죽음의 증인이라는 뜻이기도 하지요. 예수 고난과 죽음의 역사적 증인으로 살았다는 것이지요. 억울하게 죽어간 사람들의 증인이 된다는 것은 참으로 어려운 일이지만, 그만큼 값진 삶이지요. 남성들은 다 어디 갔을까요? 남성들은 예수를 부인하고, 배반하고, 그로부터 도망가기에 바빴습니다. 그러기에 고난의 현장에 남성 알리바이는 저를 포함하여 모든 남성을 부끄럽게 합니다. 그만큼 여성들이 우러러 보입니다.

초대교회가 가정교회에서 로마제국의 국가 교회로 거대화되고 조직화하면서 가부장 제도가 뿌리내리게 됩니다. 이 과정에서 비겁하고 비열했으며 비전이 없었던 남성 제자들이 교회의 중요 직분을 독점하게 됩니다. 그 과정에서 여성을 침묵시키고, 여성을 교회 주요 직분에서 축출해냅니다. 이 같은 일은 거의 2천 년 전에 시작하여 오늘에까지 이르고 있으니 그 얼마나 장구한 세월 동안 여성이 교회 안에서 잊힌 존재로 살아왔는지 대번에 알 수 있습니다.

특히 사제 직분이 공고화되고 절대화되면서 여성은 변두리로 쫓겨났습니다. 변두리로 밀려났으되, 교회를 몸으로 섬기는 일은 더욱 열심히 하도록 가르침을 받아왔습니다. 그래서 지금도 교회는 마르다로 다수를 이루고 있습니다. 예수님의 당부는 공허한 메아리만을 남기고 있습니다. 대신 사제들과 성직자들을 기념하라고 하는 명령은 지엄한 듯합니다. 이것이 오늘 한국교회와 세계교회의 현주소라 해도 지나침이 없겠습니다. 2천 년간 세계교회들이 잘못했던 가부장적 지배체제를 고쳐나가는 일로 이어져야 합니다. 특히 기독교의 가부장제가 한국의 유교적 가부장제와 짝하여 낳게 된 한국교회의 반反복음적 관행을 타파하는 길로 나아가야 합니다.

더욱 중요한 일은 남녀 가릴 것 없이 하나님 나라를 오늘 여기서 펼쳐내기 위해 서로가 서로에게 꼴찌 되기를 결단하고, 무명의 여성처럼 서로의 머리에 자기 향유를 붓는 일에 그리고 섬기는 일에 서로가 앞장서야 할 것입니다. 바로 그러한 결단에서 비로소 하나님 나라는 싹트기 시작할 것입니다. 그리하여 앞으로 우리 공동체 안에서 기념해야 할 일들이 끊임없이 이어져 나오길 희망합니다.

예수님과 여성 간의
파격적인 관계

지금 한국교회의 양적 성장은 멈춘 것 같습니다. 또한 영적 성장도 함께 멈춘 듯합니다. 종교를 갖고 싶은 한국인들이 기독교를 믿고 싶은 것 같지 않습니다. 기독교를 선택하려는 비율이 타 종교에 비해 현저하게 낮습니다. 이것은 오늘 한국교회가 심각하게 병들고 있다는 증거이기도 합니다. 큰 교회 가운데 교주 노릇 하고 싶은 목회자들이 적지 않습니다. 그들의 횡포와 비리가 매스컴을 통해 널리 전해지고 있습니다. 전에 MBC 방송사를 점령했던 한 교회의 폭거를 보면서 참으로 부끄러웠습니다. 크리스천들은 마땅히 자기반성을 해야 합니다. 대체로 교주敎主 같은 목회자는 교인들에게 철저한 복종을 강요합니다. 또한 총체적 헌신을 강요합니다. 시간, 돈, 몸, 영혼 모두를 기꺼이 바칠 것을 복음의 이름 아래 요구합니다. 스스로 하나님의 대행자로 자처하면서 양 떼들에게 절대 순종을 믿음의 미덕이라고 가르칩니다. 특히 여성 신도들에게 순종을 강요하면서 성서를 인용합니다. "여자는 일체 순종함으로 조용히 배우라"(딤전 2:11). 여자는 잠잠해야 하고 조용히 해야 하며 교주가 옷을 벗으라면 벗을 수 있어야만 믿음의 높은 경지에 올라갈 수 있다는 것입니다.

과연 예수님께서 그렇게 가르치셨습니까? 예수님은 여성들을 어떻게 대했습니까! 우리는 지난 2천 년 동안 사회와 교회 안에 뿌리 깊이 내린 가부장적家父長的 문화와 구조로 인해 박제화된 예수 모습만 알고 있는 것이 아닐까요?

먼저 여성을 차별하고 경멸했던 예수 당시의 관행들을 잠시 살펴보기로 합시다. 여성의 열등성(곧, 남성의 우월성)을 지배이념으로 활용했던 일세기 당시 유대 사회의 관행들을 살펴보는 것은 예수님의 놀라운 가르침을 이해하는 데 도움이 됩니다. 먼저 종교적 여성 차별의 관행부터 잠시 살펴보기로 하겠습니다. 무엇보다도 여성은 종교적으로 불결하고impure 거룩하지 못한unholy 존재로 취급되었습니다. 예수님 당시 철저하게 지켜졌던 정결 체계purity system에 의하면 여성은 차별받아 마땅한 불결한 존재로 인식되었습니다. 결혼 후 남자아이를 낳지 못하면 마치 하나님의 벌을 받은 것처럼 인식되기도 했습니다. 그리고 공적으로 수치스러운 일로 여겨졌습니다. 세례요한을 낳은 할머니 엘리사벳은 기적적으로 수태하게 되자 이렇게 고백했습니다. "주께서 나를 돌보시는 날에 사람들에게 당하는 나의 치욕을 씻어 주셨다"(눅 1:25). 공적인 수치심이 얼마나 심각했기에 이 같은 고백을 했겠습니까. 엘리사벳 할머니가 그 긴 세월 겪은 사회적 모멸과 치욕은 남아를 낳지 못했던 모든 여성이 겪은 아픔이기도 했습니다.

남아를 낳으면 40일간 청결례清潔禮를 치러야 합니다. 그런데 여아를 낳게 되면 80일간을 치러야 했습니다. 여아가 남아보다 두 배나 더 불결하다는 말이 아니겠습니까. 이는 엄청난 차별이 아닙니까. 아기에게 무슨 짓입니까. 이처럼 날 때부터 성차별을 받아야 했던 존재가 바로 여성들입니다. 회당에서 매번 예배드릴 때 다음과 같이 읊조리는 기도문이 있었습니다. "주님, 나로 하여금 여자로 태어나지 않게 하신 당신이야말로 축복받으소서." 게다가 회당 안에는 여성 코너가 따로 마련되어 있었습니다. 기도회의 정족수가 10명이라면 여기에 여성의 수는 아예 참고조차 하지 않았습니다. 여성이 기도회에 아무리 많이 참석했어도 남자 10명이 모이지 않으면 기도회가 성립될 수 없었다는 뜻이지요. 여성은 회당 안에서 존재하지 않은 존재non-entity였으니까요.

그뿐이겠습니까. 여성은 토라Torah를 가르칠 수도 없고, 배워서도 안 됐지요. 누구든지 자기 딸에게 토라를 가르친다면, 그것은 자기 딸에게 호색好色과 음행을 가르치는 것과 같은 것으로 인식되었습니다. 여성에게는 가사만 가르칠 것이지 진리에 관한 철학이나 윤리학이나 신학은 아예 가르쳐서는 안 될 것으로 확신했습니다. 이런 뜻에서 보면 이화여자대학교에 기독교학과와 철학과가 있는 것은 매우 '이례적異例的'이라 하겠습니다. 그래서 한국교회에는 가사에 헌신하는 마르다는 많은데, 진리를 논하고 가르치고 배우는 마리아는 적은 것 같습니다.

그렇다면 사회적 여성 차별 관행은 어떠했을까요. 비록 종교적인 것과 사회적인 것이 깨끗하게 구분되지 않습니다만, 당시의 사회적 관례를 몇 가지만 소개하겠습니다. 몹시 가난한 계급 이외에는 남녀 간의 차별이 엄격하게 제도화되었습니다. 특히 부유한 가정의 규수는 결혼할 때까지 철저하게 격리되어야 했습니다. 결혼 뒤에도 얼굴을 베일로 가려야 했습니다. 특히 공공장소에 나갈 때 그러했습니다. 결혼을 한 뒤에도 가족 이외의 남자와 얘기를 나누어서는 안 됩니다. 내외가 엄격했지요.

마찬가지로 점잖은 유대인 남자들, 특히 종교지도자들은 여자와 말을 많이 해서는 안 됩니다. 그 까닭은 대체로 두 가지입니다. 하나는 여성이란 원래 열등한 존재이므로 남자들이 도무지 배울 것이 없다는 것입니다. 여성은 항상 사소한 일에 관심을 쏟는 시시한 존재이기에 큰 것, 중요한 것은 볼 수 없는 열등한 존재란 뜻이지요. 둘째로 여성은 위험한 존재이기 때문입니다. 성적으로 남성을 부단히 유혹하는 존재란 뜻이지요. 그 목소리, 그 머리칼, 그 다리 등이 색정을 유발하기에 여성은 남성을 성적으로 매혹하는 요부temptress 기질을 태생적으로 갖고 있다고 믿었습니다. 하기야 여성의 아름다운 부분들을 모두 가려서 못 보게 했으니 남성들이 더 끌리게 되었을 것입니다만, 이 모든 것을 여성 탓으로 돌린 것입니다.

딸은 아비에게 12살 때까지는 재산이었습니다. 아비는 딸을 노예로 팔 수도 있었습니다. 딸은 그에게 값싼 노동력과 이익의 원천이 되는 셈이지요. 결혼 지참금도 아비가 관리했습니다. 결혼한 후엔 남편에게 종속되었고, 아내에게는 결혼 거부권이 전혀 주어지지 않았습니다. 그러니 이혼 조건도 아내에게는 절대로 불리했습니다. 남편은 언제나 이혼할 수 있었지만, 남편이 공식적인 이혼증서를 써주지 않으면 아내의 재혼은 불가했습니다. 증서를 안 써주면 친정에 가서

구박받으며 찬밥 신세가 되었으며 친정마저 없으면 완전히 뿌리뽑힌 삶을 아프게 살아야 했습니다. 남편이 죽으면 여성의 사회적 지위도 함께 죽었습니다. 여성은 법정에서 증인 자격을 얻을 수 없었습니다. 그 까닭은 여성이란 원래 거짓말을 잘하기 때문이라는 것이지요. 여기서 원래 그렇다는 것은 믿음의 조상 아브라함의 늙은 아내 사라가 거짓말을 했기 때문입니다. 하나님께서 늙은 사라가 아기를 낳을 것이라고 말씀했을 때 사라가 그 말을 엿듣다가 속으로 '웃기네' 하고 웃었답니다. 이 웃음은 정말 당연한 웃음이 아니겠습니까. 그런데 왜 웃었느냐고 다그치니까 사라는 겁이 나서 웃지 않았다고 잡아뗀 것입니다. 남성 신의 위협적 질문에 겁이 났기 때문이지요(창 18:15). 도대체 할머니 사라가 언제부터 여성 전체의 대표자가 되었습니까. 그 할머니의 진솔한 인간적 대응 때문에 온 세상 여성이 모두 거짓말쟁이가 되고 말았으니 이것이야말로 참으로 웃기는 가부장 제도의 부조리가 아니겠습니까.

한마디로 일세기 유대 사회에서는 여성은 불결하고 거룩하지 못한 사회적 및 종교적 존재였으며 차별받는 변두리 인간이었습니다. 이런 배경을 놓고 우리는 예수님과 여성들 간의 만남의 사건들을 제대로 조명해 보아야 합니다. 예수님의 파격성, 비범성, 반 전통성 그리고 그 급진성에 주목해야 합니다. 본문을 아무 뜻 없이 그저 그러한 것이려니 하고 이해한다면 예수님을 전혀 알아보지 못한 것입니다. 유대의 가부장 문화와 오늘의 기독교 가부장 문화로 눈이 멀게 되었기 때문이라 하겠습니다.

도대체 예수님의 여성관은 어떠했는지, 그것이 왜 새로운 패러다임paradigm이 되며 하나님 나라의 모습이 되는지를 본문을 통해 알아보기로 합시다. 8장 1절에 보면 예수운동Jesus itinerancy은 성과 촌을 두루 다니시는 순례 운동이었습니다. 우리 주님은 한 지역, 한 장소에 튼튼한 본부를 차려 놓고 "만민들아 모두 여기로 와서 내 진리를 깨닫고 배우고 따르라" 호령하는 교주 노릇을 하시지 않으셨습니다. 진리 자체가 인간들을 직접 찾아다니신 것이지, 인간들이 한 장소에 머물러 있는 진리를 찾아오게 한 것이 아니었습니다. 예수 사역과 선교와 봉사에 참여했던 사람들은 예수님과 더불어 순례하는 떠돌이 무리였습니다. 그런데 이 예수운동의 모습은 당시 관례로 보면 가관이었습니다. 또 충격적이었습니다. 옛날 서커스단의 행렬처럼 얼마간 우스꽝스러운 점도 있겠으나, 당시 전통주의자들에게는 혐오스럽고 도발적이고 불온하며 불미스럽기까지 했습니다. 한마디로 스캔들이었으며 거침돌이 되었습니다.

왜냐하면 예수 선교단에 도무지 끼어서는 안 될 불순하고 불결한 존재들이 눈에 띄게 많았기 때문입니다. 본문을 보면 열두 제자들 이외에 여성들이 참여하고 있었습니다. 남자 열둘도 관례의 눈으로 보면 모두 부족하고 뻐딱하고 불결하고 불온한 존재들이었는데, 거기에 도무지 끼어서는 안 될 존재, 유별한 존재인 여성이 참여하고 있었습니다. 이 여성들에 주목해주시기 바랍니다. 특히 두 여인에 주목해 주시기 바랍니다. 정말 당시 전통에 정면으로 도전하는 여성들이었기 때문입니다.

첫째, 막달라 마리아가 예수를 따라다녔습니다. 그녀는 예수운동의 중심부에 있었지요. 그녀가 어떤 존재였습니까. 한마디로 모든 인간 중 가장 종교적으로 불결한 인간이었습니다. 그는 여자인데다가 창녀였습니다. 가장 밑바닥 인생이지요. 게다가 마귀 들린 인간이었는데, 그것도 악독하고 혐오스러운 일곱 가지 마귀가 들어갔던 심각한 정신분열증 환자였던 것 같습니다. 육체는 시궁창같이 더러웠고 정신과 영혼은 갈기갈기 찢어진 여성으로 인식했습니다. 몸과 마음이 총체적으로 더러워지고 망가진 최악의 인간이었던 셈이지요. 게다가 그 악명이 이미 높았던 것 같습니다. 이런 인간이 예수 순례단에 끼어 눈에 띄게 활동했으니 예수님에게도 얼마나 큰 부담이 될 수 있었겠습니까. 그런데 예수님은 그녀를 기꺼이 중심부로 받아들였습니다. 이것은 결코 예사로운 일이 아닙니다. 만일 우리 공동체에 그러한 존재가 있다면 어떻게 되었을까요. 우리는 과거의 흠이 있던 사람들을 우리 공동체에 따뜻하게 받아들였습니까? 우리 식의 정결 지도purity map를 가지고 있는 것은 아닙니까. 여기서 우리는 상상하기 어려운 넓은 예수의 열림과 그 관용의 카리스마를 몸으로 배워야 합니다. 우리는 아직 멀었음을 먼저 고백해야 합니다.

둘째, 헤롯 왕실의 재정담당 관리의 부인이 예수운동체에 가입했을 뿐만 아니라 재정지원을 했다고 본문은 증언하고 있습니다. 당시 율법주의자들이 경멸했던 헤롯 왕실 고위층 부인들이 예수운동을 재정적으로 후원했다는 것도 퍽 이례적인 사건입니다. 예수 믿는 오늘의 고위층 부인들이 고급 옷으로 일으키는 스캔들과는 차원이 다른 높은 행위이긴 하나, 예수 당시의 관례로 보면 이것도 놀라운 일이 아닐 수 없습니다. 예수님도 오해받을 위험이 있는 일이라고 짐작은 했을 것이지만, 개의치 않으셨습니다.

여기서 우리가 주목해야 할 진리가 있습니다. 예수님의 한없이 넓은 포용력입니다. 여기서 우리는 복음의 포용력이 얼마나 큰지를 새삼 깨닫게 됩니다. 더러운 창녀요 극심한 정신분열증 환자였던 막달라 마리아와 부유한 정부 고위층 부인은 그 신분이나 지위에 있어 하늘과 땅의 차이라 하겠습니다. 이 두 부류의 여성들은 서로 경계하고 기피하고 경멸하고 차별했을 것입니다. 그런데 두 여인은 예수운동의 중심부에 우뚝 서서 서로 도왔습니다. 예수 공동체가 보여준 관용의 폭이 얼마나 크고 넓은지를 짐작할 수 있습니다. 한마디로 예수운동은 아름다운 무지개 연합rainbow coalition이라 하겠습니다. 열두 제자도 보면 그 신분과 성향, 그 이념과 출신 배경이 다양하고 상충적이었으나 그 넓은 예수의 품에 모두 안겼습니다. 용해되었습니다. 비록 가룟 유다가 일시 튀기는 했으나, 그도 비참한 후회 속에 자결했지요. 민족 반역자로 낙인찍혔던 세리와 극단적 민족주의 폭력단이었던 젤롯zealot당원까지 모두 예수의 사랑 속에서 녹아든 것입니다. 그러니 어떻게 예수를 믿는다는 사람들이 오늘에 와서 신앙의 근본주의fundamentalism에 빠질 수 있겠습니까. 서로 차별하고 분열하는 근본주의 신앙 말입니다. 근본주의자가 결단코 이 같은 예수를 닮을 수는 없습니다.

예수님께서 주목하시고 뜨겁게 받아주셨던 여성들은 한마디로 처절하게 소외당하고 철저하게 차별받았던 비참한 변두리 존재, 도무지 인간 대접을 받지 못했던 여인들이었습니다. 그런데 우리가 주목하는 여성은 대체로 젊고 매력적이고 아름다운 몸매를 지닌 여성이 아닙니까. 우리 주님은 오늘날 여성 잡지의 표지에 나오는 미인들과는 너무나 거리가 먼 여성들, 외롭고 괴로운 여성들을 주목하시고, 그들을 당신의 하나님 나라 운동 핵심부로 초청하셨습니다. 여기서 주님은 예수의 하나님 나라의 한 면을 우리에게 극명하게 보여주셨습니다. 과연 우리 한국교회가 하나님 나라의 이 같은 포용적이고 웅장한 모습을 조금이라도 갖추고 있습니까? 그것을 세상을 향해 증언하고 있습니까?

　예수님의 이 같은 급진적 여성관은 초대교회에서 수십 년간 계속되었습니다. 사도행전과 바울 서신을 보면 교회 안에서 여성의 지위가 한동안 꽤 높았음을 알 수 있습니다. 교회 안에서 여성들에게 안부묻는 일이 여기저기서 나타나곤 했습니다. 더욱이 바울은 예수 전통에 따라 이렇게 장엄하게 선언했습니다.

> 너희는 유대인이나 헬라인이나
> 종이나, 자유인이나, 남자나 여자 없이
> 다 그리스도 예수 안에서 하나다(갈 3:28)

　유대인과 헬라인 간의 벽은 민족의 차별racism을, 종과 주인 간의 벽은 계급의 차별을 그리고 남녀 간의 벽은 성차별을 뜻합니다. 이세 가지 장벽은 지금도 교회 안팎에 엄연히 추악하게 버티고 있습니다. 그러기에 우리는 예수와 바울의 인식 수준에 이르려면 요원합니다. 그런데 예수님의 이 같은 파격적 여성관은 그 후 변질되기 시작했습니다. 초대교회 안에서 가부장적 색채가 짙어짐에 따라 예수 전통은 쫓겨나고, 고약한 가부장적 관례가 자리 잡게 됩니다. 디모데전서 2장이 이 같은 변질의 일단을 보여주고 있습니다. 이 잘못된 전통이 서구문화 속에서 더욱 강화되어 오늘에 이르게 된 것입니다. 이것이 한국 가부장제 문화와 접목되어 교회는 오늘의 남성 중심의 교회로 더욱 굳어지게 되었습니다. 그 결과 여성을 교회의 변두리로 몰아내면서도 절대복종을 요구하는 수준에 이르게 된 것입니다. 한국교회에 마르다는 많으나 마리아가 적은 것도 이 같은 분위기 속에서 형성된 자연스러운 결과입니다.

뉴욕에 있는 유니온 신학교의 해리슨Harrison 교수는 자기가 기독교 여성 신학자로 남아있는 까닭은 예수님이 참으로 그 뿌리로부터 여성 옹호론자radical feminist임을 믿기 때문이라고 했습니다. 우리는 하나님은 모성母性이시고 사랑이시기에 자궁의 아픔을 함께 느끼시는 분이시며 예수께서 바로 그 사랑의 표상이요 실제임을 뿌듯한 자랑으로 고백하게 됩니다. 오늘 한국 현실에서 여성을 노리개로 삼는 사이비 종교가 나타나는 것은 한국교회가 가부장적 관례를 턱없이 강화해온 탓이기도 합니다. 그러기에 한국기독교가 먼저 회개해야 합니다. 바로 우리의 잘못으로 가부장적 교주가 자주 나타난다는 것을 참회해야 합니다. 그러나 저는 먼저 곳곳에서 헌신하시는 우리의 마리아들에게 감사를 드리고 싶습니다. 특히 마르다는 많으나 마리아는 없는 듯한 한국교회 풍토에서 마리아들에게 진심으로 감사드리고 싶습니다.

한가운데 서서, 손을 펴시오

인간의 욕망 중에 중심부로 나아가고자 하는 욕망은 대단히 강합니다. 개인이나 국가 모두 중심부를 향해 돌진하는 것이 곧 성공, 출세 그리고 번영으로 가는 일이라고 생각합니다. 왜냐하면 그 중심부에 인간 모두가 갖고 싶은 자원과 가치가 집중되어 있기 때문이지요. 권력, 부, 명예 등 말입니다. 이런 희소가치를 서로 먼저, 더 많이 얻기 위해 치열한 경쟁이 벌어지게 되면서, 중심부와 주변부 간의 차이가 두드러지게 나타납니다. 이 차이는 곧 차별의 바탕과 구실이 되고 맙니다. 세계도 중심국가와 주변 국가들로 갈라지게 되며, 나라 안에서도 중심부가 생겨나면서 주변부와 긴장·마찰을 빚게 됩니다.

이런 경쟁 과정에서 일단 중심부를 장악한 세력은 기득권을 계속 더 강화하려 하고 그것을 놓치지 않으려 합니다. 여기서 무리를 저지르게 됩니다. 우리나라의 지난 역사를 보아도 그러하고, 특히 오늘의 현실을 보면 더욱 그러합니다. 인생은 이런 뜻에서 끊임없이 중심부를 향해 달리는 경주와 같다고 하겠습니다. 성서는 이 같은 인간의 욕망과 행적에 대해 어떤 메시지를 던져줄까요? 중심부 세력이 주변부 사람들을 차별하고 억압하고, 수탈할 때 성서는 결코 그것을 정당한 질서로 보지 않습니다. 그런데 변두리 사람들이 중심부로 나아가려는 것에 대해서는 성서가 어떤 가르침을 던져줄까요? 본문에서 우리는 주목할 만한 사건을 만나게 됩니다. 이 사건이 우리에게 주는 교훈을 찬찬히 살펴보아야 할 것입니다.

먼저 우리는 예수님이 변두리 사람이었음을 잊지 말아야 합니다. 예수님의 탄생지인 베들레헴은 유대의 고을 중 매우 보잘것없는 작은 마을이었습니다. 자라나신 나사렛도 별 볼 일 없는 고장이었습니다. 나다나엘이 친구 빌립에게 "나사렛에서 무슨 선한 것이 나올 수 있는가"(요 1:46)라고 되물었던 일을 기억해 보십시오. 예수님의 출생지나 성장지 모두 변두리 사람들의 보잘것없는 거주지였습니다. 당신의 활동무대도 변두리 지역이었습니다. 갈릴리는 이방의 땅으로 경멸받던 곳이었고, 그곳은 흑암의 백성들이 살았던 죽음의 땅이기도 했습니다. 한마디로 따스한 역사 평가의 햇볕 한번 제대로 받아보지 못한 그늘진 소외지역이었습니다(마 5:13-16).

예수님의 직업도 목공과 석공이었으니, 별 볼 일 없는 직업이었습니다. 옛날 우리 조선 시대에 사농공상士農工商의 서열에서 공이 차지했던 자리와 비슷합니다. 목수와 석공이 지금처럼 결코 고상하고 넉넉한 예술가의 직업은 아니었습니다. 예수님의 애정 어린 관심도 바로 변두리 사람에 대한 사랑에서 나왔습니다. 나사렛 회당에서 하신 첫 메시지도 가난한 자, 포로된 자, 눈먼 자, 억눌린 자와 같은 변두리 인간의 온전함(구원)을 위한 메시지였습니다. 세례요한의 제자들이 예수의 정체에 대해 문제를 제기했을 때도 예수님은 앉은뱅이, 눈먼 자, 귀머거리, 가난한 자, 죽은 자와 같은 비인간화된 존재에 대한 사랑을 강력하게 강조했습니다.

예수님의 어법語法도 중심부를 틀어쥐고 있었던 율법주의자들이 즐겨 했던 어법을 뒤집는 것이었습니다. "너희 전통은 이렇게 말했으나, 나는 말하노니…"라는 식이었습니다(마 5:21, 27, 31, 33, 38, 43). 중심부의 사고방식을 백팔십도 뒤집는 발상과 발언을 하셨습니다. 일종의 패러다임 격변의 화법이었지요.

그렇다면 본문의 상황은 어떠했습니까. 이 사건이 갖는 의미의 층層은 다양합니다. 하기야 모든 예수 사건이 지니는 뜻은 깊고 풍부하지요. 안식일의 참 의미, 예수의 용기, 병 고침, 정치·종교적 대결, 예수 반대 세력의 연대 등 다양한 의미의 층이 있지만, 저는 이 중에서 변두리 사람을 중심부로 끌어올리시는 예수님의 모습과 중심부에서 새 임무를 주시는 예수님의 모습을 부각시키고 싶습니다.

먼저 이 사건에 나오는 중심부 세력의 의도부터 주목해봅시다. 서기관과 바리새인들은 중심부 예루살렘의 산헤드린에서 파견된 사람들이었습니다. 그들은 예수를 고소할 증거를 찾기 위해 예수 행동의 일거수일투족을 예의 주시했던 사람들이었습니다. 군사 통치 시대 중앙정보부 요원이나 지금의 특수검찰청 직원 같았지요. 종교적 이단자나 범법자를 색출하는 임무를 띠고 회당으로 들어왔습니다. 그들은 당시 강력한 실정법이었던 안식일 법으로 예수를 송사하기 위해 그곳에 왔습니다. 예수님께서는 이 같은 그들의 의도를 다 아시고 계셨으나 개의치 않고 용기 있게 회당으로 가셨습니다. 그런데 바로 이러한 상황에서도 예수가 안식일 법을 어길 수 있는 조건들이 상당

수 있었습니다. 마침 그날이 안식일이었고, 그 회당에 변두리 인간들이 있었는데 특히 눈에 띄는 지체 장애인 한 사람이 있었습니다. 그는 손 마른 사람이었습니다.

이 사람은 나면서부터 지체 장애인이 아니라 병에 걸려 손이 말랐다고 합니다. 원래는 석공石工이었다고 합니다. 석공에게는 손과 팔이 절대로 필요합니다. 그것은 생존 수단 그 자체입니다. 손이 말라버리면 생명선이 끊어지게 되는 것과 마찬가지입니다. 지금 우리가 겪고 있는 어려움으로 고개를 숙인 사람의 딱한 처지와 같이 견줄 수 없는 아픔과 서러움을 겪어야 했습니다. 직장에서 쫓겨나자마자 중병에 걸려 회생의 기미가 보이지 않는 그러한 처절한 형편에 비교할 수 있습니다. 그러던 그가 예수님의 치유 활동 소식을 들은 거지요. 그래서 그분에게 희망을 걸고 절박한 심정으로 회당으로 찾아온 것입니다. 그에게는 안식일이 중요한 것이 아니라, 예수님이 중요했습니다. 예수를 통해 고질병에서 해방되고 싶었습니다.

당시 안식일 법은 요즘 우리의 국가보안법과 비슷했을 것입니다. 안식일에 일해서는 안 됩니다. 일하면 엄벌을 받게 되지요. 그러나 예외적으로 안식일에 할 수 있는 일이 있었는데 그것도 법으로 엄격하게 정해져 있었습니다. 이를테면, 출산행위라든지, 사람이 무너진 벽에 깔린 경우, 그의 생사를 알아보기 위해 벽을 치워낼 수 있는 정도의 일은 허용되었습니다. 그러나 안식일에 골절이 되어도 치료할 수 없었습니다. 정형외과는 안식일에 문을 닫아야 했겠지요. 수족이 삐어도 그곳에 찬물을 끼얹는 조치를 해서는 안 됩니다. 생명이 위독해야만 치료행위는 허용되었습니다. 손 마른 자의 병은 안식일에 결코 고칠 수 없는 병입니다. 그런데 예수님은 안식일에 회당에서 이 사람을 주목했습니다.

이제 사건은 터진 것입니다. '범법행위'가 저질러지고 있었습니다. 이 사건 직전에 철이 없는 예수의 제자들이 이미 안식일 법을 어겼습니다. 그들은 안식일에 밀이삭을 잘라먹다가 발각된 사실이 있었기 때문에 이번 사건은 '초범' 행위가 아니었습니다. 그런데 예수님은 이런 것에 아랑곳하지 않고 이 사건을 두 단계에 걸쳐 일으킵니다.

첫째, 우리 주님께서는 무시무시한 실정법보다 더 소중한 원리와 원칙을 일깨워주십니다. 선善이 악惡보다 더 소중하고, 생명을 살리는 것이 어떤 경우에서도 생명을 죽이는 것보다 더 소중한 것임을 확인시켰습니다. 당시 안식일 법은 이 귀중한 하나님의 법(자연법이라 해도 좋습니다)을 어긴 것임을 일깨워주셨습니다.

둘째 단계에서 주님의 명령은 더욱더 놀랍습니다. 두 가지 권고를 하십니다. 먼저 "일어나 한가운데 서라"고 하십니다. 이 지체 장애인 은 평생 변두리에서 살았습니다. 석공으로서, 그 후에는 장애인으로 서 변두리에서 숨죽여 살아왔습니다. 짐작하건대 단 한 번만이라도 그는 중심부에 우뚝 서서 당당히 살아보지 못했을 것입니다. 그런데 주님께서 별안간 그에게 한가운데 서라고 명령했습니다. 변두리에 서 중심부로 나오라는 명령이지요. 변두리에서 뿌리 뽑힌 서러운 삶 을 살았던 인간, 장애인으로 따돌림당하고, 구걸하며 살 수밖에 없는 변두리 인간에게 밝고 환한 중심부에 우뚝 서라고 따뜻하게 명령하 셨습니다.

교회가 무엇입니까. 변두리에서 숨죽이며 살아온 지극히 작은 인 간, 학대받으며 조용히 살아온 변두리 인간이야말로 새 하늘 새 땅에 서는 주인이 될 수 있음을 깨닫게 해주는 희망과 사랑의 공동체가 아닙니까. 변두리 인간이 주인의식을 느끼게 하여 마침내 중심부로 나아가게 하는 다리 역할을 교회가 하는 것이 아닙니까. 그렇다고 교회가 중심부의 심부름만 하는 것은 결코 아닙니다. 중심부로 나아가는 것 자체가 중요한 것이 아닙니다. 그래서 주님께서는 손 마른 자에게 두 번째 명령하십니다. "손을 펴시오."

도대체 이 명령은 무슨 뜻일까요? 무엇보다 손을 내밀라고 하시므로 손 마른 자의 병이 고쳐졌음을 보여준 것입니다. 주님은 그를 건강한, 정상적인 인간으로 회복시켜 주셨습니다. 손 펴는 것이 단순한 건강 회복의 뜻만을 갖는 것은 아닙니다. 더 중요한 뜻은 말라붙었던 손을 폄으로써 그리고 손을 내밀어 남에게 도움을 주라는 명령입니다. 남을 위한 존재가 되라는 뜻입니다. 그렇기에 우리가 비록 육체의 손과 팔은 온전하다 하더라도 남을 위해 살지 않는다면 손 마른 장애인과 다름이 없습니다. 손은 멀쩡해도 나의 이익을 위해서만 살아왔다면, 우리는 장애인임이 틀림없습니다. 내 자식, 내 가족, 내 친척, 내 동창, 내 고향 사람들만 위해 불철주야 힘써 왔다면 손 마른 장애인의 삶을 불철주야 살아온 것과 마찬가지입니다. 손이 안으로 굽는다는 말은 곧 이와 같은 장애인의 삶을 살았다는 뜻입니다. 손을 펴라는 주님의 명령은 이제부터 남을 위해 당신의 존재를 던지라는 명령입니다. 교회는 세상과 역사를 향해 그 손과 팔을 넓게 그리고 길게 뻗어야 합니다. 그 손과 팔이 안으로만 굽는 교회는 예수의 몸이 아닙니다. 그리스도의 몸 된 교회가 결코 아닙니다.

우리는 이제 손 마른 장애인이 아니었던가를 되돌아 살펴보아야 합니다. 우리의 손을 활짝 펴고 힘껏 뻗어 변두리에서 한 맺혀 사는 인간들을 절망의 땅에서 희망의 지대로 옮겨 놓는 일을 해야 합니다.

오늘도 그들을 중심부로 불러내시면서 온전케 된 손을 남을 위해 더욱 힘껏 뻗기를 갈망하시는 우리 주님을 쳐다봅시다. 그분의 "한가운데 서서, 손을 펴시오"라는 음성을 듣고 이 명령에 헌신합시다. 우리를 위해 손과 팔만 펼쳐주실 뿐만 아니라, 십자가 위에 달려 피와 땀 그리고 온몸을 내어주신 예수님을 새로운 마음으로 바라봅시다.

신인神人 장벽, 생사生死 장벽 허물기
― 복음의 진수

지난 1,700여 년간 기독교 역사는 역사의 예수와 부활의 예수 그리스도를 교회 안에서 조용히 그러나 확실하게 축출해 온 역사라고 해도 지나침이 없겠습니다. 그 축출의 흔적은 뚜렷합니다. 서구의 거대한 성당들의 그 으스스한 죽음의 찬 기운에서 느낄 수 있습니다. 그리고 미국이나 한국에서 화려하나 천박하게 치장한 교회, 부티 나는 메가처치(대형교회)에서도 예수와 그리스도의 실종을 때때로 가슴 아프게 느낄 수 있습니다.

그렇다면 누가 갈릴리 예수와 부활의 그리스도를 추방시켰을까요? 한 마디로 거대한 교회 권력이 그렇게 했지요. 막강한 세속권력과 결탁하여 갈릴리 예수와 부활의 그리스도를 추방시켰습니다. 이와 같은 비극적 권력 유착과 결탁은 콘스탄틴 대제가 기독교를 자신의 권력 확대의 수단으로 사용한 후부터 두드러지기 시작했습니다.

그의 세계지배 탐욕은 그것을 합리화시켜 줄 종교적(또는 문화적) 이데올로기가 필요했습니다. 그의 전쟁 승리를 담보해 주는 종교적 담론이 필요했습니다. 그래서 그는 핍박받던 초대 그리스도교 교회를 국가종교로 승격시켰습니다. 그에게는 로마제국을 통합시킬 거대한 통합 종교 권력이 필요했기에 거대한 하나의 보편교회인 가톨릭교회를 탄생시켰고 육성했습니다. 이 교회를 안으로 단단히 단합시키고, 밖으로 더욱 확장시키기 위해 강력한 그리스도교 교리가 필요했습니다. 거대한 하나의 제국과 거대한 하나의 교회를 위해 하나의 신적인 예수 그리스도 신조가 필요했습니다. 이런 상황에서 기독교 교리가 단단하게 교조화되어 갔습니다. 일단 절대 교리로 확정되면서 세속 권력과 종교 권력은 역사의 예수와 부활의 예수를 추방하지 않을 수 없었습니다. 왜 그랬을까요? 갈릴리 예수의 하나님 나라 운동과 부활한 그리스도의 하나님 나라 심화 운동은 절대 권력을 근원적으로 용인할 수 없기 때문입니다. 또한 절대 권력은 '위험한' 하나님 나라 운동을 허용할 수 없는 폭력적 거대 권력이었습니다.

하나님 나라 운동이 복음의 동력이라고 한다면 지난 1,700여 년간 기독교 역사는 복음을 훼손하여 천박한 권력 이데올로기로 타락시킨 역사라고 해도 지나침이 없습니다. 우리가 지금 500여 년 전의 종교개혁을 기리는 것도 깊이 따지고 보면 그 개혁이 하나님 나라 운동을 꽃 피우는 데 실패했다고 판단하기 때문이 아니겠습니까. "오직 믿음만으로, 오직 은총만으로, 오직 성서만으로"라는 종교개혁이 실패할 수밖에 없었던 것은 그 개혁이 하나님 나라를 이 땅에, 이 세상에, 우리의 현실 속에서 펼쳐내지 못한 것임을 먼저 깨달아야 합니다. 그러기에 이제는 기독교 권력의 반反복음적 신앙과 신학을 회개하는 가슴으로 복음의 진수를 되찾아야 합니다.

하나님 나라 운동은 한 마디로 부당한 장벽을 허무는 일입니다. 권력은 너무나 오랫동안 인간에게 부당한 고통과 억울한 아픔을 안겨준 온갖 장벽과 경계선을 종교의 이름으로 생산했습니다. 권력은 그 장벽 세움을 종교와 신앙의 이름으로 합리화시켜 주었습니다. 인종차별, 성차별, 계급차별 등을 종교의 명분으로 정당화시켜 주었습니다. 그런데 이러한 차별의 장벽보다 훨씬 더 심각한 장벽은 신앙과 신학의 영역에서 나타나는 장벽입니다. 이 심각한 장벽이 신앙공동체 안에서 형성되고 확대되며 재생산되어왔기에 그것을 심각한 장애로 보기가 쉽지 않습니다. 바로 여기에 문제의 심각성이 있습니다.

두 가지 심각한 신앙적 장벽 또는 신학적 장벽이 있습니다. 하나는 신과 인간 사이의 장벽이요, 다른 하나는 삶과 죽음 간의 장벽입니다. 저는 이 두 장벽을 허물고자 했던 갈릴리 예수와 부활의 예수를 사모하면서, 그분의 현현의 은총을 갈구하면서 복음의 진수를 새삼 깨닫게 되기를 갈망합니다.

오늘의 한반도 상황, 한국교회의 처지에서 이 복음의 진수를 새롭게 깨달으면서 하나님 나라를 이 분단된 조국의 현실에서 세우는 일에 헌신하고 싶습니다. 그것이 오늘 한국교회의 존재 이유라고 확신하기 때문입니다. 더욱이 지금 세계질서를 뒤흔드는 극우 보수주의의 포퓰리즘이 전 지구적 위협을 가하고 있기에 그렇게 확신합니다. 미국의 전 대통령 트럼프는 장벽 세우기에 열과 성을 다하고 있었습니다. 그는 국가, 인종, 계급, 이념 간의 증오장벽을 더 높이 세워보려고 안간힘을 쏟았습니다. 그의 이와 같은 위험하고 반反평화적 노력에 미국의 보수적 복음주의 교회가 적극적으로 지지해주었습니다.

한국에서도 평화로운 시민 명예혁명인 "촛불시민운동"을 폄훼하고 있는 한국적 태극기 십자가 세력이 친親트럼프 세력이 되어 부끄러움 없이 분주하게 움직이고 있었습니다.

본론에 들어가기 전에 확인하고 싶은 진실이 있습니다. 두 가지 장벽 제거와 하나님 나라 세움은 결론적으로 같은 일입니다. 그리고 이 장벽 허물기는 기독교의 중요한 담론들과도 긴밀하게 연관되어 있습니다. 창조 담론, 성육신 담론, 비움실천Kenosis 담론 그리고 부활 담론 모두 하나님 나라 세우기와 뗄 수 없습니다. 장벽 세우기가 이런 소중한 담론을 갈기갈기 찢어놓고, 서로 분리시키려는 권력과 결탁하여 있습니다. 또한, 이 권력은 바로 예수를 광야에서 시험했던 바로 그 세력임을 잊지 말아야 합니다.

먼저 신·인神·人 간의 장벽 허물기부터 성찰해 봅시다. 도대체 이 장벽을 누가 먼저 허물고자 했을까요. 말할 것도 없이 하나님 스스로 이 장벽을 허물고자 하셨습니다. 그것은 참으로 위대한 하나님의 모험이 있습니다. 이 모험은 인간에 대한 하나님의 애틋한 사랑에서 비롯된 것입니다. 이것이 바로 성육신 사건입니다. 성육신은 매우 감동적인 하나님 사랑의 모험이며 실천입니다. 이 모험의 성격을 이해하기 위해서는 잠시 천지창조 후 하나님이 느끼셨던 감탄과 안타까움에 먼저 주목할 필요가 있습니다. 하나님은 천지창조 여섯째 날에 당신이 창조하신 피조물을 보시고 그 아름답고 선한 모습에 감탄하셨습니다. "참으로 좋구나" 하고 감탄하셨습니다. 왜냐하면 인간과 동물 모두에게 먹거리로 푸른 풀을 주셨고, 그 풀을 만족스럽고 평화롭게 먹고 자라는 생명체들의 삶을 확인하셨기 때문입니다. 먹거리를 놓고 싸울 필요가 없기에 모든 생태계가 샬롬shalom의 아름다움과 선함을 드러내 보였습니다. 먹거리 문제로 긴장하거나 다투거나 할 필요가 없었습니다. 그곳에는 평화와 공의가 단비처럼 대지를 적셨습니다.

그런데 이와 같은 평화롭고 정의로운 창조 질서가 깨어지기 시작했습니다. 풀 대신 다른 생명체를 음식으로 먹기 시작한 갑질 세력이 나타났습니다. 아마도 가인이 동생 아벨을 죽인 살육 행위도 창조 질서를 멍들게 한 것 같습니다. 하나님은 안타까워하셨고 후회까지 하셨습니다. 그래서 하나님은 사자와 같은 무서운 갑질하는 세력이 다시 소의 여물을 먹는 모험을 감행하려 결심한 것 같습니다. 역사적 현실에서 사자들의 갑질이 항상 전쟁으로 치닫게 되는 비극의 실상을 보시고, 성육신의 모험을 하지 않을 수 없었던 거지요. 2014년 봄, 세월호 참사가 터졌습니다. 이때 저는 하나님이 억울하게 수장된 분들과 함께 동고사同苦死 하셨다고 생각합니다. 20세기 히틀러의 홀로코스트 만행, 스탈린의 굴라크 참상, 일제의 군함도 비극과 난징 학살의 참상 모두가 권력 악이 하나님의 창조 질서를 공격한 비극적 사건입니다.

저는 이와 같은 악의 몸부림이 한반도에서도 반복될 수 있다고 보기에 하나님의 안타까움이 더욱 절박하게 이해됩니다. 한때 트럼프와 김정은 간의 선제적 핵 공격 말싸움을 지켜보면서 하나님의 성육신 모험을 깊이 이해할 수 있었지요. 한 마디로 신의 성육신 모험은 하나님이 당신의 모든 신적 절대 권력과 특권을 내려놓고 인간으로 오시되 낮고 천한 종으로 오시어 너무나 억울하게 악의 권력에 의해 죽기로 작정하신 모험입니다. 다시 말해서 성육신 모험은 철저한 자기 비움의 용단과 처절한 죽음의 고통을 감수하시겠다는 모험입니다. 여기서 우리는 성육신Incarnation이 바로 자기 비움Kenosis과 직결되고, 더 나아가 마침내 부활과 이어짐을 깨닫게 됩니다.

그런데 교회는 대체로 성육신을 사건으로 보지 않습니다. 이것을 낡은 교리나 교조로 여깁니다. 마치 낡은 고택의 방 책장에 꽂혀 있는 고서 같은 것으로 보는 듯합니다. 하나님이 사람의 몸으로 오셨다는 성육신은 신비한 사건이면서도 엄청난 변혁을 동반한 역사적 사건입니다. 지금도 진행되는 사건입니다. 천지를 만드신 창조주께서 당신의 막강한 힘, 전지전능하시고 무소부재하신 엄청난 권력을 내려놓으시고 비워내시어 세상에 오신, 가장 비참한 팔레스타인의 역사 현실에 오신 놀라운 사건입니다. 그것도 가난한 목수의 아들로 누추한 말구유에 오신 감동적인 사건입니다. 왜 화려한 궁전의 왕자로 오시지 않고 권력자의 장자로 오지 않으셨을까요? 역사의 현실에서 가장 억울하게 고통당할 수밖에 없는 을乙의 자녀로 오신 것은 그 고통에 참여하면서 그 고통의 구조적 사슬을 을들의 손을 잡고 함께 비폭력으로, 사랑의 힘으로 극복하기 위함이 아니겠습니까.

성육신의 신학적 의미를 여기서 잠시 새롭게 조명해 봅시다. 신과 인간 사이의 장벽 허물기는 전적으로 신의 주도적 모험과 결단으로 이루어졌습니다. 그러나 신 주도의 신·인神·人 장벽 허물기가 신의 권위만 높이는 것이 결코 아닙니다. 오히려 꼴찌와 지극히 작은 자들의 권위를 더 높이기 위함이었습니다. 그래서 성육신이 천내인天乃人이라면 하나님의 그 모험은 인내천人乃天의 뜻을 이루기 위함이라고 하겠습니다. 천내인天乃人이 인내천人乃天과 같은 것임을 우리는 두 가지 성서의 증언에서 확인할 수 있습니다.

하나는 예수의 모친 마리아의 고백입니다. 누가복음 1:51-53의 본문은 이렇게 증언하고 있습니다. "그의 팔로 권능을 행하시고 마음이 교만한 사람들을 흩으셨으니 제왕들을 왕좌에서 끌어내리시고 비천한 사람을 높이셨습니다. 주린 사람들을 좋은 것으로 배부르게 하시고 부한 사람들을 빈손으로 떠나보내셨습니다." 마리아의 노래는 그녀 개인의 사사로운 소망이 결코 아닙니다. 당시 권력 주체에 의해 부당하게 착취당하고 억압받으며 차별받았던 밑바닥 인생의 갈망이었습니다. 아기 예수가 장차 이와 같은 천지개벽을 일으킬 것이라고 선포한 것입니다. 하나님은 꼴찌들이 하나님처럼 존귀하게 여기게 될 것을 암시한 것입니다. 곧 인내천人乃天의 가능성을 시사했습니다.

또 다른 성서 기록에 따르면 예수께서 불결하고 지저분한 말구유에 태어났을 때, 밤샘 노동을 할 수밖에 없는 딱한 밑바닥 인생이었던 목동들에게 갑자기 천군 천사가 나타났습니다. 그리고 놀랍고 기쁜 소식을 알려주었습니다. 하늘에는 영광, 땅에는 평화가 이루어질 것임을 알리는 소식이었습니다. 도대체 이때가 어느 때였습니까. 하늘의 영광은 땅의 평화와는 아무런 연관도 안 된다고 절망했던 때가 아니었습니까. 당시 팔레스타인에 살았던 유대인들은 삼중으로 억압과 수탈을 당하고 있던 처절한 때였습니다. 평화를 앞세운 팍스 로마나의 권력과 그 권력에 기생하여 백성을 착취, 억압했던 헤롯 왕가와 교만했던 예루살렘 종교지도자들이 서로 결탁하면서 땅의 사람들을 사람 취급하지 않았던 때가 아니었습니까! 평화도, 정의도 모두 박살난 처참한 팔레스타인의 현실에서 평화의 왕으로 아기 예수가 탄생했다는 선포는 천지개벽과 혁명적 변혁이 일어날 것임을 예고한 것입니다. 예수 탄생은 밑바닥 인생이 존엄한 존재로 대접받게 될 새 질서의 도래를 알리는 사건입니다. 하나님 스스로 신·인神·人 장벽을 허물어 평화와 공의의 새 질서, 곧 하나님 지배의 도래를 알리는 기쁜 소식, 곧 복음의 실현을 알리는 사건입니다. 결코 추상적인 교리나 교조의 창백한 선포가 아니었습니다.

여기서 성육신 사건이 신·인神·人 장벽 허물기의 사건이라면 이것은 바로 하나님의 지배가 이 땅에서 이루어지게 하는 사건일 터인데, 과연 하나님 나라 곧 천국天國 운동은 천당天堂 가기 열망과는 어떻게 연관이 되는 것일까요. 한 마디로 천당 신앙은 예수의 운동과는 아무 관계가 없습니다. 아니 조금 더 정확히 말하자면 천당 신앙은 반천국 신앙反天國信仰입니다. 서구에서나 한국에서나 교회는 교인들에게 죽으면 영혼만 가는 곳이 천당이라고 가르쳤습니다. 천당은 역사의 현실과 철저하게 단절된 영혼 집합소라고 가르칩니다. 그곳에서 영혼만 영생 복락을 누린다고 가르쳤습니다. 그곳은 철저한 피안彼岸입니다. 그런데 그곳 피안에서는 영혼만이 하나님과 영원히 거하게 되는 천당이 있다고 합니다. 당堂이라고 한 것은 권력의 자리가 있는 처소라는 뜻이 있지요. 천당에 가도 영혼은 당의 세력에 지배받게 된다는 뜻이지요. 육체 없는 혼들이 과연 일정 공간이 필요한지는 몰라도 그곳에 가서도 당堂의 지배를 받게 되는데, 천당 신앙이 갖는 더 심각하고 흥미로운 진실에 주목할 필요가 있습니다. 그 신앙이 역사를 주관하시며 역사 속에서 당신의 뜻을 이루시려는 사랑과 공의의 하나님, 평화의 하나님을 피안의 영혼 세계에 감금시키게 된다는 진실입니다. 스스로 역사 속에 인간으로 오셨고, 성령으로 지금도 인간들과 소통하시기를 기뻐하시는 하나님을 초월의 피안으로 다시 쫓아내 버린다는 진실입니다.

흔히들 죽으면 요단강을 건넌다고 말합니다. 그래서 요단강은 무서운 경계선이요 허물 수 없는 무서운 장벽으로 인식되고 있습니다.

그래서 요단강은 공포의 강이기도 합니다. 인간 예수로 오신 하나님은 요단강을 경계선으로나 장벽으로 여기지 않으셨습니다. 부활 신앙에서 다시 언급하겠습니다만, 신·인神·人 장벽을 허문 사랑의 하나님은 생명과 죽음 간의 장벽도 허무셨기 때문에 부활 예수를 믿는 예수따르미들은 죽음을 일상적으로 경험하면서 매일 더 가치 있게 살고자 했습니다. 그래서 사도바울은 고린도전서와 빌립보서를 통해 부활 예수 안에서 날마다 죽는다(고전 15:31)고 고백했고, 삶과 죽음 간의 경계를 뛰어넘는 기쁨을 간증했습니다(빌 1:21-24).

이렇게 본다면 한편으로 천당 신앙은 초대교회를 위협했던 신플라톤주의적 이원론二元論신앙이기도 합니다. 다른 한편, 이 세상에서 잘 살다가 죽어 저 천당에 가서도 지극한 행복, 곧 영락永樂과 극락極樂을 누려보겠다는 천박한 인간 탐욕의 신앙이라고도 할 수 있겠습니다. 예수의 복음과는 아무 상관이 없고, 오히려 천국 신앙은 역사현실 속에서 이룩하려는 복음적 노력에 찬물을 끼얹는 일이라고 할 수 있습니다.

신·인神·人 간의 장벽 허물기는 갈릴리 예수의 운동에서 지속됩니다. 그리고 여기서 우리는 확인할 수 있습니다. 갈릴리 예수는 두 가지 구체적 프로그램을 통해 제자들에게 하나님 나라를 맛보게 해주었습니다. 물론 제자들은 당시에는 제대로 맛보지 못했지만 말입니다. 첫째는 무상치유 선교였습니다. 예수께서는 치유를 통해 인간들에게 부당한 고통을 부과했던 율법주의 장벽을 허무셨습니다. 당시 지배 세력은 질병이 죄의 결과라고 세뇌시켰습니다. 심각한 질병일수록 심각한 죄지음의 결과라고 가르쳤습니다. 질병은 깨끗함과 거룩함의 가치를 훼손한다고 믿었습니다. 율법은 이 거룩함과 깨끗함을 지켜내기 위해 신이 내린 규범이라고 설파했습니다. 그래서 가난한 자, 여성, 이방인들이 질병에 걸리게 되면 권력자들은 그들이 불결하고 거룩하지 못한 짓을 범했기 때문이라고 했습니다. 거룩함과 속됨 간의 구별은 전적으로 율법주의 권력자들이 일방적으로 결정했습니다. 낙인 권력을 독점한 권력 주체들이 약한 자를 더욱 약하게 하여 그들의 지배를 강화했습니다. 그래서 그들은 더욱 엄격하게 청결 규칙을 강화하고 강요했습니다. 예수께서 그런 상황에서 을들의 질병을 치유해 주실 때, 몸의 고통만 제거해 주시지 않고, 바로 이 억압적 질병을 규정하는 권력, 곧 낙인 권력을 해체하셨습니다. 억울한 질병(혈루병)을 열두 해 동안 앓으면서 경제적 고통까지 겪었던 딱한 여인에게 주님은 이렇게 선언하셨습니다. "딸아, 네 믿음이 너를 낫게 했다." 그리고 자유롭게 새 삶을 살도록 희망과 용기를 주셨습니다. 예수의 치유 사건은 성聖과 속俗 간의 장벽을 허무는 해방의 사건이었습니다. 청결과 불결 간의 사회 종교적 담벼락을 허물었던 혁명적 사건이었습니다. 그리고 이 혁명은 피 안 흘리게 하는 효력을 공짜로 주신 것이지요.

또 다른 천국 실천 프로그램은 열린 밥상운동이었습니다. 지금이나 당시나 식탁의 둘레는 완고한 계급과 신분의 경계선이었습니다. 지금도 마찬가지입니다. 그런데 예수는 식탁 둘레에 이미 들어와 있는 계급의 장벽을 허물었습니다. 도무지 한 상에 둘러앉아 음식을 함께 나눌 수 없는 불결하고 불순한 잡스러운 인간들을 한 상에 둘러앉게 했습니다. 그의 밥상운동은 계급타파 운동이었습니다. 자유로운 소통의 평등공동체 실천 운동이었습니다. 바로 이런 밥상에서 하나님 나라의 맛과 멋을 경험하게 했습니다. 바로 이 열린 밥상공동체의 감동, 그 연장선상에서 우리 예수따르미들은 예수의 최후 만찬의 의미도 새롭게 되새겨야 합니다. 최후 만찬에서 나누는 떡과 잔은 바로 신·인神·人 장애물을 헐어버렸던 살신성인의 성육신 사건의 동력임을 잊지 말아야 합니다. 이 떡 나누기, 잔 나누기에서 하나님의 자기비움의 거룩한 뜻, 곧 사랑의 뜻을 늦게나마 확실하게 깨달아야 합니다. 이것은 대고, 동고, 속죄를 모두 포괄하면서 하나님이 인간을 얼마나 깊게, 얼마나 넓게 그리고 얼마나 뜨겁게 사랑했는가를 확신하게 해줍니다. 하나님 나라는 이렇게 상호적 살신성인으로 이루어지는 것임을 깨달아야 합니다. 이런 만찬을 통해 개인의 실존뿐만 아니라 역사와 구조도 함께 새롭게 변혁된다는 신앙을 가져야 합니다. 이와 같은 나눔을 통해 우리는 상징적으로만이 아니라 구체적으로 새하늘, 새 땅을 추구하는 변혁가로 일어서야 합니다. 그러므로 최후 만찬에 따른 우리의 성만찬 예식은 한낱 종교적 예식으로 끝날 일이 결코 아닙니다. 사랑 실천이라는 혁명적 결단식이 되어야 함을 잊지 말아야 합니다.

이제 두 번째 심각한 장벽인 삶과 죽음과의 장벽 허물기가 하나님 나라 운동과 선교의 또 다른 핵심임을 성찰해 봅시다. 부활 사건이 바로 이 장벽을 허무는 사건입니다. 부활 사건은 매우 신비한 종교적 체험 같지만, 그것은 또한 매우 강력한 역사변혁의 사건입니다. 이점을 조금 더 깊이 이해하기 위해 자기 비움Kenosis과 부활이 또한 불가분의 관계에 있음을 말해야 합니다. 십자가 고난은 예수에게는 고통스러운 자기 비움의 실천이었습니다. 예수는 악의 권력에 의해 부당하게 고통당했으나, 그 악의 방식으로 죽음의 권세에 대응하지 않으셨습니다. 오히려 선으로 권력의 발악發惡에 차분하게 대응하셨습니다. 곧 발선發善으로 권력자의 악행에 순한 양처럼 대응했습니다. 그것은 바로 예수의 원수 사랑 실천이었습니다. 예수는 자기에게 온갖 고통을 가하는 권력자들의 어리석고 잔인한 악행을 하나님께서 용서해주시기를 기도했습니다. 그들은 악행인 줄 모르고 예수를 실정법에 따라 처형한다고 생각했기 때문입니다. 그렇습니다. 권력자들은 십자가 처형을 합법적 행위라고 여겼습니다. 권력은 법의 이름으로 예수를 처형했다고 확신했습니다. 요즘 말로 표현한다면, 예수 죽이기는 올바른 짓이라는 이념적 프레임으로 세뇌된 자들이 폭력을 '확신을 갖고' 사용한 셈이지요. 이와 같은 예수의 놀라운 발선 대응으로 로마의 사형 집행관은 처형당한 갈릴리 청년 예수가 무죄일 뿐만 아니라, 신의 아들이라고까지 고백했습니다. 로마 권력이 사형수 예수의 발선 행위 앞에서 굴복한 것입니다. 이것이야말로 바로 자기 비움Kenosis의 감동적 힘이 아니겠습니까? 그래서 이것이 예수의 부활 사건으로 이어질 수밖에 없었습니다. 성육신Incarnation이 자기 비움Kenosis으로 이어지면서 마침내 부활에 이르게 된 것입니다. 바로 이와 같은 이어짐이 복음의 진수입니다.

그렇게 하나님 나라가 역사의 현실에 심어지고 자라게 되는 것입니다. 이렇게 보면 평화의 왕으로 세상에 오신 아기 예수는 후일 갈릴리에서 하나님 나라 운동을 펼치면서 신과 인간 사이의 장벽을 계속 허무셨습니다. 질병으로부터 해방되면서 환자들도 이 장벽 무너짐을 직접 경험했습니다. 그리고 하나님을 아바Abba라고 부르면서 인간이 감히 하나님을 직접 만나고 소통할 수 있었습니다. 특히 인간이지만 존엄한 인간으로 대접받지 못한 밑바닥 인생들이 하나님을 만나는 기쁨과 함께 치유되는 기쁨을 누리게 되었으며 한 식탁에 둘러앉아 세상이 줄 수 없는 자유인의 기쁨, 평등한 인간으로 대접받는 감격을 만끽할 수 있었습니다. 신·인神·人 간의 장벽이 허물어졌기 때문입니다. 신이 스스로 그 벽을 제거해 주셨기 때문입니다. 한 마디로 성육신 사건이 비움 실천을 통해 마침내 부활 사건으로 이어지게 됨을 잊지 말아야 합니다. 여기에 성부 하나님과 성자 예수의 공조를 확인하게 됩니다.

그렇다면 부활 사건이 주는 가장 큰 기쁜 소식, 곧 복음은 무엇일까요. 그것은 생·사生·死의 장벽이 무너진다는 진실입니다. 사망이 쏘는 독침의 효력이 완전히 제거된 것입니다. 육체의 죽음에서 오히려 부활의 기쁨을 맛보게 되는 것이지요. 여기에 삶과 죽음은 새로운 하나가 되는 것입니다. 생사불이生死不二를 경험한다면 죽음을 두려워할 이유가 없습니다. 고난과 역경의 한 가운데서 사도바울은 "사는 것도 그리스도요, 죽는 것도 유익하다"라고 증언했습니다. 여기서 유익하다는 말은 장사꾼이 뜻밖의 큰 소득을 얻었을 때의 기쁨을 말합니다. 일종의 대박이지요. 그러니 죽음도 대박이라고 믿는 사람이 도대체 무엇을 두려워하겠습니까. 사는 것이 부활 예수, 곧 그리스도의 선물이고, 죽는 것도 정말 대박 같은 은총이 될 수 있다면 얼마나 좋겠습니까. 감옥에서 처형될 날을 기다리고 있던 바울은 빌립보 교회에 쓴 편지에서 그의 대박 희열을 이렇게 고백합니다.

삶과 죽음 모두 보람된 일이기에 내가 어느 쪽을 택해야 할지 모르겠습니다(빌립보서 1:22).

우리에게는 삶과 죽음 중에 하나를 택하라면 모두 대번에 삶을 택

할 것입니다. 생·사生·死 간의 선택에서 고민이라는 것이 있을 수 없지요. 그런데 감옥에 갇힌 바울에게는 죽음도 보람된 일이기에 어느 쪽을 택해야 할지 모르겠다고 고백했습니다. 이와 같은 바울의 삶 속에서는 이미 하나님 나라가 활짝 꽃피고 있었던 것입니다. 게다가 그는 수감생활을 하면서도 부활한 예수 그리스도를 위한 고난을 특권 (빌 1:29)이라고 간증했습니다.

그렇다면 부활 예수께서 직접 제자들에게 하신 말씀에 더욱 주목할 필요가 있습니다. 예수 처형 직후 절망해서 도망갔던 제자들이 밀폐된 비밀장소에 함께 모여 불안에 떨고 있을 때, 부활 예수가 그들에게 찾아오셨습니다. 요한복음은 이때 제자들에게 찾아오신 부활 예수가 공간적 장애물을 뛰어넘어 '유령'처럼 찾아오신 것이 아니라, 매우 다정다감한 스승의 모습으로 그들에게 다가오셨다고 증언합니다. 갈릴리 당시의 예수보다 더 따뜻한 사랑으로 공포에 떨고 있는 제자들에게 다가오셨습니다. 그리고 놀라운 용기와 소망의 메시지를 던져주셨습니다. 무엇보다 먼저 그들에게 부활 예수는 평화와 평안의 메시지를 주셨습니다. 창조 질서의 샬롬이 제자들에게 임하기를 축원하셨지요. 아시다시피 유령은 결코 공포에서 근원적으로 해방시키는 샬롬을 선포하지 않습니다. 부활 예수는 샬롬 없이 공포에 떨고 있는 그들에게 평화가 깃들기를 바랐습니다. 그리고 그들에게 그리스도는 친히 십자가 상처를 보여주셨습니다. 왜 그랬을까요. 그 상처는 세상 권력의 악행을 너무나 뚜렷하게 증거해 주기 때문입니다. 예수의 죽음이 악한 권력에 의한 살해라면, 예수의 부활은 그와 같은 역사적 악행을 멋지고 우아하게 극복했다는 증거라고 할 수 있습니다. 그것도 악의 방법으로 극복한 것이 아니라 하나님의 사랑으로 이웃 사랑을 넘어 원수 사랑 실천의 감동으로 극복했다는 증거입니다. 그래서 복음입니다. 복음주의 복음이 아니라 예수의 십자가 복음, 죽음의 장벽을 허무는 감동적인 복음이라 하겠습니다.

흥미로운 것은 부활 예수의 첫 번째 현현(나타나심) 시간에는 없었던 제자 도마가 늦게 그들과 합류하여 현현 이야기를 들었을 때, 그는 자기 손으로 예수의 상처를 직접 만져보지 않았기에 믿을 수 없다고 했습니다. 도마는 다른 제자들과 달리 고대인이 아니었나 봅니다. 몸은 고대에 살았으나 정신은 현대의 계몽주의자나 실증주의자로 산 것 같습니다. 그는 모더니스트였지요. 엿새 후, 그리스도가 다시 제자들에게 나타나셨습니다. 그때 부활 예수는 유독 도마에게만 가까이 갔습니다. 그의 믿음 없음을 나무라기 위하여 그에게 다가갔을까요? 결코, 아닙니다. 부활의 주님은 도마의 상상과 제자들의 예측과는 다르게 도마에게 더 다정하게 다가오셔서 손목의 못 자국과 옆구리의 창 자국을 친히 보여주시며 손으로 직접 만져보라고 하셨습니다. 그가 실증주의자였으니 실증을 자기 손으로 확인해보라고 한 것입니다. 도마가 직접 그 상처와 상흔 속에 드러나는 로마 권력과 성전 권력의 악을 몸으로 느껴보라고 한 것이지요. 도마는 부활 주님의 따뜻한 요청 앞에서 마치 로마 백부장이 십자가 앞에서 감동으로 무너졌듯이 부활한 예수 앞에서 그도 무너지고 말았습니다. 아직도 아픔의 흔적이 생생하게 남아있는 상처를 본 후, 도마는 이렇게 조용히 외쳤습니다. "나의 주님, 나의 하나님!" 이때까지 예수의 제자 중에 누구도 스승에게 하나님이라고 불렀던 제자는 없었습니다. 특히 그 호칭에 담긴 자기 변화의 기쁨을 담아 그렇게 고백한 제자는 없었습니다. 한때 가이사랴 빌립보 지역에서 베드로가 스승에게 메시아요 살아계신 하나님의 아들이라고 말한 적은 있으나, 그때 베드로는 그 뜻도 모른 채 기복적 탐욕으로 그렇게 고백한 듯합니다. 그러나 도마는 부활 예수의 역사적 상처를 직접 보고서 부활 예수께서 권력 악을 마침내 사랑으로 극복해냈음을 온 존재로 이해하게 되었습니다. 그 상처를 감히 만지지 않았으나, 보기만 해도 악의 세력이 하나님의 사랑을 이길 수 없다는 진리를 깨달았습니다. 그래서 마침내 "나의 하나님!"이라고 고백했습니다. 모더니스트의 고백이기에 오늘 우리에게 도마의 고백은 더욱 감동적입니다.

그리고 요한복음은 놀랍게도 그 끝머리에서 공포에 떨고 있는 제자들에게 부활 예수께서는 숨을 불어 넣어주시면서 성령을 받으라고 선포한 것을 증언합니다. 여기에 엄청난 뜻이 담겨 있습니다. 복음의 진수가 있습니다. 이 숨은 창세기 2장 7절에 나오는 하나님의 "생명의 기운"입니다. 사람을 생명체로 만들었던 창조주 하나님의 숨이고 하나님의 기운입니다. 부활의 예수는 바로 창조주 하나님의 숨결을 제자들에게 불어 넣으셨습니다. 그리고 사랑과 용서의 선교 사명을 주셨습니다. 여기서 부활이 재창조와 연관된다는 진리를 새삼 확인하게 됩니다. 더욱이 성부의 창조 동력이 성자 예수 구원의 동력과 이어진다는 것을 확인하게 됩니다. 그것은 성령을 통해 성부, 성자와 성령이 아름답게 감동적으로 공조하여 창조의 동력과 구원·나음의 동력을 이어주고 있습니다. 여기에 삼위가 일체일 뿐 아니라 변혁의 동력으로 서로 도우면서 창조, 재창조와 구원의 기쁨으로 이어짐을 확인하게 됩니다. 삼위일체의 감동적 공조의 모습이지요.

그런데 흥미롭게도 요한복음의 이야기는 여기서 끝이 나는데, 저자는 무엇이 아쉬웠던지 에필로그로 21장을 추가했습니다. 이 후기의 메시지가 또한 엄청나게 감동적입니다. 예수 처형 후, 절망했던 제자들은 옛 생업을 찾아 갈릴리로 돌아왔습니다. 그런데 옛날에 익숙했던 고기잡이가 도무지 신통하지 않았습니다. 밤새 노동했으나 허탕이었습니다. 이때 호숫가에서 그들을 기다렸던 부활 예수께서는 피로와 실망으로 쓰러질 것 같은 제자들에게 그물을 배의 오른쪽에 던지라고 했습니다. 이때 요한은 그가 바로 예수 스승임을 직감했습니다. 그물에는 큼직한 물고기가 153마리나 잡혔습니다. 부활 예수는 미리 갈릴리에 와서 기진맥진했던 제자들을 기다리고 있었습니다. 그저 기다린 것이 아니라 허기지고 지친 그들에게 대접할 떡과 생선을 구워놓고 기다렸습니다. 거기에 새로 잡은 생선도 구웠습니다. 그리고 친히 요리사가 되어 숯불을 피워 구운 떡과 생선을 멘붕 상태에 있는 허기진 제자들에게 친히 나누어 주었습니다. 그 전의 갈릴리 예수는 식사를 대접받았지만, 부활의 그리스도는 자기가 친히 음식을 요리하여 제자들을 대접했습니다. 놀라운 변화입니다.

부활 예수는 유령이나 귀신일 수가 없습니다. 갈릴리 예수, 곧 역사의 예수보다 더 인간적이고 더 아빠 같은 엄마요, 엄마 같은 아빠였습니다. 그는 엄청난 역사적 사건을 또한 일으키고 있었습니다. 아니, 본격적으로 하나님의 지배, 사랑의 지배, 샬롬의 지배, 공의의 지배의 새 역사를 새롭게 시작하셨습니다. 그리고 좌절했던 제자들로 하여금 저 따뜻한 지배를 온몸으로 뜨겁게 느끼게 했습니다. 다시 말하자면 부활 예수께서는 제자들과 함께 하나님 나라 세우기에 본격적으로 발동을 걸었습니다. 이제 역사의 예수와 부활의 그리스도 간의 장벽이 있을 수 없습니다. 그래서 오늘의 비극적인 우리의 현실 속에서 예수따르미들은 그리스도따르미로서 하나님 나라를 세우기 위해 더욱 헌신해야 합니다. 교회가 존재하는 이유가 바로 여기에 있습니다.

100여 년 전, 강대국의 탐욕과 무력으로 식민지로 떨어졌다가 전범국 일본의 패망으로 해방과 광복을 마땅히 누렸어야 할 우리 민족에게 강대국은 다시 분단의 족쇄를 채웠습니다. 그 결과, 지난 70여 년간 열전냉전으로 너무나 억울한 고통을 겪었습니다. 분단 체제를 심어놓은 강대국들은 오늘도 한반도의 평화를 세울 뜻이 없습니다. 자기들의 패권주의 지배를 지속시키기 위해 이 분단을 악용하고 있습니다. 이런 비극의 상황에서 예수따르미들은 분단의 장벽을 허물어 조국 평화의 새 질서를 세우는 일에 앞장서야 합니다. 왜냐하면 이 장벽 허물기가 하나님 나라의 긴급 아젠다Agenda이기 때문입니다. 하나님 스스로 신·인神·人의 장벽을 허무셨고, 생·사生·死의 장벽을 제거해 주시면서 온갖 다른 장벽들도 복음의 아젠다로 제거하길 원하시기에 오늘 한국의 예수따르미는 마땅히 분단의 장벽 허물기에 복음의 일꾼으로 앞장서야 합니다. 그래서 뜻이 하늘에서 이루어지듯 한반도 분단의 현실에서도 하나님 나라가 이루어져야 합니다. 천당 신앙에 안주하는 교회를 흔들어 깨우는 일에도 하나님 나라 운동을 하는 이들이 앞서 나가야 합니다. 한국교회가 나아가야 할 선교 방향이 바로 하나님의 장벽 허물기 운동에 동참하는 일이라고 믿습니다. 그래서 비록 완벽하지는 않지만 한반도에도 새 하늘과 새 땅이 이루어져야 합니다. 오늘도 부활의 주님께서 당신의 숨을 우리에게 불어넣어 주시기를 기도합니다. 그리하여 한반도에서 갑질하는 사자들이 소의 여물을 먹으며 새 존재로 거듭나서 만물이 새롭게 되는 하나님의 천지개벽의 한 단면이라도 볼 수 있게 되기를 기원합니다.

| 4부 |

진짜 멋진 새 질서를 향한 창조적 파괴

"가볍게 여행하라"
― 하나님 나라 일꾼 나그네

　　초대교회의 신앙고백은 엄청난 힘을 지녔기에 그만큼 대가도 고통스러웠습니다. "예수님은 우리의 주님이시다"라는 고백은 삶과 죽음을 갈라놓기도 했습니다. 이때의 고백은 낭만적인 시 암송이나 달콤한 사랑의 고백과는 전혀 다른 절박하고 심각한 고백이었습니다. 육체의 생명을 끝장내게 하는 무서운 고백이기도 했습니다. 인간 실존과 역사에 커다란 충격을 주는 힘이었습니다. 우리는 예수님의 부활을 증거하다가 돌로 죽임을 당한 평신도 스데반의 죽음을 기억합니다. 그만큼 그의 신앙고백은 처절하고 심각했습니다.

　　이 같은 힘 있는 고백은 한 개인의 결단이면서 동시에 공동체의 고백이기도 합니다. 바로 그 고백 위에 기독교 전통이 세워진 것입니다. 신앙고백의 실존성, 공동체성 그리고 역사성이 바로 여기에 있습니다. 이 고백으로 개인의 신앙은 독수리처럼 올라가고, 공동체는 예수 그리스도의 몸으로 알차게 자라게 됩니다. 그런데 신앙고백의 이러한 힘은 고백자 또는 고백공동체의 특수상황과 연결될 때 비로소 변혁의 힘으로 나타납니다. 고백의 내용을 텍스트text라고 한다면 고백공동체의 특수상황은 바로 콘텍스트context라 하겠습니다. 그러기에 대체로 보편성을 띠는 고백 내용이 고백공동체의 절박한 특수상황에 담겨질 때 그것은 감동의 파장을 불러일으킵니다. 콘텍스트 없는 텍스트는 힘을 내지 못합니다. 마찬가지로 텍스트 없는 콘텍스트 또한 감동과 힘의 모태母胎가 될 수 없습니다.

우리는 사도신경의 문제점을 알고 있습니다. 그 내용이 우리의 상황과 연결이 잘되지 않습니다. 때로는 공허할 정도로 추상적 교리나 교리적 요리문답 지침같이 들립니다. 내용을 보아도 희년의 복음을 위해 헌신했던 역사적 예수의 모습은 보이지 않습니다. 그렇다고 믿음으로 구원받는다는 사도바울의 그리스도의 모습도 뚜렷하지 않습니다. 그러기에 신앙고백의 역동적 보편성을 고백공동체의 특수상황이라는 그릇에 새롭게 담으려고 진지한 노력, 성실한 신앙의 몸부림을 쳐야 합니다. 고백의 실존적 능력과 변혁적 효력을 위해서도 텍스트는 콘텍스트와 연결되어야 합니다. 오늘 우리의 콘텍스트에서 신앙고백의 내용인 텍스트를 재조명해야 합니다.

특히 날로 심각해지는 환경문제를 희년의 관점에서 재성찰하면서 우리의 신앙고백을 다듬어 볼 필요가 있는 것입니다. 그것은 우리 공동체를 변혁 공동체로 되살려 주는 것이기도 하고, 우리 고백을 힘 있고, 살아있는 고백으로 만들어 주기도 할 것입니다.

먼저 창조주 하나님에 대한 우리의 고백에 주목합시다. 하나님이 동물을 포함한 자연을 창조하시고 "좋다"라고 감탄하셨습니다. 하나님의 감탄을 자아낼 만큼 자연은 아름다웠습니다. 제가 여러 해 전 중국 계림에 갔을 때 산山의 아름다움을 보고 탄성을 발했던 기억이 새롭습니다. 그렇습니다. 창조주 자신이 "좋구나"라고 하실 만큼 자연은 아름다운 것입니다.

그런데 사람을 지으신 뒤 하나님께서는 "참으로 좋구나"라고 더욱 감탄하셨습니다. 피조물은 자연이든 사람이든 좋은 것, 아름다운 것이었기에 그것을 보전하는 것은 바로 창조주의 뜻이라고 합니다. 우리는 값지다고 생각되는 미술품은 그렇게 소중하게 간직하려고 하면서 왜 하나님의 걸작품은 그토록 푸대접 했을까요. 바로 이 피조물의 아름다움을 누가 파괴하고 훼손해왔습니까. 그것은 바로 인간의 독선과 교만 그리고 탐욕 아닙니까. 인간은 만물 위에 군림하는 영장이라는 독선과 교만이야말로 자연을 포함한 만물을 경시하고 함부로 다룰 수 있게 했습니다. 인간은 피조물로서 다른 피조물인 자연을 잘 관리해야 하는 청지기일 뿐인데, 그것을 자기 마음대로 다스리려고 했습니다. 우리는 자연에 대해서도 일정한 윤리의식을 가져야 합니다. 자연에 대한 교만과 독선, 오만과 방자함은 죄악임을 깨달아야 합니다. 21세기의 위기는 인간과 인간 간의 대결에서 나오기보다 인간과 자연 간의 대결에서 나올 가능성이 큽니다. 이런 때 특히코로나19라는 전 지구적 괴질 이후, 신앙공동체는 자연에 대한 성서적 인식을 새롭게 가져야 합니다.

인간의 탐욕은 자연을 끊임없이 괴롭혔습니다. 자연을 마침내 신음하게 했습니다. 인간은 개발이라는 미명 아래 자연을 마구 정복, 착취, 학살해 왔습니다. 더 아름답게 창조된 인간 피조물이 아름답게 창조된 자연 피조물을 더 추악하게 파괴하고 있습니다. 자연의 신음을 저 일본의 지진 소리에서, 저 유럽의 홍수 소리에서 들을 수 있어야 합니다. 이 같은 절박한 상황에서 창조주는 변혁을 도모하지 않을 수 없습니다. 이것이 바로 하나님 창조의 보전과 완성을 위한 하나님의 변혁 활동입니다. 교회공동체가 날로 악화하고 있는 환경문제를 사회·경제적 차원에서만 보지 않고, 신앙고백의 차원에서 보는 이유가 바로 여기에 있습니다. 창조주의 변혁 노력과 그 완성을 감사드리며 그 완성작업에 동참하는 것이 신앙공동체의 책임이기 때문입니다. 자연이 병들어 죽어 가는데, 어떻게 인간만이 살아남을 수 있습니까. 자연은 인간의 젖줄이요 모태母胎인데 자연이 죽으면 인간도 죽을 수밖에 없습니다. 하나님은 더 좋은 인간을 살리기 위해서도 "좋은" 자연을 살리시고자 오늘도 노력하고 계십니다. 당신의 창조활동은 이 순간에도 계속되고 있습니다.

이제 자연의 핵이라고 할 토지에 대한 성서적 이해를 알아봅시다. 성서적 이해를 하기에 앞서 토지가 힘의 원천이었음을 역사와 현실에서 확인하게 됩니다. 부족 간 갈등, 민족 간 분쟁, 국가 간 전쟁은 따지고 보면 땅의 확장 탐욕에서 비롯된 것입니다. 땅을 넓히면 국가 신장이요 땅을 잃으면 국권 상실입니다. 개인과 가족에게도 땅은 힘의 바탕이었습니다. 그러기에 땅에 대한 방침을 보면 그 가정, 집단, 국가의 앞날에 안정과 발전을 예측할 수 있습니다. 한 나라의 토지를 소수가 독점하고 있는 나라는 장래가 없습니다. 그곳엔 평화도 정의도 없습니다. 오늘의 중남미中南美 나라들, 그러기에 분쟁으로 국력이 소모되고 있습니다.

기독교가 자본주의와 접목되면서 토지에 대한 성서적 입장은 안타깝게도 거의 무시되고 짓밟히고 있습니다. 그것은 악덕 지주 중에 기독교 신자들이 적지 않았기 때문입니다. 우리는 유럽의 악덕 봉건 영주들이나 미국의 농장 주인들이 대부분 기독교 신자들이었음을 압니다. 이들이야말로 땅에 대한 성서적 인식을 왜곡해 온 장본인들 아닙니까. 그렇다면 성서적 입장은 어떠한지 다시 확인할 필요가 절박합니다.

첫째, 성서는 안식일을 맞아 땅도 쉬게 하라고 말씀하셨습니다. 땅도 쉬게 하라는 말씀 속에는 땅도 사람처럼 숨 쉬는 생명체란 뜻이 담겨 있습니다. 사람도 일한 뒤 보상을 받고 쉬어야 노동력을 재생산할 수 있듯이 땅도 인간처럼 아낌을 받고 쉬어야 합니다. 땅을 생명 없는 착취의 대상으로 보아서는 안 됩니다. 풍부한 수확을 위해 화학 비료를 쓰는 것은 사람의 몸을 즐겁게 해준다고 마약을 먹는 것과 마찬가지입니다. 마약이 살인殺人하게 되듯이 화학 비료의 과도한 사용은 살토殺土요 살생殺生입니다. 마약 투입이 형법에 저촉된다면 토지에 독약을 집어넣는 것은 하나님의 법을 범하는 것입니다. 운동선수가 스테로이드를 복용하면 금메달을 따더라도 그것이 취소되고 그의 사회적 생명이 끝나게 되듯, 땅에 인공비료를 지나치게 쓰는 것은 살생으로서 마땅히 취소되어야 합니다. 그러기에 땅에 대한 희년의 의미는 땅을 살아 있는 생명으로 보아 사람처럼 쉬게 하고 숨 쉬게 하라는 뜻입니다.

이 뜻을 한 번 더 깊게 짚어 본다면 땅이 생명체이듯 사람도 마침내 땅이 되고 만다는 사실입니다. 인간은 흙으로 돌아갑니다. 흙과 인간은 따지고 보면 하나입니다. 인간은 참으로 땅이라는 자연의 일부분일 뿐입니다. 참으로 신토불이身土不二입니다. 자연을 경멸하고 파괴하는 것은 곧 자기를 능멸하고 파괴하는 짓입니다.

둘째로 성서는 땅의 참 주인은 하나님이시며, 인간은 땅의 임시 관리자요 임시 거주자요 땅의 나그네일 뿐임을 분명히 가르쳐 주고 있습니다. 그러기에 땅이 쉴 때 땅에 관련된 모든 임시 관리자들도 쉬어야 합니다. 안식일은 나 혼자 쉬는 것이 아니라 나와 관계되는 다른 사람들을 쉬게 하는 날입니다. 안식일의 애타주의愛他主義가 여기에 있습니다.

땅의 주인이 하나님이시기에 땅값은 희년이 가까울수록 떨어질 수밖에 없습니다. 땅은 희년이 되면 원래 주인에게 귀속됩니다. 가난했기 때문에 땅을 팔 수밖에 없었던 사람들은 희년이 되면 그 땅을 다시 찾게 됩니다. 이것이 땅의 참주인의 뜻입니다. 이러한 희년 정신에 따라 노예도 희년에는 해방되는 것입니다. 인간은 땅의 나그네일 뿐이라는 성서의 가르침은 우리에게 여러 가지 교훈을 줍니다.

종착점을 향해 여행하는 나그네는 여행 중에 나만을 위한 튼튼한 큰 창고를 짓지 않습니다. 튼튼한 큰 성곽을 세우지 않습니다. 영원한 안식처를 마련하지 않습니다. 나만을 위한 소유와 축적에 발광하듯 정열을 쏟지 않습니다. 또한 현명한 여행자는 여행 중에 항상 자기를 성찰하고 반성합니다. 여행은 메타노이아$μετάνοια$: 회개의 과정입니다. 여행 중에 느끼게 되는 새로움은 여행자를 깨닫게 하고 감탄케 하고 겸손하게 합니다. 특히 종착지점의 시각에서 항상 자기를 되돌아봅니다. 이것이 믿음이요 희망이요 역사 의식입니다. 이러한 메타노이아의 존재가 바로 희년적 인간이요 안식일의 주인입니다.

주님께서는 땅의 나그네인 인간들에게 "가볍게 여행하라travel light"고 권고하셨습니다. 그렇습니다. 무거운 짐을 들고 여행하셨던 예수님의 모습이 떠오릅니까. 우리는 힘센 보부상처럼 팔 물건을 짊어지고 여행하셨던 주님을 상상할 수 없습니다. 무거운 짐을 가볍게 해 주셨고, 당신 자신이 제자들에게 짐에 짓눌린 선교여행을 하지 말라고 당부하셨습니다. 인생 여정에서 우리는 우리만을 위한 소유와 축적이라는 그 엄청난 짐을 지고, 어리석은 나그네 삶을 살고 있지 않습니까.

예수님께서 취임사 설교를 하신 것은 바로 이 같은 희년의 기쁜 소식을 전하시고자 당신의 특수상황에서 희년을 재해석하신 것입니다. 나만을 위한 소유와 축적의 탐욕으로 생긴 "아름답지 못한, 좋지 못한 균열"을 바로 잡는 것이 곧 희년의 참 정신임을 선포하셨습니다 (눅 4:16-19).

> 가난한 자와 부자 간의 균열
> 포로된 자와 횡포자 간의 균열
> 억눌린 자와 억압자 간의 균열

눈먼 자와 눈멀게 하는 자 간의 갈등을 성령의 힘으로 깨트리시기 위해 당신의 상황에서 희년을 선포하신 것입니다. 이같이 추한 균열은 사람이 사람답게 살지 못하게 되는 죄악의 상황이며 이 상황을 바로 고쳐보려는 것이 역사적 예수의 관심이었습니다. 하나님의 정의와 평화도 이 같은 희년 선포와 연관되는 것입니다. 이 선포는 성령의 능력으로 촉발되는 것입니다. 성령 없이 희년 운동은 성공할 수 없습니다.

그런데 자연의 생명체 됨과 인간의 나그네 됨을 철저히 깨닫고, 하나님의 창조 질서의 윤리(환경 보호)와 토지 정의를 실현하기 위해 헌신하기는 쉽지 않습니다. 이런 헌신은 고통스러운 일입니다. 그러기에 우리는 성령의 힘을 통해 끊임없이 충전해야 합니다. 그리고 이런 헌신은 혼자 해낼 수 없습니다. 십자가의 고난에 동참하고, 부활의 승리에 참여하는 신앙공동체의 힘으로 해내야 합니다. 교회가 있어야 할 이유가 여기에 있습니다. 교회공동체의 고백이 있어야 할 이유가 여기에 있습니다. 그런데 과연 교회가 그런 공동체인가요?

신학은 넓게, 신앙은 깊게

1950년대 대학생이었을 때 2000년의 제 모습은 어떠할까를 상상해 보곤 했습니다. 그때 저는 이승만 박사 같은 백발노인을 그려 보았습니다. 도대체 그때까지 내가 살 수 있을까를 염려했습니다. 21세기는 당시 대학생인 저에게 까마득하게 멀고 먼 미래였으니까요. 그런데 시간은 정말 빨리 흘렀습니다. 마치 모래시계의 모래가 가속적으로 빨리 흘러내리듯 시간은 덧없이 빨리 흐르더군요.

한편으로 생각하면 인류역사상 가장 많이 구경하는 세대가 바로 저의 세대 같습니다. 어릴 때 석기시대의 불이었던 관솔불에서 오늘 우주 시대의 형광등까지를 모두 사용해본 세대이기도 합니다. 달구지에서 우주선까지를 두루 거치고 있는 세대이기도 합니다. 우리 할아버지만 하더라도 우주 시대는 꿈도 꾸지 못했었지요. 이렇게 오랜 역사 흐름을 모두 경험했다는 뜻에서 가장 오래 살아 온 행운의 세대이기도 합니다.

그러나 역사적 예수의 그 짧은 삶을 생각하면 저의 삶은 길어서 오히려 부끄럽기도 합니다. 예수의 공생애는 1년, 또는 3년으로 아주 짧았으나 그의 생애가 전체 역사에 끼친 영향을 보면 너무나 엄청납니다. 역사의 큰 물줄기를 바꾸었고, 인류의 삶의 양태와 내용을 크게 변화시켰습니다. 역사적 임팩트는 너무나 컸기에 우리의 삶은 그저 "시간 보내기"에 불과한 듯 여겨지기도 하고, 또 게을렀고 이기적인 삶인 것처럼 여겨지기도 합니다. 정말 부끄러운 삶이기도 합니다.

신앙은 더욱 깊게, 신학은 더욱 넓게 자라야만 합니다. 대체로 한국교회는 열린 신학을 배척해왔습니다. 오히려 닫힌 신학을 선호해왔지요. 변증론적 신학, 근본주의적 신학, 문자주의적 독선이 그 주류를 이루고 있었습니다. 이 같은 닫힌 신학은 율법주의적 신앙을 부추겨 왔습니다. 배타적이고 독선적인 삶을 규범으로 삼아왔지요.

이제 한국교회는 양적 성장을 멈추고 있습니다. 그것을 크게 자랑으로 여겨왔던 한국교회는 지금 심각한 위기를 맞고 있습니다. 이 위기는 양적 성장만의 중지가 아니라 질적 퇴보를 뜻하기도 합니다. 이미 그러한 퇴행을 우리는 경험하고 있지요. 종말론을 빙자한 유치한 사이비 종교 행위, 만민중앙교회의 비리, 옷 로비 사건을 통해 확인하게 되는 교회의 몰윤리성沒倫理性, 큰 교회들에서 흔히 볼 수 있는 불투명한 재정 운영 등 마치 교조적 마르크스주의자들이 휴머니스트 마르크스를 계속 죽이듯이 닫힌 기독교가 역사의 예수를 계속 죽이고 있습니다. 특히 사회적 책임이나 윤리성 없이 급속하게 자란 한국교회가 세상의 추문이나 웃음거리로 전락하는 현실이 참으로 안타깝습니다. 이것은 신학 없는 한국교회가 기복적 신앙祈福的 信仰의 포로로 전락했기 때문이지요. 더 정확하게 말한다면 닫힌 신학의 좁은 그릇에 탐욕과 성장의 기복신앙을 가득 채웠기 때문입니다.

　이제 한국교회는 열린 신학의 큰 그릇에 뜨거운 예수의 영과 몸 그리고 그리스도의 능력을 가득 담아내야 합니다. 역사적 예수(부활 이전 예수)에 대한 열린 신학으로 예수의 변혁적 영성을 더욱 뜨겁게 체험해야 하고, 그리스도에 대한 열린 신학으로 그리스도(부활 이후 예수)의 영적 능력을 온몸과 마음으로 체험해야 합니다. 역사적 예수의 영은 참으로 역사적인 사회책임과 윤리의식을 권면해 줍니다. 앞으로 열린 신학 곧 예수 신학의 도움을 받지 않는 교회는 스스로 문을 닫게 될지도 모릅니다. 닫힌 신학이나 신학 없음은 한국교회를 더욱 양적으로 위축시키고, 질적으로 웃음거리로 전락시킬 것입니다.

　바로 이런 뜻에서 우리는 역사의 예수와 신앙의 그리스도를 함께 그리고 새롭게 만나야 합니다. 특히 역사의 예수를 찾고 구하고 만나고 체험해야 하지요. 열린 신학의 창문으로 역사적 예수의 말씀과 삶에서 그리고 그의 실천에서 더욱 감동 받아야 하고, 실천적 신앙의 창문으로 부활의 그리스도를 더욱더 뜨겁게 만나야 합니다. 우리는 이때까지 복음서, 제도 교회, 성직자들 그리고 기독교 신자들이 말해 온 "그리스도"에 관해 귀가 아프도록 많이 들어왔습니다. 간접적으로 많이 들어 왔지요. 이제는 변혁적 주체로서 영적 동력으로 사셨던 역사의 예수를 직접 만나봐야 할 것입니다. 교리의 두꺼운 옷을 입은 "그리스도"를 통해 간접으로 예수에 관해 들을 것이 아니라 역사의 예수를 직접 만나면서 그리스도의 영도 새롭게 직접 체험할 수 있어야 합니다. 그리하여 예수께서 이룩하시려고 했던 그 뜻을 오늘 여기 우리의 상황에 재현해야 할 것입니다. 이것이 바로 예수 닮기와 그리스도 닮기의 정신입니다.

그런데 예수 닮기의 삶은 참으로 어렵고, 괴롭고, 외로운 일입니다. 20세기적 문화 사회구조 속에서 예수 닮기는 너무 힘듭니다. 좌절하기 쉽습니다. 그러기에 우리는 부활의 예수 곧 신앙의 그리스도와의 관계에서 힘을 얻어야 합니다. 그 영적 힘으로 그 어려운 예수 닮기를 실천해내야 하지요. 다시 말하면 그리스도를 닮아 그 영광의 힘으로 예수 닮기를 해내야 합니다. 그것도 공동체적으로 해내야 합니다. 공동체가 예수를 직접 만나 예수 공동체로 거듭나야 합니다. 이것이 바로 기독교를 참신한 종교the frist-hand religion로 항상 새롭게 하는 힘입니다. 교회는 중고품 교회가 되어서는 안 됩니다. 그래서 열린 예수 신학이 요청되는 것입니다.

그렇다면 예수 닮기의 신학은 가능합니까? 도대체 역사적 예수를 우리가 만날 수 있습니까? 대체로 역사의 예수를 찾으려 했던 많은 신학자가 좌절을 겪으면서 그 탐구를 한때 포기하기도 했습니다. 슈바이처 박사와 불트만 교수가 그 대표적 신학자이기도 합니다. 역사적 예수를 찾기란 쉽지 않은데다가 찾아도 그의 종말론적 예언자의 모습은 오늘 우리에게는 아주 낯선 이방인처럼 여겨진다고 믿어 그 탐구를 포기했지요. 대신 신앙의 그리스도를 믿고, 그의 케리그마(우리의 죄를 대속하시기 위해 십자가에 달리셨고 부활하신 메시아에 대한 메시지)를 소중하게 다루었습니다.

그러나 1980년대 이르러 미국을 중심으로 일군의 성서학자들이 역사적 예수를 진지하게, 투명하게, 정직하게, 용기 있게 찾기 시작했습니다. 개인적으로 탐구하는데 끝나지 않고 공동체적으로 체계 있게 탐구하고 있습니다. 이른바 예수 세미나Jesus seminar의 학자들이 지난 이천 년간 두꺼운 교리의 옷을 입고 있던 "그리스도"에만 익숙해진 기독교 신자들에게 교리의 옷을 벗고 있는 역사의 인물 예수를 만나게 해주고 있습니다. 그들의 연구가 정직한 만큼 또한 충격적이기도 합니다. 왜냐하면 복음서에 나타난 예수의 말씀, 그 태반이 역사적 인물 예수께서 직접 하신 말씀이 아니라 초대교회가 체험했던 부활의 예수 곧 그리스도의 말씀임을 밝히고 있기 때문입니다. 이것은 닫힌 신학을 숭상하는 이들에게는 하나의 충격이 됩니다.

그러나 여기서 우리는 초대교회의 체험을 존중해야 합니다. 그들이 부활하신 예수의 현존을 체험했기에 그 체험의 빛 아래서 예수의 말씀과 삶을 새롭게 창작하기도 하고 해석하기도 했습니다. 비록 그 해석된 말씀이 역사적 예수의 말씀이 아니라 하더라도 그것은 개인과 사회, 인간과 역사를 크게 변혁시키는 힘으로 작용했기 때문입니다. 그렇다 하더라도 역시 역사적 예수의 말씀과 삶을 찾아낼 수 있다면 그것은 엄청난 감동의 원천이 될 것입니다. 부활 이전의 예수께서 하신 행적이나 말씀은 그것대로 인간과 역사, 개인과 사회구조를 가장 바람직한 방향으로 변화시킬 힘이 될 것임은 틀림없다 하겠습니다.

우리는 너무나 오랫동안 역사적 예수를 모른 채 인습적으로 예수를 믿어왔습니다. 화려한 제왕의 옷과 위엄 있는 교리의 옷을 입고 휘황찬란한 왕관을 쓰고 있는 그리스도를 역사의 예수로 믿어왔지요. 특히 근본주의 신앙과 문자주의 신학을 철석같이 믿고 있는 분들은 복음서에 나타난 예수가 100% 역사의 예수요 복음서가 충실한 역사 사실의 기록이라고 믿어왔습니다. 그런데 성서는 결코 역사 사실historical fact을 객관적으로 기록해 놓은 문집이 아닙니다. 그것은 신앙의 문헌입니다. 그러나 그 속에 역사적 예수의 흔적은 명백하게 남아있지요. 그것을 찾아낼 수 있다면 찾아내어야 합니다. 왜냐하면 그것 자체가 엄청난 기쁜 소식을 담고 있는 보물이기 때문입니다.

역사적 예수를 찾는 일은 쉽지 않습니다. 예수 세미나 학자들은 비교문화연구cross cultural study 방법, 역사적 연구 방법 그리고 본문연구textual study 방법을 모두 동원합니다. 그리하여 예수께서 직접 하신 말씀과 사건을 보존하고 있는 전승tradition을 찾아내고, 이 같은 전승 자료로 예수에 관한 설화說話, 곧 내러티브를 엮어내는 단계를 확인해 냅니다. 그리고 부활 이후 초대교회가 새로운 말씀과 설화를 예수님의 것으로 귀속시키는 문제를 다루고 있습니다. 그러면서도 이 학자들은 역사적 예수의 모습을 자신들의 취향에 따라 멋대로 재구성되는 것을 경계하고 있습니다. 이것을 최후의 유혹으로 표현할 만큼 경계하면서 역사적 예수를 탐구하기에 그들의 학문적 예수 탐구는 그만큼 진솔하고 정직합니다.

그들이 찾은 역사적 예수의 모습을 예수 말씀을 중심으로 보면, 대체로 비종말론적非終末論的 메시지를 담고 있고 기존의 인습적 지혜를 뒤집는 창조적 대안의 지혜를 표현하고 있으며, 평등하고 열린 공동체, 무상의 치료를 통한 나눔의 공동체를 세우려는 모습이 뚜렷하게 드러나고 있습니다. 몇 가지 중요한 것을 이야기해보기로 하겠습니다. 예수 메시지의 중심은 하나님 나라 세우기였습니다. 하나님 나라는 어느 날 갑자기 저 위에서부터 역사 속으로 개입해 들어오는 기적의 나라가 아니라 우리 가운데 누룩처럼 조용히 그러나 확실하게 번지는 열린 공동체였습니다. 그리고 그것은 웅장한 제국의 모습을 지니지 않습니다. 이를테면 하나님 나라를 겨자씨로 비유하여 그것이 겨자 나물과 같다고 했습니다. 예수 당시 하늘에서 내려오는 하나님 나라는 레바논의 백향목처럼 우람하고 웅장하며 그것이 예루살렘

한복판에 우뚝 서서 하늘을 닿을 듯한 위세를 지니는 큰 중심목中心木으로 인식되었습니다. 세계중심부에 우뚝 서서 하늘을 찌를 듯한 기세로 서 있는 우람한 나무였지요. 그런데 예수님의 하나님 나라는 그러한 것이 아니었습니다. 겨자씨에서 자란 조그마한 나물 같은 빈약한 나무에 불과합니다. 큰 나무가 아니었습니다. 보잘것없는 변두리의 작은 나무였지요. 그러나 비록 그 규모는 작고 보잘것없으나, 혀끝을 쏘는 독특한 맛을 지니면서도 그것이 쑥처럼 강인하게 번식하는 힘을 지닌 나물입니다. 게다가 쑥대밭으로 만드는 변화와 번짐의 힘을 지니면서 기득권자들이 그토록 싫어하는 새들을 유인하는 힘을 지닌 나물이었습니다.

마치 누룩이 당시 불순한 것으로 믿어 경건한 절기에는 누룩 없는 빵을 먹었던 당시 풍습을 뒤집기나 하듯 예수께서는 하나님 나라를 누룩으로 비유했습니다. 같은 맥락에서 누룩의 비유도 겨자씨 비유와 함께 관례와 인습을 뒤집는 변혁의 비유이기도 합니다. 예수께서는 하나님 나라를 잔치로 비유했지요. 그것도 활짝 열린 잔치여서 온갖 불순하고 불결했던 사람들 곧 적빈자赤貧者, 이방인, 여성, 지체 장애인, 세리, 죄인 등이 잔치의 주인공으로 대접받습니다. 열린 식탁 공동체는 차별 없이 사람들을 초청했습니다. "우리들"만이 아니라 "그들"도 식탁공동체의 주인이 되는 것입니다. 이 같은 예수의 인식은 기존의 계급구조를 근본적으로 뒤집는 인식이기도 합니다.

열린 잔치에서 하나님 나라의 모습을 볼 수 있게 해주신 예수께서는 하나님 나라가 함께 아파하는compassionate 공동체요, 함께 떡을 나누는companion 공동체요, 서로 의사소통이 잘되는communication 공동체임을 부각시켜 줍니다. 그리고 그 잔치를 베푸는 분도 지혜

Sophia라는 모성母性의 존재입니다. 남의 아픔을 자궁처럼 느끼고, 애간장 타듯 남과 의사소통하고 싶은 모성의 존재입니다. 또한 예수의 하나님 나라는 무상의 치유가 일어나는 곳입니다. 병균만 퇴치하는 것이 아니라 환자에게 부당하고 억울하게 강요된 온갖 부정적 낙인을 벗겨 주십니다. 이를테면 예수는 죄인이라는 딱지를 떼어주시어 병균과 사회적 정죄定罪로부터 환자를 동시에 해방시켜 주셨습니다. 질병disease과 사회적 고통illness 모두를 무상으로 치유해 주심으로써 계급·성·인종·문화의 벽으로 갈라지고 반목했던 인간들을 낫게 하여 그들에게 건강과 화평을 안겨주셨습니다. 이것은 참으로 놀라운 경탄marvel의 공동체였습니다. 초자연적 치유행위는 놀라움의 경탄을 자아내는데, 이 경탄이 신앙으로 연결되면 그것이 기적이 되고 맙니다.

그러기에 하나님 나라는 기적이 일어나는 공동체이기도 합니다. 초자연의 힘은 자연 질서 속으로 침입하는 그 어떤 초자연적 괴력이 아니라 "영원히 숨어 있는 것이지만 끊임없이 뛰고 있는 자연의 심장"입니다. 세계적 신학자 크로산의 간결한 표현이지요. 바로 그 심장이 예수의 심장이기도 합니다. 무상의 치유가 바로 이 끊임없이 뛰고 있는 자연의 심장의 효력이라 하겠습니다. 예수님의 지혜는 기존의 인습적 지혜를 대신할 대안적 지혜입니다. 그러나 그것이 위로부터 강요되는 것이 아닙니다. 그것은 항상 시청자를 공손히 초청하는 겸손한 지혜입니다. 선한 사마리아 비유의 지혜는 예수를 걸고넘어지게 하려 했던 질문자를 정중하게 대접합니다. 그 지혜의 내용은 아주 과격함에도 말입니다. 탕자의 비유도 그러합니다. 이 비유에 나오는 아버지는 당시 가부장적인 전통적 아버지상像과는 너무 다릅니다. 가장 엄마 같은 아버지의 모습 바로 그것이 예수의 하나님이었습니다. 예수께서 "아바Abba"라고 불렀고, 가까이 체험했던 바로 그 하나님입니다.

한마디로 예수의 메시지가 제시했던 올곧은 삶의 길은 "대안적 새 길"이었기에 사람들이 많이 밟지 않은 길이기도 합니다. 그만큼 그 길은 어렵고, 외롭고, 괴로운 길이기도 합니다. 십자가를 지고 가는 길이기도 합니다. 그러나 그 길을 걸어가면서 공중에 나는 새를 보든지 길옆의 백합화를 볼 때마다 하나님을 가깝게 느끼며 체험할 수 있습니다. 새와 꽃에서 만날 수 있는 예수의 하나님은 인습의 지식이 강조했던 죄를 심판하는 무서운 하나님이 아니었습니다. 여러 가지 까다로운 종교적 요구 조건을 내세우고, 그 조건들을 충족시키는 사람들에게만 상을 내려주는 심판 주 하나님도 아니었습니다. 조건 없이 함께 아파하시고 애간장을 태우면서 의사소통을 하고 싶어 하시는 "자궁의 하나님"이셨습니다.

바로 이 같은 하나님을 예수께서는 사람들이 직접 만나고 체험케 하셨습니다. 하나님과 사람 사이에 중개자가 필요하지 않습니다. 교회, 교리, 성직자, 누구도 중개자가 되어서는 안 됩니다. 하나님을 직접 체험하는 기쁨, 그것이 곧 복음이지요. 하나님 나라의 특권입니다. 여기서 우리는 진부한 인습적 종교신앙으로 욥을 꾸짖었던 욥의 신앙 동지들과 달리 욥은 그의 고난을 통해, 너무나 억울한 고난을 통해 자궁의 하나님을 직접 체험했습니다. 이제껏 간접으로 종교의 귀를 통해 듣고 알았던 하나님을 직접 눈으로 보고 체험한다고 고백하고 있습니다.

지금까지는 제가 귀로만 들었습니다.

그러나 이제는 제가 눈으로 주님을 뵙습니다(욥 42:5)

그리스도 닮기는 어떻습니까. 그리스도가 비록 역사적 예수와 다르다고 하더라도 무익한 것입니까. 결코 그렇지 않습니다. 그리스도는 예수 부활을 체험했던 초대 교인들이 예수를 그리스도시요 살아계신 하나님의 아들이라고 고백함으로써 기독교 역사에 크게 자리잡게 되었습니다. 앞에서 말했듯이 그리스도는 초대교회의 삶과 역사를 변화시키는 힘이기도 했습니다. 그리스도는 역사의 예수와 달리 시공時空을 초월해서 현존하시는 영적 존재라고 하지만 그 존재는 환상이 아니라 현실이요 진실이었습니다. 사람과 역사를 변화시키는 힘이기도 합니다.

사도바울에게 있어서 그리스도는 하나님과 올바른 관계를 맺게해주는 힘이었습니다. 이 힘은 믿음으로 은총을 통해 발휘되었습니다. 바로 바울이 강조한 이런 점이 역사적 예수의 모습과 상통합니다. 종교적 또는 신앙적 요구 조건을 충족시켜야만 하나님과의 관계를 맺을 수 있다고 생각했던 유대교의 인습적 지혜와 달리 예수의 하나님은 값없이, 조건 없이 인간을 사랑하시는 하나님이십니다. 바울의 하나님도 그러합니다. 믿음을 통해 은총으로 의義롭다 하심을 받는 것이 바로 복음의 진수입니다(롬 3:24). 여기 믿음을 요구 조건으로 보지 말고, 하나님의 은총에 대한 깨달음으로 봐야 할 것입니다. 바로 이점이 바울의 그리스도와 역사의 예수가 서로 만나게 됨을 뜻합니다.

이제 우리는 예수 닮기의 삶이 여행의 삶임을 새삼 깨달아야 합니다. 이 여행의 종착지는 권력과 돈을 독점하는 일이 결코 아닙니다. 그 같은 목표는 이집트 바로 왕 체제의 삶이며, 바빌론 왕국의 삶이기도 합니다. 우리의 여행은 출애굽의 여행과 같고, 바빌론 포로 생활에서 해방되어 예루살렘으로 귀향하는 여행과 같습니다. 우리 여행의 종착점은 평화와 정의, 자유와 존엄이 이슬비처럼 내리는 곳입니다. 그런데 이 같은 여행은 앞에서 얘기했듯이 고단하고, 어렵고, 괴로운 여행입니다. 그러기에 길에서 지쳐 쓰러지지 않으려면 시공을 초월해서 함께 해주시는 그리스도 예수 곧 부활의 예수를 항상 만나야 합니다. 바로 여기서 그리스도 닮기와 그리스도 만나기가 필요한 것이지요. 사도바울은 이 여행을 그리스도 닮기 여행으로 보고, 이 여행에서 매번 높은 영적 단계로 나아간다고 고백했습니다(고후 3:18).

교리의 베일, 교권의 베일을 벗고 그리스도를 직접 쳐다보면서 그의 영광스러운 모습을 닮아 가는 것은 한 단계의 기쁨에서 다음 단계의 기쁨으로 향상하는 영적 삶이라고 했습니다. 그렇습니다. 그리스도인의 삶은 죄와 죄의식 그리고 용서 사이를 개미 쳇바퀴 돌듯 왔다 갔다 하는 자학적이고 정체된 삶이 아니라 나선형으로 신나게 올라가는 역사적 삶입니다. 한 단계 한 단계 올라갈 때마다 새로운 예수, 새로운 그리스도를 만나게 됩니다. 그리하여 만날 때마다 그리스도는 마치 처음 만나는 애인처럼 신선한 느낌을 줍니다. 신학자 보그M. Borg가 고백했듯이 예수를 다시 만나면서도 처음 만나는 것으로 느끼게 됩니다.

이제 우리는 항상 예수를 새롭게 만나야 합니다. 그리스도의 영을 체험하면서 예수를 오늘 우리의 상황에서 새롭게 만나 그분의 말씀을 실천해야 합니다. 그리스도의 영 곧 부활하신 예수의 영이 더욱 소중해지는 것은 예수의 비전을 실천하기가 여간 어렵지 않기 때문입니다. 신앙의 그리스도를 직접 체험하여 역사의 예수께서 세우시려 했던 하나님 나라 건설을 위해 우리는 더욱 헌신해야 할 것입니다. 이것이 이 시대 우리의 각오가 되어야 할 것입니다.

그러므로 우리는 역사적 예수를 만나게 해주는 신학 곧 열린 예수 신학에 대해서 활짝 문을 열어야 할 것입니다. 열린 예수 신학의 튼튼한 그릇에 우리의 뜨거운 신앙을 담아내야 할 것입니다. 그래야만 이 시대를 견딜 수 있고, 겨자씨 나물처럼 자랄 수 있고, 누룩처럼 천천히 그러나 아름답고 착실하게 개인과 구조를 한때 변화시킬 수 있을 것입니다.

역사적 예수의 말씀과 삶에 대한 열린 신학적 이해는 우리로 하여금 예수에게 더욱 끌리게 할 것이며 그리스도의 영성을 체험하는 것은 우리의 신앙을 더욱 깊게 해줄 것입니다. 여기서 신학과 신앙은 서로 도와주면서 개인도, 공동체도 함께 자라게 할 것입니다. 예수 닮기 여행에서 그리스도를 닮아 가는 것은 소망 중에 즐거워하는 일이요 사랑의 나눔으로 공동체를 아름답게 자라게 하는 일입니다. "신학은 더 넓게, 신앙은 더 깊게"라는 고백이 언제나 우리의 화두가 되어야 할 까닭이 여기에 있다고 하겠습니다.

이름 불러주기의 힘
— 새로운 존재의 탄생

　이름 불러주기의 힘은 언어와 상징을 활용하는 인간만이 누릴 수 있는 특권입니다. 아름다운 이름을 불러주면서 아름다운 관계를 창조할 수 있다는 것은 인간의 엄청난 특권이며 기쁨입니다. 하나님께서는 인간에게 이 같은 특권을 은총으로 주셨습니다. 하나님께서 아담을 창조하신 뒤 그가 홀로 있는 것을 안타깝게 생각하셨습니다. 피조물 세계가 모두 좋고 아름답다고 감탄하셨는데, 유독 아담의 홀로 있음을 좋지 않다고 탄식하셨습니다(창세기 2:18). 그래서 그의 짝 이브를 창조하셨지요. 참으로 흥미롭고 의미 있는 첫 만남은 아담이 이브를 보자마자 쏟아낸 그의 감탄에서 확인할 수 있습니다. 그는 짝에게 이렇게 이름을 불러주었습니다. 당신은 "내 뼈 중의 뼈요, 내 살 중의 살"이라고 감탄했습니다. 이 말은 한마디로 이브 당신은 바로 '나의 전부'라는 뜻 아니겠습니까. 뼈가 고통을 뜻한다면 당신은 곧 나와 동고同苦할 짝이요, 살이 기쁨과 쾌락을 뜻하기에 당신은 나와 동락同樂할 반려자란 뜻이기도 합니다. 동고 함으로써 동락의 기쁨을 영원히 지속시킬 수 있음을 선포한 것이지요. 동고의 그릇에 동락의 기쁨을 영원히 담아내겠다는 선언이기도 합니다. 여기에 두 인격체는 참사랑과 화평으로 하나가 되는 것이지요. 당신은 내 뼈이며 또한 내 살이란 외침은 당신이야말로 나의 전부이며 당신이 바로 나이고 내가 바로 당신이라는 뜻이기도 합니다. 당신은 나의 하드웨어(뼈)이면서 동시에 소프트웨어(살)이므로 이렇게 서로 부른다면 바로 그곳에 하나님께서 참으로 좋다고 감탄하신 아름다운 관계가 이뤄지게 됩니다. 시인 김춘수는 아름다운 이름 불러주기의 감동을 이렇게 표현했습니다.

> 내가 그 이름을 불러주기 전에는
> 그는 다만 하나의 몸짓에 지나지 않았다.
> 내가 그의 이름을 불러주었을 때
> 그는 나에게 꽃이 되었다.
> 내가 그의 이름을 불러준 것처럼
> 나의 빛깔과 향기에 알맞은 나의 이름을 누가 불러다오.
> 그에게 가서 나도 그의 꽃이 되고 싶다.

서로 이렇게 꽃으로 불러줄 때 흐뭇한 기적 같은 사랑과 평화의 관계가 샘솟게 됩니다. 새로운 관계는 서로 꽃이라고, 서로 별이라고, 서로 달님과 햇님이라고 불러줄 때 비로소 아름답게 꽃피게 됩니다. 이것은 이름 불러주기가 몸짓의 뜻 없는 한낱 겉 동작을 의미심장한 사랑의 관계로 승화시켜주지요. 이것을 아름다운 창조적 힘주기em-powering라고 한다면, 하나님은 바로 이 같은 힘을 불어넣어 주는 분이시지요. 예수님도 바로 이 같은 힘을 불어넣어 주는 일, 곧 하나님 나라 운동을 펼치셨지요. 이 운동으로 인간들 사이에는 발선發善의 기운이 솟아나게 됩니다. 그래서 따뜻한 샬롬이 창조됩니다.

　그런데 이름을 잘못 불러주면 어떻게 될까요. 발선 대신 발악發惡이 터져 나올 수 있음을 꼭 기억할 필요가 있습니다. 이때 이름 불러주기는 흉측한 낙인찍기가 되고 말지요. 그렇게 되면 평화는 멀어지고 긴장과 갈등, 불신과 투쟁은 격렬해집니다. 어느 시대, 어느 사회에서나 권력의 주체가 갑질을 하게 되면 많은 을을 억압하고 착취하고 차별하게 됩니다. 이런 상황에서 을들이 갑에 대해 정당하게 저항하게 됩니다. 이때 갑들은 을들에게 고약한 이름을 불러대지요. 바로 흉측한 낙인을 찍어버리죠. 우리 현실에서 보면 색깔론적 통제가 바로 그런 것입니다. 저도 이런 '딱지 훈장'을 여러 번 받아본 적이 있습니다. 아니, 지금도 받고 있지요. 이를테면 '친북좌파'니 '종북좌파'니 하는 낙인이 바로 그런 것입니다. 하기야 악한 권력은 어제나 오늘이나 언제나 어디서든지 이 같은 부정적 이름 불러주기를 통해 그들의 기득 이권을 보호, 유지, 강화해왔습니다. 그들은 2000년 전 예수를 십자가 처형시키면서 십자가 형틀 꼭대기에 "자칭 유대인의 왕"이라는 낙인 글씨 팻말을 붙여놓았습니다. 이 표현은 엄청난 경멸과 폭력이 노골적으로 모습을 드러내 보여주지요. 최근 주말마다 광장에서 거칠게 휘날리는 태극기를 보면서 고약한 낙인들의 거친 언어들도 함께 춤추고 있음을 슬프게 확인하게 됩니다. 특별히 그들의 거친 이름 불러주기 행태 속에서 커다란 십자가 행진을 보며 수치심과 분노로 전율했습니다.

그래서 저는 예수께서는 이름 불러주기를 통해서 지극히 작은 자와 꼴찌들에게 어떻게 힘을 불어넣어 주셨는지를 확인하고 싶습니다. 먼저 갈릴리 예수님께서 참으로 딱한 자들을 어떻게 감동적으로 온전케 해 주셨는지를 성찰하고 싶습니다. 열두 해 동안 '고약한' 질병에 걸려 엄청난 고통을 겪었던 한 여인의 얘기를 새롭게 조명해 보겠습니다.

먼저 우리 모두 이 여인의 아픔의 자리에 한 번쯤 서봅시다. 질병 중에서도 종교적으로 특별나게 불결한 질병으로 낙인찍힌 질병이 바로 여성의 혈루병이었습니다. 이 병에 걸렸다고 일단 알려지게 되면 그 여성은 사회적 수치심으로 얼굴을 들고 다니기 어려웠지요. 친구들도 떨어져 나갑니다. 심지어 가족에게도 따뜻한 보살핌을 받기 힘들게 되지요. 딸로 사랑받았던 것은 피 흘리기 전 어린 시절 때 일이죠. 이 병에 걸렸다고 알려진 후에는 딸 노릇 하기도 어렵고, 또 딸 대접 받기는 더 어려워지지요. 누나나 여동생으로 사랑받기도 힘들게 되지요. 그의 육체적 아픔과 불편함에 더하여 사회적, 공동체적 차별의 눈총을 받아야 했습니다. 철저하게 외로운 삶을 살아야 했습니다. 다행히 경제적으로 가진 것이 있어 이 여성은 질병 치료에 모두 쏟아부을 수 있었지만, 아무 효과가 없었습니다. 그래서 더 외롭고 더 아팠습니다.

그런데 어느 날 예수님이 근처를 지날 것이라는 소문을 들었습니다. 참으로 기쁜 소식이었지요. 예수의 하나님 나라 운동이 자기처럼 절망한 자들에게 파격적 희망을 불어넣어 주고 있다는 소문을 이미 들었습니다. 그녀는 이 기회를 놓치지 않고 결사적으로 그에게 다가

가기로 단단히 결심했습니다. 그러나 당시 가부장 제도와 율법주의 풍토에서 자기 같은 '불결한' 여성이 예수님에게 공개적으로 바짝 다가가기란 결코 쉬운 일이 아니었습니다. 다행히 엄청난 군중이 그를 따르고 둘러싸고 있으니까 군중 속에 몰래 끼어들어 예수께 접근하기로 작정했지요. 그녀는 가진 것이라곤 '더러운 질병' 밖에 없었습니다. 그러나 그녀가 아직도 소중히 간직한 것이 있었습니다. 그것은 예수님에 대한 무한한 신뢰(신앙)와 희망이었습니다. 그리고 그녀의 용기와 결단이었습니다. 예수님 모르게 그의 옷자락이라도 만질 수 있다면 그 지긋지긋한 질병은 당장 나을 것이라는 희망과 확신이 그 여인의 깊은 가슴속에 살아있었습니다. 그래서 결사적으로 다가가 기어코 예수의 펄럭거리는 옷자락을 만졌습니다. 정말 그녀가 예수를 뜨겁게 존경했던 만큼 예수의 치유 카리스마는 그녀를 병마에서 즉각 해방시켜 주었습니다.

예수는 바로 그 순간 자기의 치유 능력이 빠져나간 것을 알아차렸습니다. 누가 나의 옷을 만졌는가를 제자들에게 물으셨습니다. 이때 이 여인은 예수의 그 소중한 카리스마를 훔친 '자기 범죄'가 발각된 줄 알고 두려워 떨며 이실직고를 했습니다. 과연 예수님은 자기 치유 능력을 그의 동의 없이 훔쳐 간 이 여인을 나무랐을까요? 여기에서 우리는 2000년 전에 일어났던 이 해프닝을 우리 주변에서 지금 막 일어난 사건으로 받아들일 만큼 감동적임을 깨달아야 합니다. 두 가지의 복음이 갖는 해방적 동력을 뜨겁게 가슴으로 받아들일 수 있고 받아드려야 합니다.

첫째는 그의 카리스마를 훔친 여인에게 예수님은 새로운 이름을 불러 주셨음에 주목해야 합니다. "딸아 네 믿음이 너를 구원하였으니

평안히 가라" 철저하게 왕따 당해 온 지극히 작아진 한 여인을 '딸아'라고 불러주셨습니다. 그녀의 부모도 그녀를 이제는 '딸아' 하고 불러주기를 포기했는데, 예수님은 그의 치유 능력을 훔친 이 여인을 오히려 '딸아'라고 다정하게 불러 주셨습니다. 그녀는 방금 새로 멋지게 다시 태어난 기쁨을 가눌 수 없었으리라 짐작됩니다. '너는 결코 종교적으로 불결한 쓰레기 같은 인생이 아니라 참으로 사랑받아 마땅한 딸'이라고 불러주셨지요. 새롭고 아름답고 건강한 그리고 자랑스러운 정체성을 얻게 된 것이지요. 그런데 이렇게 이름만을 불러주셨을 뿐만 아니라 놀랍게도 '네가 낫게 된 것은 나의 카리스마를 허락 없이 훔쳐 간 너의 그 소중한 믿음 때문이지'라고 오히려 격려해 주셨습니다. 예수의 카리스마 덕분이라기보다 그 여인의 신앙 결단 덕분에 그녀가 낫게 되었음을 예수님은 확인시켜주셨습니다. 세상에 이렇게 훌륭한 치유자가 어디 있겠습니까! 한 걸음 더 나아가 예수님은 이제부터는 항상 감사하며 자신감을 가지고 평안한 새 삶을 누리라고 격려와 칭찬을 아끼지 않았습니다. 이것이 바로 예수의 이름 불러주기가 일으키는 아름다운 변혁의 실제적 파장이요 감동적 효험이라 하겠습니다. 이 여인을 그 '더러운 질병'에서 해방해 주셨을 뿐만 아니라 그 건강을 오래오래 스스로 지켜나갈 수 있는 믿음의 힘, 그 주체적 힘마저 선물로 주셨습니다. 바로 이것이 예수의 이름 불러주기 효과요 창조적 힘주기라 하겠습니다.

둘째로 이 사건에서 확인할 수 있는 진리의 메시지는 예수의 카리스마는 항상 남을 위해 본질적으로 열려있다는 점입니다. 예수의 존재 자체가 카리스마라면 그의 존재는 결코 자신의 영광만을 위해 닫혀 있는 존재가 아닙니다. 그의 능력, 특히 치유 능력은 언제든지 그것을 절박하게 필요로 하는 지극히 작은 자들과 꼴찌들에게로 언제나 흘러 들어가게 되어 있습니다. 그의 존재 자체가 남을 위한 열려있는 존재입니다. 그 소중한 카리스마는 그것을 간절하게 바라는 자들의 소유가 될 수 있습니다. 그래서 예수의 삶과 고난과 죽음마저 자기 비움을 통한 남 채워줌의 감동을 자아내는 케노시스kenosis의 힘이라 하겠습니다. 그러니까 예수에게 있어 이름 불러주기는 단순한 명칭의 문제가 아니라 나를 비워 남을 채워주고, 나는 죽고 남을 살려내는 힘이라 하겠습니다. 그래서 마침내 예수의 말씀과 삶과 죽음이 모두 부활이라는 놀라운 새로운 힘, 곧 죽음의 권세를 극복해내는 힘으로 이어짐을 우리는 예수 복음의 본질로 증언할 수 있어야 합니다. 그러니까 이름 불러주기가 남을 살려주는 운동 곧 예수의 하나님 나라 운동임을 알게 됩니다.

이제 자기 스승이었던 갈릴리 예수를 이해하는 데 빈번히 실패했던 베드로가 예수 부활 후 부활의 성령을 받아 그가 보여준 놀라운 이름 불러주기 사건에 주목해봅시다. 그가 초대교회에 놀라운 힘을 불어넣어 준 기적 이야기이기도 합니다. 베드로와 요한은 오후 3시 기도 시간이 되면 성전으로 나아갔습니다. 어느 날 그곳에 선천적 지체 장애인이 기다리고 있다가 그들에게 구걸했습니다. 걸인은 아예 자존심을 포기한 사람이죠. 얻어먹는 일을 당연하게 여깁니다. 게다가 그는 나면서부터 걷지 못하는 사람이었습니다. 그는 그곳을 출입하는 자들로부터 돈 몇 푼 받기 위해 항상 그곳에서 구걸하고 있었습니다. 베드로와 요한은 이 걸인을 보고 그저 지나가지 않았습니다. 사도들은 그에게 말을 걸었지요. 걸인 장애인은 상투적으로 돈 몇 푼을 얻을 수 있다는 기대를 안고 사도들을 빤히 쳐다보았습니다. 이때 베드로는 그 걸인에게 가장 절실히 필요한 것은 돈 몇 푼이 아님을 깊이 알고 있었습니다. 그에게 진짜 절박하게 필요한 것은 온전한 몸과 마음으로 존엄한 인격체로 우뚝 서는 일이었습니다. 비록 걸인 자신은 그것을 깨닫지 못하고 있었지만 말입니다. 그래서 그에게 베드로는 새로운 건강한 인격체로 호명하고 싶었습니다. 이제부터 당신은 장애인도 아니고, 자존심 없는 걸인도 아니고, 당신은 하나님의 존엄한 아들로 매우 온전한 존재라는 새로운 정체성을 세워주고 싶었습니다. 그래서 베드로는 이렇게 선언했습니다.

> 은과 금은 내게 없으나 내게 있는 것을 그대에게 주니 나사렛 예수 그리스도의 이름으로 일어나 걸으시오(행 3:6).

그리고 베드로는 그의 오른손을 잡아 일으켰습니다. 그랬더니 그 걸인 장애인은 벌떡 일어나 걷기도 하고 뛰기도 하며 하나님을 찬양하고 마침내 사도들과 함께 성전 안으로 들어갔습니다. 이 사건이 주는 메시지의 핵심은 무엇입니까?

첫째, 부활 예수님을 직접 만나기 전의 베드로는 천방지축같이 행동했던 실수투성이의 제자였습니다. 예수님으로부터 꾸중을 가장 많이 들은 제자였지만, 또한 가장 사랑을 많이 받은 수제자였지요. 그런데 부활 예수가 영혼만의 존재가 아니라 건재하고 영광스러운 몸을 지닌 존재임을 깨닫게 되었습니다. 갈릴리 예수보다 더 다정다감하고 더 존경스러운 지도자며, 예전과 다름없이 아니 전보다 더 따뜻하고 더 강렬하게 하나님 나라 세움에 앞서심을 확인했습니다. 갈릴리 때에는 뜻도 모르고 예수를 그리스도요 하나님의 아들이라고 건성으로 고백했으나, 부활 이후에는 예수 그리스도의 이름만 불러도 새로운 변혁이 일어난다는 사실을 깨닫게 되었습니다. 그래서 예수의 이름만으로도 이 선천적 장애인 걸인의 몸과 마음의 삐뚤어짐을 고쳐낼 수 있었습니다. 예수의 이름은 코스프레의 겉 이름이 아니라 바로 예수 본질이요 예수 운동의 핵심이며 하나님 나라 운동의 동력 자체임을 깊이 깨닫게 되었지요. 바로 그 깨달음으로 베드로는 선천적 장애인 걸인을 마치 갈릴리 예수께서 친히 그랬듯이 온전한 존재로 변화시켰습니다. 이 사건으로 초대교회는 예수의 이름이 곧 하나님 나라를 세우는 힘 그 자체임을 깨닫게 되었습니다. 그러기에 예수 그리스도의 운동에는 이름이 결단코 이데올로기적 겉 장식이나 왜곡일 수 없음을 만천하에 알렸습니다. 이름 따로, 본질 따로 노는 세상의 지배 이데올로기와는 확연히 다름을 알려주었습니다. 그러기에 초대교회 이후 오늘까지 예수따르미들은 예수 그리스도의 이름으로 기도드리게 된 것입니다.

둘째로 예수 이름의 힘은 금과 은의 힘보다 훨씬 아름답고 강력한 변혁을 불러일으키는 진정한 힘입니다. 예나 지금이나 돈이나 물질의 가치로 감동적인 변혁을 일으킬 수 없음을 이 사건으로 예수따르미들은 새삼 확인하게 됩니다. "은과 금은 내게 없으나 내게 있는 것을 그대에게 주노니 나사렛 예수 그리스도의 이름으로 일어나 걸으시오." 온전한 존재로 벌떡 일으켜 세우는 힘은 결코 돈이 아니라, 권력이 아니라, 세상 명성이 아니라 바로 예수 그리스도의 이름이라고 깨우쳤습니다. 상상해 보세요. 만일 베드로가 그때 자기 주머니 속에 은이 서른 냥쯤 있었다면 그것 중 몇 개를 그 걸인 장애인에게 던져주고 성전으로 급히 들어갔을 수도 있습니다. 그렇게 했다면 이 걸인은 평생 걸인으로, 지체 장애인으로 살았을 것입니다. 마침 다행으로 은과 금이 없었기에 예수 그리스도의 이름이 갖는 힘은 더욱더 감동적으로 드러나게 되었습니다. 오늘날 한국교회에는 오히려 돈이 너무 많기 때문에 예수 이름의 참 힘을 잃어버린 듯합니다. 교회 내에 뿌리내린 맘몬이즘이 교회로 하여금 예수 이름의 그 감동적 변혁의 동력을 사라지게 한듯합니다. 그래서 개독교라고 욕을 먹게 되는 듯합니다. 돈과 권력에 의존하지 않는 교회, 예수 이름의 힘으로 꼴찌가 첫째로 나아갈 수 있고 지극히 작은 자가 인간의 존엄성을 누릴 수 있게 하는 교회가 바로 예수의 몸 된 교회요 예수의 마음 된 공동체가 아니겠습니까!

그래서 베드로는 예수 이름으로 선천적 장애인을 온전한 인간으로 호명할 수 있었고 자존심을 오래전에 던져버린 걸인을 존엄한 존재로 새롭게 불러내었습니다. 그리하여 걸인 장애인이 건강한 인격체로 벌떡 일어나 씩씩하게 걷기도 하고, 신나게 뛰기도 하면서 사랑의 하나님을 찬양했습니다. 이름을 불러주어 이렇게 실제로 하나님 나라의 모습을 구체적으로, 감동적으로 보여주었습니다. 한 가지 주목해야 할 것은 구걸할 때 이 장애인은 항상 성전 밖에 있었으나, 베드로의 호명으로 새사람이 된 후에는 즉시 사도들과 함께 당당하게 성전 안으로 들어갔다는 사실입니다. 성전은 새 사람으로, 새 구조로, 새 역사로 불러주는 은혜와 사랑의 공동체요 원래적 아름다움을 회복시켜 주는 창조 공동체임을 잊지 말아야 합니다.

이제 예수를 생전에는 만나보지 못했으나, 어느 제자 보다 역사의 예수와 부활의 그리스도의 본질을 더 깊게 이해했던 바울 사도의 이름 부르기는 과연 어떠했는지 잠시 주목해봅시다. 그는 부활의 그리스도를 통해 역사적 예수의 하나님 나라 운동을 더 깊이 이해했다고 생각합니다. 로마서 12장의 메시지는 예수의 산 위의 메시지를 연상케 합니다. 12장 20절과 21절의 말씀은 산상수훈을 역설했던 예수님의 육성을 새롭게 듣는 듯합니다. 그런데 저는 바울이 그의 신우信友 빌레몬에게 보낸 사신에서 그의 감동적 이름 불러주기의 소리를 들을 수 있습니다. 녹음기를 틀어 놓고 옛 친구의 육성을 듣는 것과 같이 2000년 전 바울의 사신(사신私信이지만, 결코 사사로운 편지가 아니라 매우 공공적 가치를 드러내는 인간적 편지입니다)에서 그의 감동적 이름 부르기 소리를 새롭게 듣는 듯합니다.

빌레몬은 바울에게 믿음의 벗이었습니다. 짐작하건대 빌레몬 집은 초대교회(가정교회)의 역할을 한듯합니다. 사도바울의 신앙적 지도가 있었겠지요. 그런데 빌레몬은 당시 지배계급에 속했던 부유한 인물인 듯합니다. 그의 노예로 있던 오네시모가 그의 주인집에서 도망쳐 옥살이하는 바울에게 찾아와 보호를 받고 있었습니다. 로마 실정법으로 보면 주인을 버리고 달아난 노예는 십자가형에 처할 수 있었습니다. 바울은 친구의 노예를 받아 그를 감화시켜 그리스도인으로 바꿔놓았습니다. 바울은 자기를 돌보는 사람으로 그를 데리고 함께 일하고 싶었습니다만, 오네시모의 법적 주인인 빌레몬에게 일단 보내어 그의 용서와 이해를 먼저 받고 싶었습니다. 그래서 빌레몬에게 짧지만 참으로 의미가 있는 편지를 쓴 것입니다. 비록 이 짧은 사신에는 복잡하고 심오한 바울 신학의 언어들은 없으나, 그의 복음의 감동적 동력은 매우 뚜렷하게 담겨 있습니다. 그의 혁명적 메시지가 매우 세련되게, 매우 우아하고 단호하게 표출되어 있습니다.

무엇보다 바울은 오네시모를 종으로 여기지 않고 오히려 그를 자기의 아들이라고 불렀습니다. "내가 갇혀있는 동안 얻은 나의 아들"이라고 이름 불렀습니다. 이런 호명으로 오네시모는 종에서 사도바울의 아들로 뛰어오를 수 있었습니다. 그를 빌레몬에게 돌려보내면서 신우 빌레몬에게도 우아하나 단호하게 요구했습니다. 무슨 요구였습니까? 지난날 빌레몬의 종이었던 오네시모를, 더구나 주인을 버리고 도망간 중범자 오네시모를 이제는 빌레몬의 형제로 불러달라고 요청했습니다. 이것은 당시 노예제도의 사회에서 판단한다면 매우 무엄한 요구요 무례한 요청입니다. 그뿐만 아니라 매우 반체제적으로 위험하고 불온한 요청이기도 합니다. 이 같은 요구를 시인 김춘수식으로 말한다면 다음과 같은 편지 내용이 되겠지요.

사랑하는 주안에서 친구 빌레몬이여

이제 그대의 노예였던 빌레몬을 그대에게 돌려보냅니다. 지금 그는 나에겐 주안에서 나의 아들이 되었소이다. 바라건대 그대도 오네시모를 이제는 그리스도 예수 안에서 형제로 받아주시길 바랍니다. 그리스도 예수께서는 우리 모두를 형제로 이미 불러주셨기 때문입니다. 이제 우리는 그리스도 안에서 주인도 아니고 노예도 아닙니다. 그리스도 예수 안에서 서로를 자매 형제로 부를 수 있게 되었습니다. 서로 꽃 같은 형제로, 별 같은 자매로 부를 수 있는 은총을 받게 되었습니다. 십자가에 달려 죽으시고 부활하신 주님께서 우리를 형제자매로 불러주셨으니 우리도 즐겁게 서로를 형제자매로 불러야 하지 않겠습니까. 이제

나의 아들이 된 오네시모를 그의 주인인 당신에게 보내드리오니 그를 형제로 불러 주십시오. 그러면 그는 매우 따뜻하고 충실한 당신의 형제로 거듭날 것입니다! …

과연 오늘 기독교 신자들은 이 편지의 감동적이고 혁명적인 복음의 뜻을 이해할 수 있을까요

끝으로 교회란 무엇인가를 새삼 묻고 싶습니다. 우리 공동체의 새로운 길이 어떤 길인지 묻고 성찰하고 싶습니다. 무엇보다 저는 갈릴리 예수님께서 하나님을 아바Abba로 이름 부르시면서 그 아빠의 뜻을 따라 역사 현실에서 꼴찌를 첫째라고 불러 주셨고, 지극히 작은 자로 짜부라진 존재를 지극히 높은 자유인으로 호명해 주셨음을 새삼 기억합니다. 그래서 저는 이것이 하나님 나라의 실현으로 가는 새 길이라고 믿습니다.

그렇다면 예수의 몸과 마음의 실체인 교회공동체 구성원들은 이제 서로에게 다가가서 "당신은 나의 꽃이요, 나의 별"이라고 이름 불러주어야 합니다. 서로에게 꽃이 되어 아름다운 작은 창조 세계를 함께 만들어가야 합니다. 서로가 서로에게 몸짓의 겉 차원에서 벗어나 곱고 희망찬 색조의 꽃으로 활짝 피어나게 해야 합니다. 하나님의 정의와 평화가 새로운 에덴동산의 꽃들이 되어 하나님의 감탄이 터져 나오게 해야 합니다. 이렇게 되려면 공동체는 서로에게 꽃과 별이 되어 꼴찌의 외로움을 훌훌 털어버릴 수 있게 해야 합니다.

특히 지난 70년간 강대국의 갑질로 부당하게 분단된 조국의 비극적 현실 속에서 친일 냉전 세력이 갑질해 온 이 비극의 상황에서 그들은 약자와 비적자非適者와 비주류와 비표준 세력을 끈질기게 고약한

낙인을 찍어 배제해왔고 억압해왔습니다. 때로는 이념적 색칠도 서슴지 않았습니다. 가슴 아프게도 한국교회 안팎에서 그러한 갑질을 한 세력이 때로는 태극기를 흔들며, 때로는 십자가를 들고 거리로 나가기도 했습니다. 이름 불러주기의 추한 몰골을 보는 듯해서 가슴이 아팠습니다. 이 같은 발악의 호명은 결코 복음적인 행위가 아닙니다.

이제 우리는 역사적 격변기를 맞아 시민명예혁명을 치르고 있습니다. 지난 70년간의 비극적 분단 체제를 청산해야 할 시점에 와있습니다. 1948년 체제를 발선의 힘으로, 복음의 감동으로 극복해내야 합니다. 이 같은 70년의 적폐를 청산하는 일은 하나님의 뜻을 이 땅에 구현하는 일과 별개의 일이라 할 수 없습니다. 공의와 평화가 한반도에 큰 강물처럼 흐르게 하는 일은 세상의 소금과 빛이 되는 일과 결코 별개라 할 수 없습니다. 바로 이런 새 역사를 분단 비극의 땅에서 만들기 위해서 우리는 서로에게 평화의 아름다운 꽃으로, 공의의 빛나는 별로 불러주어야 합니다. 그래야만 삭막한 분단의 땅 황무지가 장미꽃 동산으로 아름답게 변화하게 될 것입니다. 교회가 이런 이름 불러주는 일에 마땅히 앞장서야 할 것입니다. 그래야 우리가 새 하늘과 새 땅에서 예수 이름의 힘으로 하나님의 딸과 아들로 살게 될 것입니다.

지금은 윤리 종말적 결단의 때이다
─ 한국 민족과 민중의 부당한 고통을 치유하는 선교를 생각하며

들어가며: 하나님의 신음 소리, 예수의 탄식 소리를 듣고 있는가?

2020년은 참으로 심각한 카이로스Kairos의 시간입니다. 이때는 근본적 변화를, 본질적인 패러다임 전환을 촉구하는 하나님의 신음 소리를 들어야 하는 결단의 시간입니다. 이 소리는 기독교인만이 들어야 할 하나님의 소리는 결코 아닙니다. 전 세계 정치지도자들과 지식인들에게 던지는 하나님의 진노하는 음성이기도 하지요. 그러나 그 소리는 특히 기독교 신학자와 교회 지도자들이 천둥 같은 하나님의 경고 소리로 들어야 합니다. 왜 그런가요? 신학이란 원래 인간의 부당한 고통 현장에서 자라는 나무요 향기 나는 꽃이기 때문입니다. 인간의 억울한 고통이 부당하게 켜켜이 쌓이게 되는 역사 현실 속에서 하나님은 분주하게 일하시기 때문이지요. 그런 역사 현장 속에서 터져 나오는 미세한 하나님의 신음 소리를 듣고, 그 뜻을 제대로 밝혀내는 일이 바로 신학자들과 예수따르미들이 먼저 감당해야 할 몫이기 때문입니다.

그러기에 한국 신학은 우리 민족과 민중이 어떻게 처절한 고난 현장에서 헌신적으로 노력했는지를 살펴야 합니다. 지난 100여 년간 우리 민족과 민중이 겪었던 억울한 고통의 역사 현실에 주목하면서 신학적인 탐구를 시작해야 하지요. 그 현장에서 신학적·신앙적 담론들이 샘 솟듯 쏟아져 나와야 합니다. 그래야 비로소 감동의 울림을 주는 한국적 신학이 태동할 것입니다. 이 같은 한국 신학의 탐구 속에서 신학자들이 먼저 코로나 역병으로 불안해하고 떨고 있는 인간들, 특히 지극히 작고 꼴찌로 능멸당하고 고통당하는 민중들과 동고同苦하시며 신음하시는 하나님의 음성을 들을 수 있어야 합니다. 지금이야말로 그 미세한 탄식 소리를 들을 수 있는 한국 신학자들의 감수성을 키워야 하지요. 그러기 위해 절대 초월자로 인식되어 온 하나님이 인간의 몸을 지니고 구체적 고통 현장으로 오셨다는 성육신 사건의 깊은 뜻을 새롭게 헤아려야 합니다. 성육하시되 가장 억울한 고통으로 비인간화되는 민족과 민중의 삶 속으로 내려오시어 그들과 함께 아파하시면서 그 고통에서 그들을 해방시키시는 메시아 그리스도를 드러내야 합니다. 그리고 나아가 비움의 예수 곧 케노시스Kenosis 실천의 예수를, 역사의 예수에서만 아니라 부활의 그리스도의 그 따뜻한 치유의 실천 사건 속에서도 만나고 함께 기뻐할 수 있어야 합니다.

한국 역사 속에서 확인해야 할 억울한 민중 고통과 민족 고통

지난해(2019년)는 3.1운동 100주년을 기념하는 해였지요. 100년 전을 자세히 살펴본다면 우리 민족과 민중이 당시 폭력적 일본 제국주의 국가의 잔인한 통치에 맞서 어떻게 비폭력·평화운동으로 당당하게 대응했는지를 알게 될 것입니다. 우리 믿음의 선배들은 지난날 끊임없이 비폭력·평화운동으로 대응하면서 복음 실천의 감동적 모습을 보여주었습니다. 그 감동적 울림은 일제의 군사적 폭력성이 잔인했던 것만큼 더 선명하게 감동적이었지요. 특히 당시 세계의 강대국들이 제국주의적 강점과 침탈에 혈안이 되어 약소국 민족과 민중을 무자비하게 착취하고 억압하며 능멸했음을 배경 삼아 볼 때, 그들의 저항은 더욱 복음적 울림으로 다가오게 되기 때문입니다.

청일전쟁과 러일전쟁에서 잇달아 승리한 일본 제국주의는 서방 백인 국가들보다 더 위선적으로, 더 위압적으로 잔인하게 한반도를 강점하였고, 우리 민족과 전쟁하듯 헌병을 앞세워 총체적 탄압을 가해왔지요. 그때 우리는 최초의 동양 패권국가로 등장한 일본에 의해 부당하게 고통받았습니다. 이렇게 강점된 지 10년 만에 우리 민족과 민중은 3.1운동을 일으켰습니다. 그것이 매우 큰 감동을 불러일으켰던 것은 일관성 있게 비폭력·평화시위를 통해 우리 조국의 독립과 해방을 온몸으로 주장했기 때문이지요. 20세기 초에 우리 조상들은 이 같은 살신성인의 정신으로 비폭력으로 저항함으로써 일본의 패권국가권력의 위선과 폭력성을 만천하에 폭로했던 것입니다. 그래서 이미 1919년에 우리 민족은 가장 선진적 문화 민족, 평화 애호 민족임을 세계에 드러내 보였습니다.

올해(2020년)는 이른바 '해방' 75주년을 맞는 해이기도 합니다. 그런데 이 해방은 가슴 아프게도 민족분단과 민족상잔의 씨앗을 뿌린 비극적 역사의 시간이었습니다. 그리고 올해가 바로 한국전쟁 70주년을 맞는 해이기도 하지요. 우리는 1945년 8월 15일은 진정한 해방의 날이 아님을 새삼 기억해야 하고 분노해야 합니다. 일제 강점, 착취 36년의 고통이 치유되지 않은 채, 우리 민족과 민중은 강점의 고통보다 더 아리고 더 억울한 민족분단의 고통으로 빠져들게 되었습니다. 그러기에 이제는 이런 민족·민중 고통의 엄연한 현실의 의미를 한국교회 지도자들과 신학자들이 마땅히 먼저 성찰하며, 새로운 각오로 신학 작업과 신앙 각성 운동을 일으켜야 할 것입니다. 왜냐하면 앞에서 지적했듯이 고통이 있는 곳에 신학적 성찰이 있어야 하고, 더욱이 억울한 민족 고통·민중 고통이 있는 곳에서는 하나님의 탄식 소리를 반드시 먼저 듣고 응답해야 하기 때문입니다.

나아가 신학자들은 우리의 부당한 고통의 역사적 맥락 속에서 예수의 하나님이 사랑의 하나님이라는 뜻을 새롭게 확인하고 전달해야 합니다. 신학자들은 인간 역사 현실에서 구조악에 의해 억울하게 꼴찌로 내몰린 이들의 아픔과 그 악에 의해 쪼들려 숨 막히게 살아가는 지극히 작아진 자들의 억울한 고통에 뜨겁게 공감하시는 창조주 하나님의 탄식 소리와 함께 그의 외아들 예수의 예언자적 질타 소리를 먼저 들어야 하기 때문입니다. 그것이 교회 지도자와 신학도들의 임무가 아니겠습니까!

일제 강점 36년이 언뜻 보기에는 이미 오래전에 끝난 민족의 비극처럼 보이지만, 실제로는 1945년 8월 이후 오늘까지도 친일·냉전 세력이 이 땅의 정치 주류 세력이 되어 자유와 평등, 인권과 정의, 평화와 복지를 모두 지속적으로 훼손·파손시켜 왔음에 주목해야 합니다. 그래서 60년 전 4. 19의거, 40년 전에는 광주민주화운동이 활화산처럼 터져 나온 것이죠. 이 사건들도 한국 신학자들, 특히 윤리신학자들은 신학적 성찰의 대상으로 삼을 뿐만 아니라 지극히 작은 자들과 꼴찌들의 아픔을 치유하는 하나님 선교에 앞장서야 할 것입니다. 그래서 저는 3.1운동의 그 원류적 의미를 먼저 새롭게 살펴보면서 해방·광복 75주년, 한국전쟁 70주년, 4.19 60주년 그리고 광주민주화운동 40주년의 의미도 한국기독교 윤리학자들이 성찰할 것을 촉구하고 싶습니다. 3.1운동을 이 모든 후발 운동의 원류로 볼 수 있기 때문입니다.

3.1운동, 해방 광복 사건, 한국전쟁, 4.19혁명, 광주민주화항쟁에 대한 신학적 성찰

먼저 100년 전 3.1운동의 감동적 울림에 대해 잠시 살펴보지요. 1919년 당시 국제 상황은 한마디로 서구 백인 국가들이 사회 진화론적 확신으로 약육강식을 국가정책으로 잔인하게 실천에 옮기고 있었습니다. 강대국은 적자the fittest이기에 비非적자인 비非백인 약소국을 침략·강점하는 것을 당연한 권리인 것처럼 광신했습니다. 이때 백인 선진국들의 주류 종교가 바로 개신교였습니다. 그래서 이 같은 제국주의 침략에 발맞춰 서구 교회들은 해외 선교 열풍을 진작시켰지요. 국가 제국주의를 합리화하는 교회 제국주의를 해외 선교의 미명 아래 신나게 추진했습니다. 슈바이처가 신학 탐구를 일시 중단하고 아프리카로 의료 선교를 떠나기로 결단했던 것도 당시 서구 백인 국가들이 기독교가 묵인했던 사회 진화론적 침략·수탈 정책을 자행한 것에 대한 분노에서 나왔다는 사실에 주목할 필요가 있습니다. 대체로 사회진화론의 약육강식은 사자가 소의 여물 먹기를 외쳤던 이사야 같은 예언자들을 분노케 하는 정책이었습니다.

하여튼 3.1운동이 터져 나온 당시 세계 상황은 폭력이 만연했던 시기였습니다. 1차 세계대전은 제국주의 국가 간 벌어진 침략·강점 경쟁에서 비롯된 참화였지요. 그들은 당시 과학기술을 활용해 첨단 제품으로 개발된 온갖 신무기들을 총동원하여 반인류적 세계전쟁을 치렀습니다. 이 전쟁이 끝난 뒤, 전승국들이 패전국의 식민지를 분점하기 위해 소집된 국제회의가 바로 파리 강화회의였는데, 이 회의와 3.1운동 간의 관계에도 우리는 새삼 주목해야 합니다. 당시 청년이었던 몽양 여운형과 우사 김규식 등의 활동은 따지고 보면, 당시 그들이 철저한 하나님 사랑의 빛 아래서 폭력으로 병들어가는 세계에 3.1운동 정신을 널리 알리고, 우리 독립의 절박성을 당시 패권 국가들의 대표자들에게 직접 호소하려 했던 것입니다. 여기서 우리가 주목해야 할 역사적 사실은 다름 아니라 당시 일본 제국주의 세력이 같은 해양 대국인 미국과 내밀한 공조(가쓰라-태프트 밀약)로 한반도를 쉽게 강점할 수 있었다는 사실입니다. 1910년 강점한 후 일제는 우리 민족과 전쟁·전투하듯 잔인한 폭력 통치를 감행했지요. 이런 고통 속에서 10년간 버텼던 애국애족의 민족 구성원들이 마침내 1919년 3월 초하루에 일제 강점에 전국적으로 적극 저항에 나섰습니다. 계급, 지역, 종교, 세대, 성의 차이를 뛰어넘어 전 민족적 저항운동을 펼쳤는데, 그 감동적 울림은 그것이 철저하게 비폭력 평화 정신으로 폭력 세력 일본 당국에 맞섰기 때문에 생긴 거대한 역사적, 감동적 울림이었습니다. 우리 후손들은 바로 이 점을, 특히 예수따르미들은 오늘 자랑스럽게 기억하고 기념해야 합니다. 우리는 이미 100년 전에 서구 제국주의 국가들은 물론이요, 새로 등장했던 동양 패권국가인 일본보다 정신적으로나 문화적으로 더 수준 높게, 보편 가치 실현을 위해 살신성인의 정신으로 저항했음을 잊지 말아야 합니다.

3.1운동의 이 같은 울림은 국내외로 번져나갔습니다. 먼저 유관순을 주목해보지요. 그녀는 열일곱 나이에 이화학당과 정동교회에 다니면서 현순 목사와 손정도 목사의 설교에 직·간접으로 깊은 감명을 받았습니다. 당시 적지 않은 한국 초대교회 목회자들은 부당하고 억울하게 나라를 빼앗긴 슬픔 속에서 나라 사랑과 하나님 사랑을 함께 묶어 교인들에게 복음의 본질로 설파했습니다. 폭력으로 나라를 빼앗긴 슬픔에서 나오는 애국심은 바로 망국의 슬픔으로 아파하는 백성들을 위로하시는 하나님을 사랑하는 것과 같은 것이라고 가르쳤습니다. 애신愛神은 곧 애국愛國임을 온몸으로 증언했지요. 이것은 트럼프의 MAGAMake America Great Again식의 가해자 중심의 애국심과는 차원이 전혀 다른 것이며 오히려 그것을 철저하게 거부하는 것이었습니다. 이집트에서 노예로 살아가는 히브리 민족의 아픔에 동참하시는 사랑이었습니다. 17세의 소녀 유관순은 자신을 가장 슬프게 한 것은 폭력으로 빼앗긴 조국을 위해 자기가 바칠 목숨이 하나밖에 없다는 현실임을 고백했습니다. 그녀의 마음은 곧 하나님의 마음이었습니다. 이런 점에서 오늘의 미국 성조기와 태극기를 함께 흔들며 한국교회와 한국 사회와 한국 국가를 뒤흔드는 기독교 신자들의 태극기 부대는 유관순을 또다시 슬프게 하고 욕되게 하는 일입니다. 한국교회 지도자 중 상당수가 태극기·성조기 부대를 응원했다면 그들은

3.1운동의 그 감동적 울림을 전혀 이해하지 못했음을 스스로 자백한 셈입니다.

100년 전 억울하게 빼앗긴 조국의 독립과 해방을 위해 바칠 목숨이 하나밖에 없다고 슬퍼했던 유관순의 마음을 태극기·성조기 부대는 도무지 이해할 수 없을 것입니다. 이들을 부추긴 한국교회 지도자들은 과연 그들이 하나님의 동고심同苦心을 가지고 예수의 하나님 나라 운동을 이해할 수 있다고 말할 수 있을까요? 전혀 없다고 생각합니다. 이 점에서 오늘 한국기독교 윤리학도들은 예수 복음과 하나님 선교의 절박성을 온 존재로 느끼며, 한국 민족의 구체적 아픔 속에서 역사하시는 하나님 선교 활동과 역사의 예수와 부활의 그리스도의 하나님 주권 회복 운동에 앞장서야 할 것입니다.

3.1운동을 이끌었던 지도부를 보면 당시 상당히 많은 교회 지도자들이 그 중심적 역할을 했습니다. 그들은 한국적 출애굽 운동에 몸을 던진 분들이었지요. 이상재, 안창호, 손정도, 현순, 김구, 김규식, 여운형 등이 눈에 띕니다. 그들의 신앙은 관념적·추상적 인식이 아니었죠. 살신성인의 신앙 곧 성육신 신앙·자기 비움의 신앙적 실천에 온 존재와 삶을 던졌던 예언자적 행동이었습니다.

이 같은 감동적 울림은 나라 밖으로도 번져나갔습니다. 1919년 5월 4일, 3.1운동의 울림은 북경 대학생들에게 반제국주의 운동으로 뛰어들게 하는 울림의 힘으로 작동했습니다. 그들은 일본제국이 오래전부터 중국 대륙 침략을 노리면서 한반도를 교량으로 활용하려 했던 사실을 기억했습니다. 또 3.1운동이 한반도 전역으로 퍼지면서 전 민중적 저항으로 나아가는 것을 보고 중국 대학생으로서 부끄럽다고 생각해 오체투지五體投地의 뉘우침 고행 기도를 실천했다고 합니다. 그리고 3.1운동의 비폭력·평화운동과 비폭력 독립운동의 울림은 당시 대영제국으로부터 독립을 추진했던 간디의 비폭력 운동에도 큰 자극이 된 것 같습니다. 간디의 수제자인 네루의 옥중서신을 보면 유관순과 비슷한 나이의 자기 딸에게 3.1운동을 알리면서 그 감동을 딸도 느낄 수 있기를 바란다고 했습니다. 나아가 프랑스 식민주의로부터 해방운동을 추진했던 월남 청년 호치민에게도 그가 파리 강화회의 때 만난 김규식 선생이 3.1운동의 울림을 전했음이 최근에 밝혀지기도 했습니다.

우리는 또한 이 같은 3.1운동 정신이 일제가 태평양전쟁에 참패한 후에 비극적으로 굴절되고 부당하게 왜곡되고 축소되었음을 잊지 말아야 합니다. 일본의 패망으로 미군 군정 과도기에 집권하게 된 이승만 정부는 3.1운동 정신으로 독립운동에 헌신했던 분들을 소외시켰습니다. 오히려 친일 관료, 친일 부역자들을 제1공화국에 대거 중용함으로써 3.1운동 정신과 민주주의 가치를 심각하게 훼손했습니다. 특히 분단 상황에서 친일 세력은 쉽게 분단의 비극을 악용하고 정부 비판 세력을 친북, 친공親共세력으로 규정하며 탄압했습니다. 이런 비극적 상황에서 3.1운동의 동력은 민주화 인권운동과 평화 통일 및 정의 운동으로 이어질 수밖에 없었지요. 이것은 놀라운 역사적 연결이기도 합니다.

분단 상황에서 남북 간의 열전과 냉전은 우리 민족과 민중에게 엄청난 트라우마의 아픔을 안겨주었습니다. 그 트라우마의 상흔은 우리의 제도와 관행 속에, 우리 의식과 정서 속에 깊숙이 들어왔지요. 게다가 친일 반공 세력이 제1공화국에서부터 오늘에 이르기까지 한국의 정치지형을 주도적으로 왜곡시켰습니다.

이런 주류 정치세력에 저항하는 민주화운동, 노동운동, 인권운동, 여성운동, 환경운동과 평화 통일운동이 오늘까지 쉼 없이 지속되고 있습니다. 이런 과정에서 한국 민중의 아픔은 친일 냉전 권력에 의해 더욱 깊어졌고, 민족 고통도 분단 고착으로 더욱 심화되었습니다. 4.19 한일협정반대, 6월 민주항쟁, 광주민주화항쟁 그리고 촛불시민혁명 등이 한결같이 부당한 민족고와 억울한 민중고를 극복하고 조국 평화와 나라의 민주화를 위해 3.1운동이 그랬던 것처럼 밑에서부터 활화산처럼 터져 나왔던 것입니다. 지난 분단 70여 년 동안 억울하고 부당한 민족 고통과 민중 고통을 근원적으로 해결하려는 밑으로부터의 시민변혁 운동이 살신성인 정신의 힘으로 터져 나온 것이죠. 이것은 샬롬의 하나님이 친히 이끄신 운동이라 해도 지나침이 없습니다. 지금이야말로 한국 신학자들, 특히 기독교 윤리학자들이 하나님의 주권이 사랑에 기초한 평화와 공의의 새 질서 세우기임을 늦게나마 '깨달아' 예언자처럼 외치고 실천에 앞장서야 합니다.

예수의 원수 사랑과 코로나19 이후의 한국교회가 할 일

예수의 원수 사랑은 매우 급진적 명령입니다. 우리는 이 명령이 갖는 진정한 복음적 급진성에 주목하고 존중해야 합니다. 이 문제에 관련하여 최근 크로산Crossan이 강조한 윤리적 종말론Ethical eschatology의 호소력에 대해 잠시 언급하고 싶습니다. 먼저 크로산은 유대교의 신神은 폭력의 신이고, 기독교의 신은 사랑의 신이라는 이분법적 이해를 잘못된 것으로 지적합니다. 유대교나 기독교나 이슬람교 모두 폭력적 신과 비폭력적 신을 함께 강조해서 혼란스럽기는 하지만,

주목해야 할 점은 그 신과 백성들이 당시 패권적 강대국의 폭력적 억압(또는 그 강대국에 협조했던 국내 권력의 억압)에 어떻게 대응했는가를 살펴보는 것이 더 중요하다고 지적했지요. 그래서 크로산은 순교적 적극 저항으로 당시 강대국(희랍 패권국)에 용기 있게 맞섰던 마카비운동에 주목했습니다. 이것을 우리의 역사 상황에 적용해본다면 유관순식의 비폭력 저항은 폭력적 패권국가 일본에 대한 순교적 저항 또는 살신성인적 비폭력 저항이지요. 이 순교적 적극 저항은 결코 저항자의 약함에서 나온 대응이 아닙니다. 이것은 일종의 선제적 원수 사랑 실천preemptive love에서 나온 보다 강력한 저항입니다. 예수의 하나님 나라 비전에서도(이를테면 산상수훈) 분명히 나타나는 예수다운 용기 있는 선택입니다. 우리 역사 속에서는 손양원의 선택이 그러하죠. 이 같은 선택을 악한 가해자의 발악發惡의 대응에 대한 피해자의 착하지만 강인한 발선發善의 대응이라 이름 붙이고 싶습니다. 선으로 악을 이기는 예수의 선택(로마서 12:21)이야말로 구조악에 대한 발선의 선택이라 하겠습니다. 증오의 힘으로는 악한 세력을 결코 이길 수 없습니다. 악을 악으로 이기는 것은 진정한 이김이 아닙니다. 오히려 악의 졸개로 전락하는 실패의 본보기가 될 뿐이죠.

조국 분단 이후 남북관계를 악화시켜야만 정권을 유지할 수 있다고 확신했던 친일 냉전 지배 세력의 한계가 바로 여기에 있음을 기독교 신학자들은 널리 알리고 깊이 깨우쳐야 합니다. 비극적 남북관계에서 어김없이 나타나는 적대적 공생관계의 작동을 악용하여 반민주적 폭력 권력을 유지하려 했던 반민주적 폭력 정권에 대해 끊임없이 저항했던 한국 민주 세력 중에 기독교 민주 세력과 인권 세력은 지난 75년 분단 상황에서 세상의 빛과 소금이었습니다. 우리는 한국기독교 복음의 관점에서 이 역사적 사실을 적극적으로 평가해야 할 것입니다.

올해 한국전쟁 70주년을 맞으면서 한국 신학자들은 21세기 한반도 주변에서 다니엘의 꿈에 나타나는 여러 괴수가 어떻게 그들의 힘을 우리의 역사에 연관하여 작동시키는지를 면밀하게 성찰하고, 그 괴수적 행태를 복음의 관점(하나님 나라 성취의 관점)에서 용기 있게 밝혀내야 할 것입니다. 먼저 1945년 8월 중순에 우리 민족이 전범국이 아님에도 불구하고 어떻게 전범국들이나 마땅히 감수해야 할 국토 분단의 징벌을 받게 되었는지를 신학자들, 특히 기독교 윤리학자들은 설득력 있게 질문하고 그 부당함을 외쳐야 합니다.

독일이 분단된 것은 히틀러의 반인류적인 범죄를 승전국들이 올곧게 묻고 거기에 상응하는 정의로운 판단을 내렸기 때문이죠. 36년간 잔인한 강점 통치를 했던 일본은 오히려 자유로운 통일국가를 허용하고 나아가 경제 대국으로까지 성장시켜주면서, 일본의 식민지로 36년간 억울하게 고통받았던 한반도에는 왜 분단의 부당한 징벌을 내렸는가에 대해 이제는 한국 지식인들이 솔선하여 강대국에 당당히 따지고 물어야 합니다. 이 질문은 국제 정치적 질문만이 아닙니다. 신학적 질문이요 신앙적 저항이기도 하지요. 왜냐하면 일본을 크게 키워서 또 다른 패권국으로 떠오르는 괴수 같은 소련을 견제하려는 미국의 세계지배전략과 맞아떨어지는 사건이기 때문입니다.

게다가 한국전쟁의 후유증으로 미국에서는 매카시즘이 광란적 냉전 공포정치를 펼쳤으나 몇 년 후에 곧 사라졌습니다. 그런데 한국전쟁 이후 한국의 매카시즘 정치는 지난 70년간 지속되어 왔다는 비극적 사실을 한국 지식인들은 널리 알려야 합니다. 특히 한국 신학자들은 과연 그것이 하나님의 뜻이요 예수 복음(하나님 나라의 기쁜 소식)의 본질에 부합하는가를 진지하게 성찰하고 따져야 합니다. 아직도 한국교회 안에서 펼쳐지는 매카시즘적 공세에 대해 과연 교회 지도자들이나 신학자들이 계속 침묵할 것인가를 메타노이아(회개)의 심정으로 심각하게 성찰해야 할 것입니다. 저는 여기서 예수 당시 거라사 지역에 있었던 정신병 환자의 자해적 행위가 폭력적 강대국 '귀신'의 폭력이라고 해석합니다. 하기야 그 질환자의 이름을 묻는 예수의 질문에 그가 이실직고하지 않았던가요! 오늘 이러한 불쌍한 존재들이 한국교회 안팎에도 있다고 한다면, 신학자들은 마땅히 이 문제를 어떻게 다뤄야 할 것인가를 스스로 진지하게 물어야 할 것입니다. 그 악령을 돼지 떼에게 전가하는 처사는 21세기 상황에서는 동물 학대와 타인의 재산파괴 행위로 인식될 수 있을 뿐만 아니라 코로나바이러스를 유발하는 어리석은 짓일 수도 있기 때문입니다.

한국 신학자들과 교회 지도자들은 코로나19가 주는 충격을 어떻게 해석할 것인가?

그렇다면 한국교회와 한국 신학계가 내놓아야 할 대안은 무엇인가요?

첫째, 창조주께서 6일간의 창조 작업을 마치고 피조 세계를 살피셨습니다. 그리고 매우 만족해하셨습니다. "매우 좋구나"라고 감탄하셨습니다. 왜 그랬을까요? 그것은 인간과 동물 모두에게 창조주께서 먹거리로 식물(풀과 열매 등)을 주셨기 때문입니다. 식물은 놀라운 특징을 지닙니다. 그것이 다른 생명체에 의해 자연스럽게 먹히게 되면서 그 생명은 없어지는 것이 아니라 오히려 더 왕성하게 자라고 번진다는 특징입니다. 그리고 땅에는 식물의 생명을 자라게 하는 영양소가 무진장으로 저장되어있습니다. 식물은 다른 생명체(동물과 인간)에게 먹힘으로써 더욱 번성하게 됩니다. 이것은 창조의 신비이기도 합니다. 그런데 이것보다 더 중요한 특징은 풀과 열매를 주식으로 먹는 생명체들 간에는 먹거리 때문에 결사적으로 다투는 일이 없다는 점입니다. 힘센 코끼리가 약한 토끼나 다람쥐와 먹거리를 놓고 살벌한 경쟁을 하지 않습니다. 서로 친구처럼, 가족처럼 함께 식물이라는 주식을 나누어 먹습니다. 그래서 평화가 그곳에 깃들 수 있죠. 생명체의 육체적 크기와 힘의 크기와 관계없이 공동체적 관계를 유지하며 서로 식구처럼, 가족처럼 다른 생명체를 존중하며 공동식사를 할 수 있기에 그곳에는 샬롬shalom이 이슬처럼 내리고, 분배정의의 따스함이 강물처럼 흐르게 됩니다. 그래서 그와 같은 평화스러운 나눔 먹기를 창조주께서 친히 확인하시고 "참으로 좋구나"라고 감탄하셨죠.

그런데 이 아름다운 창조 질서가 인간의 악함으로 깨어지게 되었습니다. 그 악惡이 어디에서 나온 것인가라는 질문은 신학적 상상력을 자극합니다. 이 질문에 대한 설득력 있는 신학적 응답이 나와야 합니다. 최근 제임스 스콧James Scott의 저서 『농경의 배신』은 이 질문에 대한 사회과학자의 응답이기도 합니다. 농경으로 문화와 문명이 탄생했다면(이것이 일반상식이기는 하다) 이것은 매우 자랑스러운 일이라고 볼 수 있습니다. 그런데 그것을 전혀 다른 각도에서 해석한 것이 바로 스콧의 통찰력이죠. 그의 상상력은 탁월합니다. 인류문명이 농경農耕으로 가능했다 하더라도 농경은 인간을 길들이게 하려는 권력 주체의 사기적 사건으로도 볼 수 있다고 했습니다. 영어의 civ-ilization이나 culture는 모두 땅을 갈아 땅을 길들이는 작업과 연관됩니다. 그는 이 통제의 주체가 바로 국가권력이라고 지적했습니다. 국가의 전일적 통제가 땅을 길들이는 힘이기에 문제가 있는 것이죠.

그렇다면 창조주 하나님이 자연의 풀과 열매를 직접 음식으로 따먹는 모습을 보고 감탄하셨다는 창조 설화의 메시지는 무슨 의미를 지니게 될까요? 21세기는 환경오염과 기후변화로 심각한 위기를 맞고 있는 시기입니다. 오늘의 인류에게 창조주의 감탄은 그래서 매우 의미 깊은 시사점을 던져줍니다. 스콧은 중앙집권화되고 상품화된 인류의 삶에서 계속 길들이는 자연의 비극을 극복하려면 신자유주의적이고 산업자본주의적인 삶을 근본적으로 변혁시켜야 한다고 강조합니다. 그래서 자연은 인간에 의해 길들이는 대상에서 벗어나야 합니다. 21세기 인간은 환경을 파괴하지 않고 동물과 자연을 이웃이나 벗으로 존중하는 새로운 문화와 사회구조를 만들어가야 합니다. 권력도 끊임없이 자연을 길들이면서 인간도 함께 길들이려는 탐욕에서 해방되도록 해야 합니다.

코로나 병균이 인간에게 심각한 반격을 하는 이때, 자연을 길들이는 것을 당연한 권리나 특권으로 확신해 온 인간에게 심각하게 근본적인 변화를 촉구하고 있습니다. 자연을 길들이거나 파괴해 온 반反자연 정책을 되돌아보며 근본적으로 새로운 자연과 인간 간의 관계를 제시해야 합니다. 인간 중심의 자연관은 이제 자연 존중의 자연관으로 바꾸어야 하며, 특히 예수따르미들은 자연이 우리의 이웃임을 깨닫고 이웃 사랑으로 하나님의 신음 소리가 감탄의 찬사로 바꾸어질 수 있게 해야 합니다.

자연을 파괴함으로써 자연에서 삶의 터전을 잃어버리게 된 딱한 야생 동물들은 먹거리를 찾기 위해 결사적으로 인간 거주지로 침입하게 되죠. 여러 질병의 균들이 야생 동물을 숙주로 삼았다가 이제는 인간 거주지로 침범하는 과정에서 병균들이 자연스럽게 인간을 숙주로 이용할 수 있게 되었습니다. 확실하지는 않지만, 코로나19의 전파력과 인명 박탈 능력이 그 전의 감기류의 병균에 비교할 수 없을 만큼 강해졌다면 자연 길들이기나 훼손이 앞으로 엄청난 재앙이 될 것입니다.

어떤 이는 이 코로나19 역병이 21세기 인간 종말의 불길한 징조라고 걱정합니다. 흔히들 핵전쟁으로 인간 종말의 전쟁이 일어날 것으로 예상했는데 이제는 핵이 아니라 미생물 균이나 바이러스가 바로 인류멸망의 위험일지도 모른다고 두려워하게 되었습니다. 만일 그것이 현실이 된다면 핵전쟁을 방지하는 핵억지력 확보보다는 보이지 않는 세균과 바이러스에 대한 억지력 확보가 결코 더 쉽지 않을 것임을 명심할 필요가 있습니다. 그 까닭은 코로나19에서 볼 수 있듯이 바이러스의 변용mutation 능력이 비상할 것이기 때문입니다. 비록 코로나19를 이겨내는 백신이 개발된다 해도 그 바이러스가 백신을 격파하는 능력을 스스로 진화시켜 나간다면, 인간은 핵전쟁보다 훨씬 더 강력하고 '영리하고' 무서운 세균, 바이러스 전쟁에 휘말리게 될 것입니다. 이런 일이 '새로운 정상성'이 될까 두렵습니다.

둘째로 창조주의 탄식을 유발한 적자 세력適者勢力의 갑질 행위를 종식시키는 일에 종교인들, 특히 예수따르미들이 이제는 모범적으로 앞장서야 합니다. 원초의 창조 질서가 가졌던 샬롬의 아름다움을 회복하기 위해서는 우리는 그것을 간절하게 꿈꾸었던 이사야의 비전에 주목해야 합니다. 이사야 11장 5절부터 11절을 보면 매우 감동적인 새 질서의 모습을 보게 됩니다. 육식동물들이 초식동물을 죽여 음식으로 먹지 않고, 오히려 초식동물의 음식을 함께 나누어 먹는다는 매우 감동적 장면을, 이사야의 비전을 그림처럼 보여줍니다. 만일 육식동물 중 최강의 적자인 사자가 소처럼 풀을 먹는다면(사 11:9) 그때 비로소 창조 질서는 원래의 그 아름다운 모습을 되살려낼 것입니다. 창조주를 감탄케 했던 그 감동적 공생의 모습, 그 평화스러운 모습이 되살아 날 것입니다. 그렇게 될 때 암소와 곰이 비로소 서로 벗이 되며 그들의 새끼들이 애인들처럼 함께 눕게 될 것이고 젖 먹는 아이가 독사 구멍에 손 넣고 독사와 악수하며 평화롭게 놀게 될 것입니다. 이것이 바로 정글의 갑이 정글의 을들과 한 가족처럼 공감하고 상생하는 새 질서를 함께 만들어가는 하나님 나라의 모습이 아니겠습니까!

셋째로 우리가 자연을 이웃으로, 벗으로 존중하는 새로운 문화를 주류문화로 만들 수 있다면 지금 인류가 겪고 있는 기후변화로 인한 천재지변도 관리해 낼 수 있을 것입니다. 예수따르미들부터 자연을 길들여야 문명과 문화가 발전한다는 개발 중심적 인간 사고를 버리고, 기후변화를 자본주의 시장경제와 전혀 무관한 것으로 주장하는 트럼프식 사고도 단호하게 거부해야 합니다.

넷째, 트럼프식 패권적 민족주의와 백인우월주의가 비非백인에 대한 인종주의적 정책과 결탁하면서 21세기식 기독교 근본주의적 십자군 전쟁을 부추기는 것 같은 오늘의 트럼프 정부의 정책을 예수따르미들은 반反복음적 폭력으로 규정하고 거부해야 합니다. 한국 그리스도인들은 한미동맹의 우산 아래서 성서를 높이 들고 평화적

시민 저항을 십자군식으로 탄압할 것 같은 몸짓을 하는 백인 극우식 인종주의적 정책 대응을 단호하게 배격해야 할 것입니다.

나가며: 불트만과 슈바이처를 60년 만에 다시 읽고 느낀 소회

대학에 입학한 뒤 당시 세계적 성서 신학자로 알려진 불트만Rudolf Bultmann의 책을 힘들게 읽은 기억이 있습니다. 그때는 이해하기 힘들었습니다. 실존주의 철학의 영향을 받아 초대교회의 실존적 상황과 개인의 실존적 처지에서 복음서를 읽어야 한다는 그의 입장은 어느 정도 이해할 듯했습니다. 그런데, 왜 비신화 또는 탈신화해야 복음서의 뜻을 오늘의 정황에서 이해할 수 있는 것인가는 당시 서울대 사회학과 학생이었던 저로서는 제대로 이해할 수 없었지요. 그래서 60년이 지나 새롭게 읽어보았습니다. *Jesus Christ and Mythology* 제하의 소책자입니다. 그런데 지금에야 비로소 '아하, 불트만의 실존주의적 성서해석이 일종의 가현설假現設, Docetism적 한계에 갇혀있었구나'라는 깨달음에 이르게 되었습니다. 당시 독일 전체주의의 악마적 현실을 그가 가볍게 여겼구나! 하는 생각을 하게 되었습니다. 그가 히틀러의 악마적 고통 주기 정치 앞에서 침묵을 지킬 수밖에 없었던 것은 그의 성서 연구방법론에서 비롯된 결과일 수 있구나! 하고 깨달은 것이죠. 인류역사상 최악의 사탄적 괴수 폭력 구조 앞에서 어쩔 수 없이 침묵을 지켰던 불트만 스승에 대해 불만을 지녔던 그의 제자들이 1950년대에 와서 비로소 역사적 예수 탐구를 새롭게 시작한 것을 이제야 더 쉽게 이해할 수 있었습니다. 여기서 저는 왜 오늘 분단 고착화에 협조하면서 친일·냉전 세력에 동조하는 한국교회 지도자들과 신학자들이 적지 않은지를 알 수 있을 것 같기도 합니다. 혹시나 그들이 가현설적 신앙과 신학에 빠져있기 때문이 아닐까 하는 생각을 하게 되었습니다. 이런 잘못을 바로잡기 위해서라도 100년 전 3.1운동 정신으로 억울하게 빼앗긴 조국의 광복을 위해 믿음의 선배 애국열사들, 이를테면 몽양, 우사, 도산, 백범, 해석(손정도)의 헌신에 새삼 경의를 표하고 싶습니다. 3.1운동의 비폭력 평화 정신이 원류가 되어 그 이후 온갖 감동적인 민주화운동, 평화운동, 인권운동, 환경운동 등의 역사 흐름에 신학자들과 예수따르미들이 헌신적으로 참여해 온 것을 자랑스럽게 생각하게 되었습니다.

　1950년 중반에 제가 읽고 감명받았던 또 다른 책은 슈바이처의 자서전과 역사 예수 탐구에 관한 책이었습니다. 그 책도 쉽지 않았습니다. 요즘 와서 60년 만에 다시 읽으면서 깨닫는 바가 적지 않습니다. 특히 『기독교의 탄생The Birth of christianity』의 저자 크로산Crossan이 슈바이처의 역사적 예수 연구를 언급하면서 슈바이처의 후기 유대교 종말론의 실천적 동력을 오늘의 상황에서 지적한 것은 매우 적절했다고 생각합니다. 특히 '윤리적 종말론'의 현대적 적합성, 다시 말해 구조악이 사회, 정치, 경제적 적자適者에 의해 합리화되는 상황에서 실천적 동력이 될 수 있는 윤리적 종말론이야말로 그리스도인의 비폭력 적극 저항에 영감과 에너지가 될 수 있다고 생각하게 되었습니다. 3.1운동을 비롯하여 2017년의 촛불시민혁명에서 구체적으로 드러난 비폭력·평화의 저항운동을 이해하는 데도 윤리적 종말론은 매우 적절하다고 생각합니다. 특히 비非적자인 지극히 작은 자와 꼴찌들에게 놀라운 희망의 동력이 된다는 점이 매우 흐뭇합니다.

　바로 이러한 윤리적 종말론이 부당한 역사 피해 민족에게 끊임없이 감동적 울림을 주는 순교자적 희생과 헌신을 부각시켜 줍니다. 이런 관점에서 일제강점기에 순교자적 삶을 살았던 선배 그리스도인들의 삶에 시간이 지날수록 더욱 감사하게 되고 그들을 흠모하게 됩니다. 몽양과 우사 등의 그 살신성인적 삶(케노시스의 실천)이 오늘 한국 예수따르미들에게 값진 길잡이가 됩니다. 지난 세기 초에 몽양은 승동교회 조사였고, 우사는 새문안교회 장로였습니다. 지금 그 두 교회는 과연 몽양의 신앙 그리고 우사의 신학을 계승·유지하고 있는지를 진지하게 묻고 싶기도 합니다. 만일 2020년 오늘 몽양이 승동교회에 다시 온다면, 우사가 새문안교회에 다시 온다면, 해석이 정동교회에 다시 목사로 부임한다면 그들이 과연 뜨거운 환영을 받을 수 있을까 걱정하게 됩니다.

슈바이처를 다시 읽고 느낀 소중한 깨달음 하나를 더 보태자면, 슈바이처는 최후의 성만찬 연구에서 예수가 강조한 것은 사사화私事化되고 추상화된 속죄론이 아니라, 예수가 폭력적이고 위선적 권력에 의해 죽임당하는 길을 스스로 선택한 순교자적 희생의 결단이었는데 그의 제자들만은 이해해 주기를 바랐던 것에서 나온 메시지였음을 알게 된 것입니다. 이 같은 가르침을 다시 읽고 보태고 싶은 메시지가 있다면 바로 이런 것입니다. 성만찬에서 예수가 제자들에게 던진 메시지가 특히 속죄론 교리가 긴 기독교 역사 속에서 지나치게 정신화spiritualize되면서 기독 교리로 보편화된 나머지 예수의 그 실천적 속뜻을 왜곡시킨 것이 아닐까 하는 것입니다. 한 걸음 더 나아가 지난 이 천년 가까이 기독교(신·구교 모두)는 개인의 사사로운 일탈적 죄를 구조악으로부터 분리시켜 개인의 일탈 행위만을 주로 죄악의 본질로 부각시켜 온 것은 아닌지, 반문하고 싶습니다. 개인의 죄에서 그렇게 풀려난 구조악은 이 같은 죄악의 사사화와 정신화를 통해 악에 대한 강력한 저항 동력을 감퇴시키고 비폭력·평화저항의 길을 닫아버리거나 좁게 만들어버리지 않았는지 반성하게 됩니다. 하기야 거짓말하기, 남의 물건 훔치기, 이성異性을 보고 탐닉하고 싶은 호기심 등을 예찬할 수는 없다 하더라도 이런 일탈 행위만을 주로 죄로 한정하여 참회를 강요하게 되면, 교회는 기존 악의 사탄적 활동 범위를 역설적으로 넓혀주고 그 폭력적 악 앞에, 중립의 미명하에 침묵을 강요하게 되는 것이 아닌지 염려됩니다. 이런 정황에서 종교 기득권의 행태는 결국 기존 악을 방조하게 됩니다. 여기에 속죄론의 잠재적 역기능latent dysfunction이 생기는 것은 아닌지 스스로 성찰하게 됩니다.

이제 코로나 이후 시대를 맞아 우리의 신앙과 신학도 근본적으로 달라져야 합니다. 창조주의 탄식 소리가 들리지 않고 대신 감탄의 음성이 들려와야 합니다. 하나님은 선하시기에 죄악 덩어리인 인간이 될 수 없다는 반反성육신적 가현설 신앙에서 빨리 벗어나야 합니다. 오히려 예수의 겟세마네 기도 이후 그가 세 제자에게 당부하시고 깨우치셨던 "시험에 들지 않도록 기도하라"는 예수의 간절한 당부가 무슨 뜻인지를 오늘의 폭력적 구조악 상황에서 깊이 되새겨야 합니다. 저는 그 시험은 폭력으로 악의 세력을 이기려 했기에 몰래 칼을 품고 있던 수제자 베드로가 빠져버린 시험임을 늦게 깨닫고 있습니다. 폭력 권력을 폭력으로 이기려 했던 유혹이 바로 예수께서 염려했던 유혹임을 지금에야 깨달은 것이지요. 그래서 칼 쓰는 자는 칼로 망한다는 예수님의 준엄하고 엄중한 그 메시지가 나오게 된 것이 아닌가를 다시 성찰해 봅니다. 오늘 우리 상황에서 이것이 감동적 울림으로 번지게 하면서 한국적 평화 신학을 실천해야겠다는 다짐을 해봅니다.

앙드레 지드의 탕자 이야기
─ 코로나19와 총체적 회개

탕자의 비유를 바탕으로 오늘날에 필요한 새로운 희망과 도전에 대하여 생각해보려고 합니다.

지금 우리의 상황은 종말론적인 국면 혹은 카이로스의 상황이라 할 수 있습니다. 코로나19가 인류에게 준 피해의 폭이 너무 넓고 깊습니다. 불과 1년도 안 된 사이에 코로나19로 인해 목숨을 잃은 누적 사망자 수가 제1차 세계대전과 한국전쟁, 베트남전쟁의 전사자들을 전부 합친 것보다 많다고 합니다. 이런 와중에 최근에는 영국에서 등장한 새로운 변이 코로나바이러스가 우리를 다시 위협하고 있습니다. 흥미로운 것은 백인 중심의 선진 국가들이 이러한 위기에 제대로 대응을 못 하고 있다는 것입니다. 상황이 이러하다 보니 세계 사람들은 혼돈과 불안 속에 떨면서도 지금의 혼란과 불안이 어떠한 새로운 질서를 태동해낼 것인가에 대해 관심을 보이고 있습니다.

한국인들, 특히 한국의 예수따르미들은 기존 질서에 대한 창조적 도전을 줄기차게 해왔던 예수님의 하나님 나라 운동과 그 가치를 한 번 더 되새길 필요가 있습니다. 예수님의 말씀은 그것이 비유든지 혹은 경구든지 혹은 다소 좀 긴 이야기든지 간에 소위 도전정신으로 가득 차 있기 때문입니다. 예수님의 도전이라면 무엇에 대한 도전인가요? 그것은 우리가 아는 대로 로마의 패권주의라는 세계적인 질서 안에서 그 패권주의에 기생했던 팔레스타인의 토착 권력에 대한 도전이었습니다. 당시 유대의 토착 권력들이 로마 패권주의에 순응함과 동시에 위선적으로 대응해왔던 사실에 대해서 예수님께서는 굉장히 분노하셨던 것 같습니다. 그래서 여러 가지 비유를 활용해 도전적인 선포를 하셨습니다. 예수님의 여러 도전적 비유 중 탕자 이야기를 중심으로 성찰해 보겠습니다.

성서 신학자들은 보통 예수님의 비유를 세 가지 종류로 분류합니다. 첫째로 수수께끼 같은 비유가 있고, 둘째로 모험적인 인간을 부각시키기 위한 비유가 있습니다. 마지막으로 기존 권력체제에 대한 도전적인 비유가 있는데, 저는 예수님께서 다른 비유보다도 도전적인 비유에 역점을 두고 말씀하셨다고 생각합니다. 그것이 하나님 나라의 비전을 보다 잘 전해주는 메시지가 되기 때문입니다. 그중에서도 가장 돋보이는 비유는 선한 사마리아인의 비유와 탕자의 비유입니다. 그런데 선한 사마리아인의 비유는 도전적인 성격임을 어렵지 않게 알 수 있는 반면, 탕자의 비유는 그렇지 않습니다. 그래서 미국의 신학자 존 도미니크 크로산의 해석의 도움을 받아 탕자의 비유를 새롭게 접근해보고자 합니다.

크로산은 탕자의 비유에 도전적 성격을 부각시키기 위해 20세기 프랑스의 문호 앙드레 지드의 "돌아온 탕자"라는 글을 인용합니다. 크로산은 "돌아온 탕자"의 내용이 누가복음에 나오는 탕자의 비유보다 훨씬 예수님의 뜻에 맞닿아 있다고까지 봤습니다. 아마 이 글에서 굉장히 감명을 받은 모양입니다. 그래서 크로산에게 감동을 준 지드가 쓴 탕자의 비유의 흥미로운 몇 가지를 함께 나누고 싶습니다.

환란의 시대, 위기의 시대, 좌절의 시대, 혼돈의 시대인 오늘날 우리는 빛을 찾고 있습니다. 지드가 쓴 탕자의 비유는 1907년에 나왔는데, 그 당시 서구의 유럽 백인 국가들은 경쟁적으로 아시아와 아프리카를 식민지로 강점하고 수탈하였습니다. 지드는 이러한 상황에 분노했습니다. 나아가 교회가 세계 선교를 명분으로 식민지 강점과 수탈에 관여하고 있다는 사실에 굉장히 불편해했습니다. 아마 이러한 심정이 탕자의 비유를 재해석한 글의 배경이 되었을 것입니다.

이 탕자의 비유는 먼저 등장인물의 구성 측면에서 누가복음에 나오는 탕자의 비유와 구별됩니다. 누가복음에는 맏아들과 탕자, 두 아들이 나옵니다. 그런데 지드의 버전에는 세 아들이 나옵니다. 여기서 탕자는 둘째 아들이고, 막내아들이 주인공으로 등장하는데 이것이 새롭습니다. 그리고 누가복음에서는 아버지만 나오는데 지드의 탕자 이야기에는 어머니도 나옵니다. 이러한 인물 구성엔 서구 백인 국가의 잔인한 식민지 침탈과 교회의 비겁한 협조에 대한 분노와 저항의식이 담겨 있습니다.

내용상으로는 더욱 놀라운 차이가 나타납니다. 누가복음에 등장하는 탕자와 아버지 간의 대화가 변용되는데, 이들의 대화는 무척 낯설고 일방적입니다. 지드 버전으로 보면 아버지는 탕자에게 이렇게 말합니다. "이 집안에서 맏형이 법이다." 그 후 맏형은 아버지의 말을 탕자에게 전달할 때마다 "내가 너희에게 말하는데…" 이런 방식으로 모두 전형적인 가부장의 권위를 앞세웁니다. 또 아버지는 탕자에게 이렇게 말하기도 합니다. "집 밖에는 너에게 구원이 없다. 집 안에만 구원이 있으니 너는 집을 존중해라. 그리고 형을 아버지의 권위를 대신하는 자로 보아라." 이 말에는 맏아들과 아버지 간에 가부장적 결탁이 드러납니다. 식민지를 수탈하는 서구 국가와 교회 간의 권위주의적 공조의 모습을 이런 식으로 표현한 것이지요.

그리고 좀 더 내용을 살펴보면 흥미로운 지점이 또 등장합니다. 아버지는 장자에게 자신의 뜻을 전달하고, 그것을 장자는 또다시 탕자에게 이야기합니다. 형과 아버지는 탕자를 길들이기 위해 이런 식으로 이야기합니다. "아버지는 당신의 뜻을 전할 때 나를 통해서 전하신다. 내가 말하는 것은 아버지가 말하는 것과 마찬가지이니 아버지를 이해하려면 내 말을 듣고 내 말에 순종해라." 이런 내용은 누가복음에는 없는 것이지요. 이런 표현들은 19세기 말, 20세기 초 서구 백인 교회의 위선적 권력과 가부장적 행위에 대한 지드의 비판의식이 반영되어 있습니다. "부친의 뜻을 너에게 전하는 사람은 바로 나"라거나 "부친을 이해하려면 반드시 맏형인 내 말을 먼저 듣고 거기에 순종해야 한다"는 말을 내뱉는 맏형의 모습은 하나님의 권위를 자신의 권위와 동일시하며 폭력에 눈감고, 불의에 협조하는 당시 교회의 행태를 빗댄 것이기 때문입니다. 특히 사제 계급의 권위주의적 결탁을 비판한 것입니다.

우리가 주목해야 할 것은 어머니의 등장입니다. 엄마와 탕자 간의 대화가 평범하지 않습니다. "너의 동생은 말이야, 독서량이 상당히 많단다. 그래서 막내는 세상 돌아가는 현실을 잘 파악하고 있다. 그리고 그 아이는 집 마당에 있는 제일 높은 나무 꼭대기에 올라가서 온 세상을 두루 살피고 있다. 담장 밖 너머 있는 세상을 훤히 내려다보고 있단다." 엄마의 막내에 대한 시각과 평가는 예사롭지 않습니다. 아버지와 형은 세상이 어떻게 돌아가는지 관심이 없고 오로지 권력으로 세상과 교회와 가정을 지배하려고 하는데 막내는 세상과 교회와 가정에 대해 합리적이고 따뜻한 마음으로 이해한다고 말합니다. 이 세상 밖의 이야기는 교회 밖의 세계에 대한 현실을 이야기하는 것 같습니다. 그리고 탕자와 막내 간의 대화에도 핵심이 되는 메시지가 담겨 있습니다. 먼저 막내는 탕자에게 말합니다. "형, 나는 말이야, 형이 집을 떠날 때의 모습과 지금의 내 모습이 비슷한 것 같아. 나는 내일 새벽이 오기 전에 이 집을 떠날 거야. 형은 나갈 때 아버지로부터 유산에서 형의 몫을 받아서 떠났지만 나는 막내라서 내 몫이 없어. 비록 빈털터리이지만 그래도 난 떠날 거야." 이 말에는 탕자에 대한 깊은 비판의식을 드러냅니다. 권위주의 제도에서 막내는 자유로워지려 하고 그것을 자랑스럽게 생각합니다.

바로 여기에 지드가 이야기하는 탕자 비유의 핵심이 있는 것 같습니다. 탕자는 떠나려는 동생에게 이렇게 말합니다. "막내야, 나는 너에게 나의 희망을 전부 주고 싶구나. 그 희망을 가지고 가렴. 떠나면 가족을 잊어버려라. 그리고 절대로 다시 집으로 돌아오지 마라." 이 대사는 굉장히 역설적입니다. 이 새로운 그의 귀환의 이야기에서 탕자는 막내에게 "나는 실패해서 돌아온 것이지만 너는 돌아오지 말아

라. 절대로 다시 집에 돌아오지 말아라"라고 말합니다. 이건 매우 놀라운 충고지요. 어쩌면 집으로 돌아온 자기 자신을 나무라는 것이기도 하니까요. 지금을 반성하고 귀환을 후회하고 있는 것이죠. 돌아온 가정에는 변함없이 옛 모습이 그대로 유지되고 있다는 것을 스스로 확인했으니까요. 탕자가 집에 돌아왔을 때, 자기도 잘못을 했지만, 여전히 아버지의 권위만을 세워주는 형의 모습이 그는 매우 불편했습니다. 이 내용은 누가복음의 내용과 확실히 구분됩니다. 누가복음에선 형이 오히려 아버지에게 불만을 쏟아냈습니다. 그때 아버지가 "내 소와 양이 모두 네 것이 아니냐." 이렇게 이야기함으로써 기존의 종교 체제나 국가체제를 용인하는 쪽으로 유도하는 모습이지만 지드의 이야기는 이것을 뒤집습니다. 지드는 자기가 19세기 말, 20세기 초에 발붙인 현실에서 굳센 믿음이라고 하는 것이 따지고 보면 기독교 왕국을 무조건 옹호하는 것인데, 이런 것이 예수께서 말씀하신 하나님 나라와 얼마나 거리가 먼 것인지를 인식하고 비판한 것입니다.

기존의 비유를 재해석하며 시대상을 투영하여 전개한 지드의 돌아온 탕자 이야기에서 우리는 무엇을 확인할 수 있나요? 예수의 비유 말씀이 진실로 도전적이었다고 한다면 우리는 지드의 이야기에서 그 도전정신을 더욱 분명히 확인할 수 있습니다. 장자를 떠받드는 것인지 무시하는 것인지 모호한 누가복음 본문은 다소 혼란스럽지만, 지드는 명확히 지적합니다. 탕자 자신이 막내에게 "나처럼 집에 돌아오지 말아라, 나처럼 실패하지 말아라"하고 이야기하고 있습니다.

예수의 도전적 비유를 어거스틴은 수수께끼 비유나 모범 비유로 해석했습니다. 하지만 크로산은 그 해석이 역사적 예수의 원래 의도와는 거리가 멀다는 것을 자기 저서에서 지적하며 지드의 해석을 더 선호합니다. 지드의 비유에 담긴 교회 비판은 한마디로 '교회가 세상의 빛과 소금의 역할을 못 하고 하나님 나라의 모습을 보여주지 않은 것'에 대한 비판입니다. 그리고 그 비판의식이란 초대교회부터 19세기 말 서구 교회에 이르기까지 교회가 하나님 나라를 세상에 세우고 확장하기보다는 약자와 약소국을 정복하고 착취하는 행위에 더 큰 관심을 쏟았다는 비판일 것입니다. 교회는 이런 지드를 높이 평가하지 않았지만, 세계 지성인들은 지드의 비판에 찬사를 보냈고, 그에게 노벨문학상이라는 영예를 안겨 주었습니다. 지드는 여전히 프랑스가 낳은 가장 훌륭한 문호 중 한 명으로 존경받았습니다.

탕자의 비유에 대한 지드의 적극적인 재해석, 여기로부터 우리는 코로나19로 불안에 떨고 있는 오늘날 세계를 향한 어떤 메시지를 건져낼 수 있을까요?

지드가 탕자의 귀환을 성찰하면서 글을 쓸 당시 그가 한 기도를 함께 나누고 싶습니다.

주님, 오늘 저는 어린아이처럼 눈물에 젖은 얼굴로 당신 앞에 꿇어앉아 기도드립니다. 제가 감히 주님의 소중한 비유 말씀을 회상하며 주님께 기도할 수 있는 것은 탕자의 모습에서 나 자신을 보았기 때문입니다.

그때가 20세기 초였으니까 지드의 탕자 귀환에서 탕자가 막내에게 집으로 돌아오지 말라고 말한 대목에는 그 당시 서방 선진 국가에 가부장적 권위 체제와 교회의 권위주의 체제 그리고 국가와의 결탁으로 인간을 소외시키고, 약탈하고, 비인간화시키는 기독교 왕국에 대한 비판이 담겨 있는 게 아닌가 생각합니다.

지드가 비판했던 서구 패권주의적 국가의 모습이 이제는 코로나 바이러스 때문에 휘청거리는 것 같습니다. 미국의 소위 복음주의자들의 70~80%가 트럼프를 지지했는데, 그 이유는 트럼프가 백인 우월주의적인 패권적 민족주의자이기 때문입니다. 트럼프는 "Make America Great Again", 미국만을 다시 위대한 국가로 만들겠다고 이야기합니다. 그의 정치적 수사에는 이 세상을 훌륭하게 만들겠다거나 우리들의 인간성을 고양시키겠다는 메시지는 없습니다. 예수님의 뜻하고는 완전히 상반된 것이죠. 그런데도 수많은 이른바 복음주의적 기독교인들이 이러한 메시지에 열광하고 지지했다는 것은 모순적인 상황이라 할 수 있으며, 역설적으로 백인 우월주의 기독교 왕국에 대한 지드의 철저한 회개 촉구야말로 예수 정신의 메시지라 하겠습니다.

제 친구가 크리스마스 때 보내준 그림 하나가 떠오릅니다. 십자가에 달려 고통으로 신음하고 있는 예수님 앞에서 수많은 군중이 코로나바이러스로부터 "우리를 구해 주소서" 하며 손을 높이 들고 기도하는 모습을 그린 그림입니다. 그 그림 속에서 예수님께서 말씀하십니다. "알았다, 조용히 해라. 그러니 다시는 이렇게 많이 모이지 마라." 저는 이 그림을 보며 '아, 이 그림 속 예수님의 말씀은 지드의 돌아온 탕자 이야기에서 탕자가 막냇동생에게 한 말과 맞닿아 있지 않은가!' 라고 생각했습니다. 막냇동생이 "형, 나는 내 몫이 없어 빈털터리지만 떠날 거야. 그리고 형처럼 돌아오지 않을 거야"라는 말이 오늘의 기독교 지배체제에 대한 반발이라고 생각합니다. 탕자는 막내에게

"가는 길마다 걸음걸이를 조심해라"라고 당부했는데 이것은 자기가 실패한 "걸음걸이를 따르지 말고 조심하라"는 것이겠죠. 이 말을 이렇게도 해석할 수 있지 않을까 합니다. "하나님 나라가 거부하는 세상의 모든 잘못된 지배구조가 유혹할 때 그것에 빠지지 말아라."

지드의 비유를 새삼 성찰하면서 이런 생각을 해 봅니다. 지금 우리 한국교회뿐만이 아니라 세계의 교회는 그저 추상적인 회개가 아닌 아주 체계적이고, 총체적인 회개를 할 필요가 있다고요. 하나는 신학적인 회개이고, 다른 하나는 신앙적인 회개입니다.

신학적인 회개는 우리가 믿는 기독교의 하나님이 절대 권력을 가지고 '심판주' 역할을 즐기시는 그런 하나님이 아니라, 오히려 억울하게 패권 세력에 의해 정죄 받아서 부당하게 고통당하는 이들과 함께 '고통당하시는 하나님'이라는 신학적 통찰력을 촉구하는 신학이 필요합니다. 새로운 존재로 벌떡 일어서게 하는 사랑의 하나님을 끊임없이 환기시키는 신학이 필요합니다. 사실 우리가 믿는 성육신 신앙이라는 것이 바로 이러한 하나님 신앙이지요. 이것이 바로 성육신 신앙입니다. 신학적인 담론으로서의 성육신은 추상적으로는 많이 회자되지만, 진정으로 성육신을 사는 기독교인들이 없단 말입니다.

둘째로 신앙적인 회개라고 하는 것은 신학적인 회개를 하지 않았기 때문에 그것이 죄인지도 모르고 범하는 수많은 죄가 있다는 사실을 직시하는 회개입니다. 개인의 가벼운 일탈 행위나 거짓말, 남을 부러워하는 것, 작은 탐심, 이성 간에 상대방의 아름다움을 보고 매혹되는 상황, 이런 것까지 다 죄악으로 낙인찍으면서도 진짜 죄악의 핵심을 왜곡하거나 무시하게끔 만드는 신앙을 우리는 이제 부끄러워해야 합니다. 어리석은 확신으로 미국 복음주의 교회의 70퍼센트 목사들이 트럼프를 지지하는 지경에 이른 것이죠. 우리나라에도 대표적으로 태극기 부대나 성조기 부대가 있습니다. 자기들은 여전히 죄를 저지르고 있으면서도 그저 '예수천국 불신지옥'만 강조하는 이들도 마찬가지입니다. 이러한 상황에 한국이나 외국의 교회 지도자들, 신학대학교의 교수들이 책임감을 느껴야 합니다. 그래서 회개를 깊고 철저하게 하기 위해서는 신학적인 회개가 먼저 있어야 한다고 강조하는 것입니다. 그런데 회개를 이야기하면 개인적인 회개만을 이야기하지, 신학적인 회개라는 말은 잘 사용하지 않습니다. 그리고 신학적인 회개를 하는 사람들이 거의 없습니다. 그러니까 신앙적인 회개는 더 못하고 있는 것이지요.

코로나19가 코로나20으로 진화하고 있는 이 위기 상황에서 우리는 불안을 내려놓고 여유를 가지고 정말 깊은 신학적인 성찰을 해야 합니다. '우리가 제대로 믿고 있는 것인가?', '우리가 믿고 있는 것을 신학적인 담론으로 만들어내고 있고, 그 담론을 우리가 실천하고 있는가'에 대한 근본적인 자기반성을 해야 할 때입니다. 지드가 말하는 탕자의 비유, 그 신랄하고 함의 가득한 이야기를 쓸 때 드린 기도를 보았습니다. "탕자 속에서 나 자신을 봤기 때문에 눈물을 흘리고 꿇어앉아 하나님께 기도드립니다." 지금 우리에게 그런 신앙이 필요합니다.

저는 근본적인, 신학적인 회개와 신앙적인 회개를 한데 묶어서 새로운 도전을 하는 공동체를 꿈꿨습니다. 지드 수준에는 이르지 못하더라도 그 수준의 고민과 성찰을 하며 새로운 대안을 제시하는 하나님 나라 운동이 필요합니다. 특히 우리나라는 강대국에 의해서 너무 억울하게 강점당하고, 강점이 끝난 후 분단 75년 동안에도 억울한 고통을 계속 당하고 있습니다. '우리의 비극적인 역사적 현실 속에서 어떤 새로운 질서가 필요한가', '이러한 질서를 꿈꾸고 만드는 일에 왜 한국 기독교인들은 몸을 던지지 못하였나', '말로는 몸을 던졌다고 하는데 전혀 다른 방향으로 던진 것은 아닌가!' 하는 자성의 시간을 코로나바이러스가 창궐하는 이때 가져야 합니다. 바이러스로 인해 어쩔 수 없이 비대면으로 교류하고 있지만, 비대면 활동 속에서도 이 회개는 할 수 있습니다. 아니, 오히려 비대면 상태에서 더 깊이 하나님 앞에 눈물을 흘리면서 회개할 수 있다고 생각합니다. 그래서 우리 모두 눈물 흘리는 심정으로 탕자의 비유를 다시 한번 생각해보길 원합니다. 과연 오늘 내가 돌아갈 집이 있는가? 그 집은 어떤 집이고, 어떠한 집이어야 하는가?

여러분, 용기를 내십시오. 그리고 힘을 얻기를 바랍니다.

권하는 글

첫 번째 글을 읽었다. 다음 글을 이어 읽지 않을 수 없었다. 마침내 마지막 글까지 모두 읽었다. 나흘 새벽마다 읽었다. 공감, 이끌림, 어느새 감동이 울렁였다. 한국교회 지도자라면 보수든 진보든 꼭 읽자. 아니, 읽어야 한다!

_ 김상근(KBS 이사회 이사장)

한완상 박사님은 저에게 '신앙적 사회학자'이자, '사회학적 신앙인'입니다. 세상과 현실을 신앙의 눈으로 보고, 교회와 신앙을 사회학적으로 보는 분이기에 그렇습니다. 한완상 박사님의 책을 읽고 나면 반드시, 더 공부하고 실천해야 할 과제를 얻게 되는 것이야말로, 한 박사님의 책 읽기가 주는 즐거움입니다.

_ 채수일(경동교회 담임목사)

권하는 글

　현대 제국주의의 발원지가 대부분 서구 기독교 국가였다는 것은 역사의 아이러니다. 오직 예수께서만 가르치신 원수사랑은 과연 역사적 실체가 있는가? 역사는 우리를 절망시키지만, 한완상은 인간과 역사를 포기하지 않는다. 부활하신 예수의 주되심을 굳게 믿기 때문이다. 그의 사상의 뿌리는 예수다. 성육신하신 예수의 자기비움이 그의 삶을 관통하고 있다. 그래서 한완상의 사상은 교리가 아니라 삶이다.

　내가 20대 때 만났던 선생님은 50년이 지난 지금 80대의 대경륜가이시다. 예수 정신으로 인간과 사회와 역사를 끊임없이 성찰해오신 통찰력으로 기독교 패권주의를 비판하고 문명사의 위기를 진단하고 민족공동체의 나아갈 길을 제시한다.

　예언자의 유언 같은 이 뜨거운 증언을 특별히 이 땅의 목사님들이 경청하시길 간절히 원한다.

_ 강경민(평화통일연대 상임대표)

권하는 글

　한완상 선생의 『돌 쥔 주먹을 풀게 하는 힘』을 읽으면서 청년의 그를 여전히 마주하고 있는 느낌이었다. 무한한 열정으로 시대를 돌파하던 모습이다. 단 하루도 늙지 않았으며 도리어 더욱 청년이다.

　한국기독교가 삭개오가 올라간 나무 위로 다시 오르기 위해 기를 쓰고 있을 때, 그는 예수님의 말씀을 우리에게 일깨운다. "삭개오야, 거기서 내려오너라. 내가 오늘 너의 집에 들겠다." 이어지는 것은 삭개오의 회개와 그의 하나님 나라 운동 합류다.

　삭개오는 키가 작아서 언제나 올라가야 할 높은 나무를 욕망한다. 제국의 질서는 마침내 그가 한 몸이 되어야 할 현실이다. 하지만 그건 모든 것을 짓밟고 오를 때 비로소 이루어지는 흉포한 세상일 뿐이다.

　저자는 우리에게 '조선의 기독교'로 돌아올 것을 외친다. 몽양 여운형과 우사 김규식은 그의 심장을 뒤흔드는 믿음의 선배들이다. 제국의 지배와 저들끼리의 흥정과 속임수에 허다한 고통을 겪어온 민족사 속에서 새로 태어나야 할 기독교의 미래를 꿈꾼다.

　증오와 폭력으로 세우는 세상은 돌 하나에 돌도 남지 않게 하고, 자비와 평화 그리고 사랑의 몸으로 세우는 세상을 갈망한다. 강포한 제국의 논리를 기독교 신앙으로 착각하는 이들의 영혼에 번쩍! 하고 골수를 쪼개는 칼을 내리친다. 그렇게 하지 않으면 영혼은 날로 썩고 몸은 부패한 세력에게 부역하기 마련이다.

　어디 단지 한반도의 현실만이 위기던가? 저자는 조선 땅에 서서 지구와 인류를 내다본다. 기후 위기를 비롯해 멸종의 비상 상황이 몰려와 인류문명 전체가 경각에 달려 있는 시간이다. 해서 그는 피리를 불고 수금을 탄다. 오래전 단재 신채호처럼 하늘의 북(천고, 天鼓)을 두드린다. 예언자의 목소리로 들판에서 외친다.

김교신과 함석헌이 조선의 기독교를 부르짖은 까닭이 있다. 저자 또한 조선의 역사에 서 있는 기독교를 가슴에 품으라는 까닭 역시 다르지 않다. 고난의 자리에서 하나님 나라를 간구하는 이에게 복이 있다.

식민지 강탈과 분단, 전쟁과 폭력을 거치고 거대한 제국의 자본이 지배하는 현실에서 아파하고 신음하는 이들과 함께하며 손을 잡는 믿음이 아니고는 잔혹해지는 세상을 멈추게 할 수 없다.

가진 것 하나 없는데도 만주 벌판 풍찬노숙의 고투를 마다하지 않고 민족의 존엄한 내일을 위해 달려갈 길을 달려간 믿음의 선조들, 그들의 뜨거운 영혼에 담겨 있던 기도가 무엇이었는지를 더듬어 알면 우리는 지금 이런 형편이 아닐 것이다.

민족은 자주 해야 하며 인간은 존엄해야 하며 제국의 지배와 폭력은 종식되어야 하고 인간과 자연에 대한 자본의 유린은 막아서야 한다. 돌 쥔 주먹을 펴 그 손에서 꽃이 피어나는 날, 그날을 우리는 갈망하고 있다. 우리 모두에게 용기와 희망을 나누는 그의 책을 읽어나가면 가슴이 뜨거워질 것이다.

_ 김민웅(경희대학교 미래문명원 교수)

권하는 글

칠흑같이 어두운 밤일수록 반짝이는 별빛이야말로 희망일 수밖에 없고, 폭풍우로 난파당한 수난자들에게 저 멀리 보이는 등댓불은 한 가닥 생명의 가능성이다. 혼돈의 사회에서는 길을 인도하는 지혜자의 가르침이 필요하고, 갈등과 쟁투가 기승을 부리는 곳에서는 화해의 메신저와 평화의 선포자가 중요하다. 평화를 만드는 자를 하나님의 아들이라 불러주겠다고 한 예수님의 말씀은 그래서 우리 시대에 가장 중요한 복음福音일 수밖에 없다.

한완상 선생은 군부독재 때부터 자기 시대를 통찰하면서 시대를 초월하는 예언자의 외침을 투쟁적으로 지속해온 탁월한 영성가이자 강론자였다. 그래서 그의 글에 추천사를 쓴다는 것이 오히려 사족이다. 저자는 오랫동안 교단에서 가르치고 강단에서 설파하고 척박한 빈들 사회에서 민주화와 인권을 외치며, 용서와 화해, 일치와 평화를 선도해 왔다. 그 외침과 실천으로 고난에 부딪혔을 때 이를 마다하지 않았고, 즐거이 민초들의 아픔에 동참했다. 그의 외침에는 불의와 폭력에 대한 비판 못지않게 약자에 대한 동정과 민주화에 대한 신념, 분단 민족을 향한 용서와 화해가 수미일관首尾一貫되어 있다. 그는 자신의 주장을, '때문에'라는 필연과 당위의 논리를 통해서가 아니라 '그럼에도 불구하고'의 역발상을 통해 실현하려고 노력해 왔다.

책을 펴면 그 구성이 주는 특별한 느낌이 있다. 〈발악發惡을 이기는 발선發善의 힘〉, 〈나를 넘어설 용기― 자기비움의 힘〉, 〈예수운동, 장벽 허물기 그리고 복음〉 및 〈진짜 멋진 새 질서를 향한 창조적 파괴〉의 4부로 묶었다. 각 부에는 저자가 던지는 각양각색의 특별한 메시지가 있다. 이는 저자가 지적인 영성과 선대부터 고수해 온 신앙을 바탕으로, 우리 공동체가 모색하는 가치와 공동선, 남북 동포가 가져야 할 화해와 용서, 분단 민족이 최우선으로 실현해야 할 평화와 통일의 길을 모색하면서, 궁극적으로는 이 땅에 어떻게 하나님 나라를 실현할 것인가에 초점을 맞춰 고민해 왔기 때문이다. 저자의 이러한 외침이 이 책 곳곳에 스며있다.

저자는 이 책을 펴내면서, "매우 힘들겠지만, 악의 폭력, 폭력적 악을 이기는 길은 오로지 비폭력·평화의 정신으로 살신성인하려는 실천밖에 없음을 이 책으로 여러분께 호소하고 싶습니다"라고 그 간절함을 드러낸다. 이 호소는 곧 사자가 소처럼 풀을 먹고(이사야 11:7) 자기 반추를 계속해야 피 흘림이 중단된다는 과제로 연결된다. 저자는 이것이 예수님이 보여주신 평화의 본질이라고 말한다. 평화의 본질은 원수를 향해 증오심을 불러일으킴으로써 가능한 것이 아니라 "자기를 철저히 비워 남을 채워주는 십자가의 사랑"에 의해서만 가능하다고 강조한다. 소가 여물을 위에서 계속 반추하듯이, 사자들의 세계에서도 자기 반추와 자기희생을 통해야만 용서와 화해의 평화 세계 구축이 가능하다고 본다.

저자는 한반도의 상황 속에서 예수를 따른다는 '예수따르미들'에 주목한다. 이 땅의 '예수따르미들'은 지난 반세기 이상 동족을 미워하고, 불신하고, 박살 내야 한다고 부추겼던 냉전체제와 냉전 가치에 매몰되어 있는데 이를 극복해야 한다는 것이다. 냉전의 외딴섬 한반도에서 복음 사업의 핵심은 하나님의 평화를 우뚝 세우는 것이라고 제시한다. 냉전 체제하에서 복음 사업의 진수眞髓는 뜬구름 잡는 허황된 교설이 아니고, 하나님의 평화를 세우는 것이라고 정확하게 지적한다. 또 "원수와 주적은 증오하고 그들에게 보복적 응징을 가함으로써 하나님의 평화가 이뤄지는 것이 결코 아니"라고 설파한다. 자신을 십자가 처형으로 몰아갔던 로마와 예루살렘 성전 권력의 폭력을 향해, 예수는 자신을 희생하는 사랑의 힘으로 하나님의 평화를 이룩했고 승리했다. 저자는 또 한국기독교가 소금과 빛의 역할을 감당하는 길은 지난 70년간 분단 체제에서 강고하게 형성된 이 같은 적대적 공생관계를 그리스도의 복음 능력으로 청산하는 데에 있다고 강조한다. 이런 동력을 상실했기 때문에 이제 세상이 교회를 염려하고 비판한다는 것이다. 따라서 이 시점에서 한국의 '예수따르미들'은 '평화만드미'의 길을 고민해야 한다고 주장한다.

저자는 크리스천으로서 예수의 핵심적 메시지에 주목한다. 갈릴리라는 변두리 지역 출신의 예수는 첫 메시지로서 가난한 자·포로된 자눈먼 자·억눌린 자와 같은 변두리 인간의 온전함(구원)을 위한 메시지를 던졌다. 신비하면서도 "엄청난 변혁을 동반한 역사적 사건"인 성육신成肉身 사건도 화려한 궁전이나 권력자를 통하지 않고 누추한 말구유를 통해 가난한 목수의 아들로 태어나 역사에 큰 충격을 주었다는 것이다. 저자는 성육신을 두고 "가장 비참한 팔레스타인의 역사 현실에 오신" 것이며, "가장 억울하게 고통당할 수밖에 없는 을乙의 자녀로 오신 것"이며, 그들의 "고통에 참여하면서 그 고통의 구조적 사슬을 을들의 손을 잡고 함께 비폭력으로, 사랑의 힘으로 극복하기 위함"이라고 풀이했다. 이점은 오늘날 한국의 서민층과 노동 현실에 비춰 독자들에게 많은 감동과 숙제를 안겨줄 것이다.

저자는 오늘날 자본주의 문제를 한국기독교와 관련지어 제기한다. 특히 토지 문제와 관련, 악덕 지주 중에 기독 신자들이 적지 않기 때문에 '토지에 대한 성서적 입장'은 한국기독교에서는 거의 무시되고 있다고 본다. 이런 문제의 해결을 위해서는 '교리의 두꺼운 옷을 입은 그리스도'를 만날 것이 아니라 역사적 예수를 직접 만나 그 뜻을 '오늘' '여기' '우리의 상황'에 적용해야 하며, 그것이 바로 '예수 닮기'와 '그리스도 닮기'의 본질이라고 주장한다. 이어서 일제 강점과 분단 75년을 겪는 한국의 현실을 직시하면서 '우리의 비극적인 역사적 현실 속에서 어떤 새로운 질서가 필요한가', '이러한 질서를 꿈꾸고 만드는 일에 왜 한국 기독교인들은 몸을 던지지 못하였나'라고 질문을 던지며, 이런 새 질서 창조에 그리스도인들이 적극 나설 것을 촉구하고 있다.

이 책은 저자가 크리스천 지성인으로 식민지 시기와 동족상잔, 군부독재와 분단의 아픔을 경험하고 우리 공동체가 나아갈 길을 깊이 고민하면서 응어리지어 묶은 것이다. 저자가 이 변화의 시기에 학인學人으로서 또 정책을 수립·집행하는 위치에도 있었기 때문에 이 책에 제시한 민주화와 사회정의, 화해 통일의 과제들은 공허하지 않고 독자들에게도 수용성이 있을 것이다. 눈여겨볼 것은, 신학을 포함한 저자의 학문과 활동이 '진보적'으로 평가됨에도 불구하고, 한국교회의 수준과 조화를 꾀하고 있다는 점이다. 이것이 저자의 주장과 실천이 독자들의 호응을 받을 수 있는 또 하나의 중요한 이유가 될 것이다. 많은 이들이 이 책을 통해 저자의 고민과 실천에 동참하기를 기대하면서 끝맺는다.

_ 이만열(숙명여자대학교 명예교수, 상지학원 이사장)